Titus Livius

Ab urbe condita
Liber I

Römische Geschichte
1. Buch

Lateinisch / Deutsch

Übersetzt und herausgegeben
von Robert Feger

Philipp Reclam jun. Stuttgart

CAROLO BUECHNER
septuagenario
magistro
transferendi
artis
praestantissimo
a discipulo
dedicatum

Universal-Bibliothek Nr. 2031
Alle Rechte vorbehalten
© 1981 Philipp Reclam jun. GmbH & Co., Stuttgart
Bibliographisch ergänzte Ausgabe 2003
Gesamtherstellung: Reclam, Ditzingen. Printed in Germany 2003
RECLAM und UNIVERSAL-BIBLIOTHEK sind eingetragene Marken
der Philipp Reclam jun. GmbH & Co., Stuttgart
ISBN 3-15-002031-X

www.reclam.de

Ab urbe condita
Liber I

Römische Geschichte
1. Buch

Praefatio

(1) Facturusne operae pretium sim si a primordio urbis res populi Romani perscripserim nec satis scio nec, si sciam, dicere ausim, (2) quippe qui cum ueterem tum uolgatam esse rem uideam, dum noui semper scriptores aut in rebus certius aliquid allaturos se aut scribendi arte rudem uetustatem superaturos credunt. (3) Vtcumque erit, iuuabit tamen rerum gestarum memoriae principis terrarum populi pro uirili parte et ipsum consuluisse; et si in tanta scriptorum turba mea fama in obscuro sit, nobilitate ac magnitudine eorum me qui nomini officient meo consoler. (4) Res est praeterea et immensi operis, ut quae supra septingentesimum annum repetatur et quae ab exiguis profecta initiis eo creuerit ut iam magnitudine laboret sua; et legentium plerisque haud dubito quin primae origines proximaque originibus minus praebitura uoluptatis sint, festinantibus ad haec noua quibus iam pridem praeualentis populi uires se ipsae conficiunt: (5) ego contra hoc quoque laboris praemium petam, ut me a conspectu malorum quae nostra tot per annos uidit aetas, tantisper certe dum prisca tota illa mente repeto, auertam, omnis expers curae quae scribentis animum, etsi non flectere a uero, sollicitum tamen efficere posset. (6) Quae ante conditam condendamue urbem poeticis magis decora fabulis quam incorruptis rerum gestarum

Vorrede[1]

(1) Ob ich etwas tun werde[2], das der Mühe wert ist, wenn ich die Geschichte des römischen Volkes vom Ursprung der Stadt an niederschreibe, weiß ich nicht recht; ich würde es auch – selbst wenn ich es wüßte – nicht zu behaupten wagen, weil (2) ich sehe, daß dergleichen eine alte und weitverbreitete Übung ist: Immer neue Schriftsteller glauben ja doch, sie könnten zu den Fakten etwas Gewisseres beitragen oder durch stilistische Raffinesse eine weniger gebildete frühere Zeit übertreffen. (3) Wie dem auch immer sein mag – mir wird es jedenfalls Genugtuung bereiten, zum Tatenruhm des auf dem Erdkreis führenden Volkes[3] auch selbst beigetragen zu haben. Und wenn in einem so großen Schwarm von Schriftstellern[4] mein eigener Name untergeht, will ich mich doch trösten mit dem Rang und der Bedeutung derer[5], die meinen Namen in den Schatten stellen werden. (4) Überdies fordert die Aufgabe auch einen unermeßlichen Arbeitsaufwand[6], weil es um die Vergegenwärtigung von mehr als 700 Jahren geht und weil der aus so geringen Anfängen erwachsene Staat zu solcher Größe angeschwollen ist, daß er mittlerweile selbst darunter leidet. Außerdem wird zweifellos den meisten Lesern[7] die Urgeschichte und das ihr Zunächstliegende weniger Genuß[8] bieten, da sie nach dem Gegenwärtigen und Neuen gieren, in dem sich die Kräfte des vordem so mächtigen Volkes selber aufzehren. (5) Ich dagegen werde auch dies als Lohn für meine Mühe anstreben, daß ich mich vom Anblick der Übel, die unsere Zeit schon so viele Jahre lang hat mitansehen müssen, abwenden kann, während ich mir die alten Zeiten mit aller Bildkraft wieder vorstelle – und das gänzlich frei von Besorgtheit[9], die das Gemüt des Schreibenden wenn nicht vom Wahren abbringen, so doch beunruhigen könnte. (6) Was aus den Zeiten vor der Gründung bzw. der geplanten Gründung der Stadt[10] mehr in dichterisch ausgeschmückten Sagen[11] als in unbe-

monumentis traduntur, ea nec adfirmare nec refellere in animo est. (7) Datur haec uenia antiquitati ut miscendo humana diuinis primordia urbium augustiora faciat; et si cui populo licere oportet consecrare origines suas et ad deos referre auctores, ea belli gloria est populo Romano ut cum suum conditorisque sui parentem Martem potissimum ferat, tam et hoc gentes humanae patiantur aequo animo quam imperium patiuntur. (8) Sed haec et his similia utcumque animaduersa aut existimata erunt haud in magno equidem ponam discrimine: (9) ad illa mihi pro se quisque acriter intendat animum, quae uita, qui mores fuerint, per quos uiros quibusque artibus domi militiaeque et partum et auctum imperium sit; labente deinde paulatim disciplina uelut desidentes primo mores sequatur animo, deinde ut magis magisque lapsi sint, tum ire coeperint praecipites, donec ad haec tempora quibus nec uitia nostra nec remedia pati possumus peruentum est. (10) Hoc illud est praecipue in cognitione rerum salubre ac frugiferum, omnis te exempli documenta in inlustri posita monumento intueri; inde tibi tuaeque rei publicae quod imitere capias, inde foedum inceptu foedum exitu quod uites. (11) Ceterum aut me amor negotii suscepti fallit, aut nulla unquam res publica nec maior nec sanctior nec bonis exemplis ditior fuit, nec in quam ciuitatem tam serae auaritia luxuriaque immigrauerint, nec ubi tantus ac tam diu paupertati ac parsimoniae honos fuerit. (12) Adeo quanto rerum minus, tanto minus cupiditatis erat:

stechlichen historischen Belegen überliefert wird, zu bestätigen oder zurückzuweisen, habe ich nicht im Sinn. (7) Man sieht es dem Altertum gerne nach, daß es die Anfänge der Städte durch Vermischung von Menschlichem und Göttlichem [12] erhabener macht. Und wenn es einem Volk gestattet wäre, seine Urgeschichte ins Heilige zu erheben und seine Begründer als Götter hinzustellen, so besitzt das römische Volk einen solchen Kriegsruhm, daß es sich die Völker der Erde mit demselben Gleichmut gefallen lassen, daß es als seinen und des Stadtgründers Vater gerade den Mars nennt, wie seine Herrschaft zu ertragen. (8) Doch wie man dies und Ähnliches auch einschätzen mag, darauf werde ich freilich kein großes Gewicht legen: (9) Aber darauf richte mir ein jeder seine Aufmerksamkeit: wie das Leben, wie die Sitten[13] waren; durch welche Männer und mit welchen Künsten zu Hause und im Krieg die Herrschaft errungen und gemehrt wurde;[14] sodann, bei allmählichem Niedergang der Ordnung,[15] verfolge er in seinem Geist die Lebensführung, wie sie erst absank, dann mehr und mehr zerfiel, dann völlig zusammenzustürzen begann – bis es endlich zu den gegenwärtigen Zeiten kam, da wir weder unsere Gebrechen noch die Heilmittel[16] ertragen können. (10) Eines besonders ist beim Eindringen in die Geschichte dienlich und fruchtbringend, nämlich dies: daß du vorbildhafte Beispiele an hervorleuchtendem Denkmal betrachtest; an ihnen magst du für dich und dein Gemeinwesen lernen, was du nachahmen, an ihnen, was du – weil schändlich schon in seinem Beginn, schändlich in seinem Ausgang – meiden sollst. (11) Im übrigen: Entweder täuscht mich meine Hinneigung zu der übernommenen Aufgabe – oder es war niemals ein Gemeinwesen größer, ehrwürdiger, an ehrenhaften Vorbildern reicher, oder es gab niemals eine Stadt, in die so spät Habgier und Üppigkeit eingedrungen sind,[17] nie eine, wo Mäßigkeit und Sparsamkeit so lange so hoch in Ansehen standen: Man begehrte um so weniger, je weniger man besaß. (12) Erst vor nicht langer Zeit hat Reichtum die

nuper diuitiae auaritiam et abundantes uoluptates desiderium per luxum atque libidinem pereundi perdendique omnia inuexere. Sed querellae, ne tum quidem gratae futurae cum forsitan necessariae erunt, ab initio certe tantae ordiendae rei absint: (13) cum bonis potius ominibus uotisque et precationibus deorum dearumque, si, ut poetis, nobis quoque mos esset, libentius inciperemus, ut orsis tantum operis successus prosperos darent.

Habsucht, haben die überreich strömenden Genüsse das Verlangen eingeführt, durch Üppigkeit und Ausschweifung zugrunde zu gehen und alles zugrunde zu richten. Indes sollen Klagen – sie werden ja nicht angenehm sein, auch wenn sie zufällig nötig sind – zu Beginn eines so gewichtigen Unternehmens keinen Platz finden: (13) Viel eher möchten wir mit guten Wünschen, Gelübden und Gebeten zu Göttern und Göttinnen – wenn das wie bei den Dichtern auch bei uns der Brauch wäre – den Anfang machen, damit sie dem Beginn eines so gewaltigen Unternehmens den erwünschten Erfolg verleihen.[18]

Liber I

1 (1) Iam primum omnium satis constat Troia capta in ceteros saeuitum esse Troianos, duobus, Aeneae Antenorique, et uetusti iure hospitii et quia pacis reddendaeque Helenae semper auctores fuerant, omne ius belli Achiuos abstinuisse; (2) casibus deinde uariis Antenorem cum multitudine Enetum, qui seditione ex Paphlagonia pulsi et sedes et ducem rege Pylaemene ad Troiam amisso quaerebant, uenisse in intimum maris Hadriatici sinum, (3) Euganeisque qui inter mare Alpesque incolebant pulsis Enetos Troianosque eas tenuisse terras. Et in quem primo egressi sunt locum Troia uocatur pagoque inde Troiano nomen est: gens uniuersa Veneti appellati. (4) Aeneam ab simili clade domo profugum sed ad maiora rerum initia ducentibus fatis, primo in Macedoniam uenisse, inde in Siciliam quaerentem sedes delatum, ab Sicilia classe ad Laurentem agrum tenuisse. Troia et huic loco nomen est. (5) Ibi egressi Troiani, ut quibus ab immenso prope errore nihil praeter arma et naues superesset, cum praedam ex agris agerent, Latinus rex Aboriginesque qui tum ea tenebant loca ad arcendam uim aduenarum armati ex urbe atque agris concurrunt. (6) Duplex inde fama est. Alii proelio uictum Latinum pacem cum Aenea, deinde adfinitatem iunxisse tradunt: (7) alii, cum instructae acies constitissent, priusquam signa canerent

1. Buch

1 (1) Schon von allem Anfang[19] an steht zur Genüge fest, daß nach Troias Einnahme gegen die Troianer allgemein grausam vorgegangen wurde. Nur zweien gegenüber – dem Aeneas und dem Antenor – hätten die Achiver auf das Kriegsrecht verzichtet: einmal wegen eines alten Gastrechts,[20] dann auch, weil sie stets für Frieden und Rückgabe der Helena gestimmt hatten. (2) Nach mancherlei Zufällen sei Antenor dann mit einer Schar Eneter, die, durch Unruhen aus Paphlagonien vertrieben, Siedlungsraum und – ihren König Pylaemenes hatten sie vor Troia verloren – einen Führer suchten, in die entlegenste Bucht des Adriatischen Meeres gekommen; (3) nach Vertreibung der Euganeer, die zwischen Meer und Alpen saßen, hätten die Eneter und Troianer jene Länder besetzt. Und in der Tat wird auch der Ort, wo sie zuerst an Land gingen, Troia genannt – und der Gau heißt danach der Troianische; das Volk insgesamt wurde Veneter genannt. (4) Aeneas, durch das gleiche Unglück von daheim vertrieben, aber vom Schicksal zur Gründung eines größeren Staatswesens bestimmt, sei zuerst nach Makedonien[21] gelangt, von dort auf der Suche nach Wohnsitzen nach Sizilien[22] geraten und habe von Sizilien aus mit seiner Flotte das Gebiet von Laurentum erreicht; auch dieser Ort hat den Namen Troia. (5) Als die dort gelandeten Troianer – es waren ihnen ja am Ende der unmäßig weiten Irrfahrt nichts weiter als Waffen und Schiffe geblieben – aus dem Gebiet Beute zusammenrafften, eilten König Latinus und die Ureinwohner[23], die damals jene Marken innehatten, zur Abwehr der Eindringlinge in Waffen aus der Stadt und aus dem Land herzu. (6) Von jetzt an gibt die Tradition zwei Versionen:[24] Einige berichten, Latinus habe, im Kampfe besiegt, Frieden mit Aeneas geschlossen, sodann sich verwandtschaftlich verbündet. (7) Andere sagen, Latinus sei, als die Schlachtreihen schon geordnet standen und noch

processisse Latinum inter primores ducemque aduenarum euocasse ad conloquium; percontatum deinde qui mortales essent, unde aut quo casu profecti domo quidue quaerentes in agrum Laurentinum exissent, (8) postquam audierit multitudinem Troianos esse, ducem Aeneam filium Anchisae et Veneris, cremata patria domo profugos, sedem condendaeque urbi locum quaerere, et nobilitatem admiratum gentis uirique et animum uel bello uel paci paratum, dextra data fidem futurae amicitiae sanxisse. (9) inde foedus ictum inter duces, inter exercitus salutationem factam. Aeneam apud Latinum fuisse in hospitio; ibi Latinum apud penates deos domesticum publico adiunxisse foedus filia Aeneae in matrimonium data. (10) Ea res utique Troianis spem adfirmat tandem stabili certaque sede finiendi erroris. Oppidum condunt; Aeneas ab nomine uxoris Lauinium appellat. (11) Breui stirpis quoque uirilis ex nouo matrimonio fuit, cui Ascanium parentes dixere nomen.

2 (1) Bello deinde Aborigines Troianique simul petiti. Turnus rex Rutulorum, cui pacta Lauinia ante aduentum Aeneae fuerat, praelatum sibi aduenam aegre patiens simul Aeneae Latinoque bellum intulerat. (2) Neutra acies laeta ex eo certamine abiit: uicti Rutuli: uictores Aborigines Troianique ducem Latinum amisere. (3) Inde Turnus Rutulique diffisi

bevor die Zeichen zum Angriff ertönten, inmitten der Vornehmsten vorgetreten und habe den Führer der Eindringlinge zur Unterredung herausgerufen; habe dann ausgeforscht, wer sie seien und woher und aus welchem Anlaß sie aus ihren Sitzen aufgebrochen und was zu suchen sie im Gebiet der Laurenter an Land gegangen seien. (8) Als er hörte, die Schar bestünde aus Troianern, ihr Führer Aeneas sei ein Sohn des Anchises und der Venus, Heimstatt und Haus seien ihnen verbrannt, sie selbst flüchtig und auf der Suche nach Wohnsitz und einem Ort zur Gründung einer Stadt – da habe er aus Bewunderung für die vornehme Herkunft des Volkes und des Mannes und für ihren zu Krieg oder Frieden gleicherweise bereiten Sinn die Rechte geboten als Pfand künftiger Freundschaft. (9) Sodann sei zwischen den Führern ein Bund geschlossen worden, und die Heere hätten sich begrüßt. Aeneas sei von Latinus gastfreundlich aufgenommen worden. Da eben habe Latinus dem Bündnis der Völker noch ein vor den heimischen Göttern geschlossenes familiäres Bündnis beigefügt, indem er seine Tochter dem Aeneas zur Frau gab. (10) Dieses Ereignis besonders stärkte den Troianern die Hoffnung, sie könnten endlich in festem und sicherem Wohnsitz ihre Irrfahrt beenden. Sie bauen eine Stadt; (11) Aeneas nennt sie nach dem Namen seiner Gattin Lavinium.[25] Bald gab es auch einen männlichen Nachkommen für die junge Ehe, dem die Eltern den Namen Ascanius zusprachen.

2 (1) In der Folge wurden Ureinwohner und Troianer gleichzeitig kriegerisch angegriffen. Turnus, König der Rutuler, dem die Ankunft des Aeneas Lavinia versprochen gewesen war, hatte aus Ärger darüber, daß ein Eingewanderter ihm vorgezogen worden, Aeneas und Latinus gleichzeitig mit Krieg heimgesucht. (2) Beide Heere zogen unfroh aus dem Treffen ab: Die Rutuler waren besiegt, die Ureinwohner und die Troianer verloren ihren Führer Latinus. (3) Darauf nahmen Turnus und die Rutuler, an ihren Aussichten zweifelnd, ihre Zuflucht zu der bedeutenden Macht der

rebus ad florentes opes Etruscorum Mezentiumque regem eorum confugiunt, qui Caere opulento tum oppido imperitans, iam inde ab initio minime laetus nouae origine urbis et tum nimio plus quam satis tutum esset accolis rem Troianam crescere ratus, haud grauatim socia arma Rutulis iunxit. (4) Aeneas aduersus tanti belli terrorem ut animos Aboriginum sibi conciliaret nec sub eodem iure solum sed etiam nomine omnes essent, Latinos utramque gentem appellauit; (5) nec deinde Aborigines Troianis studio ac fide erga regem Aeneam cessere. Fretusque his animis coalescentium in dies magis duorum populorum Aeneas, quamquam tanta opibus Etruria erat ut iam non terras solum sed mare etiam per totam Italiae longitudinem ab Alpibus ad fretum Siculum fama nominis sui implesset, tamen cum moenibus bellum propulsare posset in aciem copias eduxit. (6) Secundum inde proelium Latinis, Aeneae etiam ultimum operum mortalium fuit. Situs est, quemcumque eum dici ius fasque est super Numicum flumen: Iouem indigetem appellant.

3 (1) Nondum maturus imperio Ascanius Aeneae filius erat; tamen id imperium ei ad puberem aetatem incolume mansit; tantisper tutela muliebri – tanta indoles in Lauinia erat – res Latina et regnum auitum paternumque puero stetit. (2) Haud ambigam – quis enim rem tam ueterem pro certo adfirmet? – hicine fuerit Ascanius an maior quam hic, Creusa matre Ilio incolumi natus comesque inde paternae fugae, quem Iulum eundem Iulia gens auctorem nominis sui

Etrusker und zu deren König Mezentius, der in Caere, einer damals mächtigen Stadt, herrschte und schon von Anfang an über die Gründung der neuen Stadt sehr wenig erfreut war und nun glaubte, es wüchse sich die troianische Macht allzusehr gegen die Sicherheit der Umwohner aus; er vereinigte also kurzerhand seine Streitmächte mit den Rutulern. (4) Aeneas nun nannte angesichts eines so schrecklichen Krieges, um die Gemüter der Ureinwohner zu gewinnen, damit sie nicht nur gleichem Recht unterstünden, sondern auch dem Namen nach geeint seien, beide Volksteile Latiner. (5) Und wirklich standen die Ureinwohner den Troianern an Eifer und Ergebenheit gegenüber dem König Aeneas nicht nach. Und im Vertrauen auf diese Gesinnung der sich von Tag zu Tag inniger verschmelzenden beiden Völker führte Aeneas, obgleich Etrurien so reich an Macht war, daß es nicht nur allein die Länder, sondern auch das Meer entlang von den Alpen bis zur Sikulischen Meerenge mit dem Ruhm seines Namens angefüllt hatte, dennoch seine Mannschaften in die Feldschlacht hinaus, obwohl er von den Verschanzungen aus den Angriff hätte abschlagen können. (6) Günstig verlief das Treffen für die Latiner, für Aeneas allerdings war es die letzte Tat unter den Sterblichen: Er liegt – wie auch immer man ihn nun nennen muß und soll – am Ufer des Flusses Numicus begraben: Sie heißen ihn den einheimischen Iuppiter.[26]

3 (1) Noch war Ascanius, des Aeneas Sohn, nicht reif zur Herrschaft; doch blieb sein Herrschaftsanspruch bis zu seiner Mannbarkeit unangetastet. Inzwischen wurde dem Jüngling durch weibliche Vormundschaft – so großes Geschick besaß Lavinia – der Latinische Staat samt der Herrschaft des Großvaters wie des Vaters erhalten. (2) Ich möchte nicht darüber streiten[27] – wer könnte sich denn in einer so weit zurückliegenden Angelegenheit festlegen –, ob es dieser Ascanius gewesen ist oder ein älterer, der von Creusa, während Ilion noch bestand, geboren, dann seines Vaters Fluchtgefährte –, den das Iulische Geschlecht Iulus

nuncupat. (3) Is Ascanius, ubicumque et quacumque matre genitus – certe natum Aenea constat – abundante Lauinii multitudine florentem iam ut tum res erant atque opulentam urbem matri seu nouercae relinquit, nouam ipse aliam sub Albano monte condidit quae ab situ porrectae in dorso urbis Longa Alba appellata. (4) Inter Lauinium et Albam Longam coloniam deductam triginta ferme interfuere anni. Tantum tamen opes creuerant maxime fusis Etruscis ut ne morte quidem Aeneae nec deinde inter muliebrem tutelam rudimentumque primum puerilis regni mouere arma aut Mezentius Etruscique aut ulli alii accolae ausi sint. (5) Pax ita conuenerat ut Etruscis Latinisque fluuius Albula, quem nunc Tiberim uocant, finis esset. (6) Siluius deinde regnat Ascani filius, casu quodam in siluis natus; (7) is Aeneam Siluium creat; is deinde Latinum Siluium. Ab eo coloniae aliquot deductae, Prisci Latini appellati. Mansit Siluiis postea omnibus cognomen, qui Albae regnarunt. (8) Latino Alba ortus, Alba Atys, Atye Capys, Capye Capetus, Capeto Tiberinus, qui in traiectu Albulae amnis submersus celebre ad posteros nomen flumini dedit. (9) Agrippa inde Tiberini filius, post Agrippam Romulus Siluius a patre accepto imperio regnat. Auentino fulmine ipse ictus regnum per manus tradidit. Is sepultus in eo colle qui nunc pars Romanae est urbis, cognomen colli fecit. Proca deinde regnat. (10) Is Numitorem atque Amulium procreat; Numitori, qui stirpis maximus erat, regnum uetustum Sil-

nennt und als Stifter seines Namens für sich beansprucht. (3) Dieser Ascanius – wo und von welcher Mutter er auch geboren sein mag (daß er der Sohn des Aeneas war, steht fest) – verläßt die blühende und für jene Zeiten schon mächtige Stadt seiner Mutter oder Stiefmutter, da die Bevölkerung in Lavinium zu groß wurde, und gründete eine andere, neue am Fuß des Albanergebirges, die man nach ihrer langgestreckten Lage an der Bergflanke Longa Alba nannte. (4) Zwischen der Gründung von Lavinium und jener der Pflanzstadt Alba Longa lagen etwa 30 Jahre.[28] Dennoch war ihre Macht so gewachsen, vor allem durch die Niederwerfung der Etrusker, daß nicht einmal beim Tod des Aeneas und auch in der Folge nicht, während der Vormundschaft einer Frau und solange der Jüngling die Anfangsgründe des Regierens lernte, Mezentius und die Etrusker oder andere Umwohner die Waffen zu rühren wagten. (5) Im Friedensvergleich hatte man sich dahin geeinigt, daß zwischen Etruskern und Latinern der Albula, den sie jetzt Tiber heißen, die Grenze sein solle. (6) Silvius regiert anschließend, des Ascanius Sohn, durch irgendeinen Zufall in den Wäldern geboren; (7) er zeugt den Aeneas Silvius; der sodann den Latinus Silvius; von ihm sind ein paar Siedlungen angelegt worden, die man Altlatiner[29] nannte. Es blieb der Beiname Silvius in der Folge allen, die zu Alba König waren.[30] (8) Von Latinus stammt Alba, von Alba Atys, von Atys Capys, von Capys Capetus, von Capetus Tiberinus, der beim Durchschreiten des Albulaflusses ertrank und dadurch dem Fluß seinen bis in die Nachwelt hinein berühmten Namen gab.[31] (9) Danach saß Agrippa, des Tiberinus Sohn, nach Agrippa Romulus Silvius in dem vom Vater ererbten Regiment. Vom Blitz[32] getroffen, gab er die Herrschaft an Aventinus von Hand zu Hand weiter. Dieser liegt begraben auf dem Hügel, der jetzt ein Teil der Römerstadt ist, und gab ihm so seinen Namen. Dann herrscht Proca; (10) er zeugt den Numitor und den Amulius; dem Numitor, der des Stammes Ältester war, vermacht er den alten Thron

uiae gentis legat. Plus tamen uis potuit quam uoluntas patris aut uerecundia aetatis: pulso fratre Amulius regnat. (11) Addit sceleri scelus: stirpem fratris uirilem interemit, fratris filiae Reae Siluiae per speciem honoris cum Vestalem eam legisset perpetua uirginitate spem partus adimit.

4 (1) Sed debebatur, ut opinor, fatis tantae origo urbis maximique secundum deorum opes imperii principium. (2) Vi compressa Vestalis cum geminum partum edidisset, seu ita rata seu quia deus auctor culpae honestior erat, Martem incertae stirpis patrem nuncupat. (3) Sed nec di nec homines aut ipsam aut stirpem a crudelitate regia uindicant: sacerdos uincta in custodiam datur, pueros in profluentem aquam mitti iubet. (4) Forte quadam diuinitus super ripas Tiberis effusus lenibus stagnis nec adiri usquam ad iusti cursum poterat amnis et posse quamuis languida mergi aqua infantes spem ferentibus dabat. (5) Ita uelut defuncti regis imperio in proxima alluuie ubi nunc ficus Ruminalis est – Romularem uocatam ferunt – pueros exponunt. (6) Vastae tum in his locis solitudines erant. Tenet fama cum fluitantem alueum, quo expositi erant pueri, tenuis in sicco aqua destituisset, lupam sitientem ex montibus qui circa sunt ad puerilem uagitum cursum flexisse; eam submissas infantibus adeo mitem praebuisse mammas ut lingua lambentem pueros magister regii pecoris inuenerit – (7) Faustulo fuisse nomen

des Silvischen Geschlechts. Indessen vermochte Gewalt mehr als Vaterwille oder Achtung vor dem Alter: Nach Vertreibung des Bruders herrscht Amulius. (11) Er häuft Verbrechen auf Verbrechen: die männliche Nachkommenschaft des Bruders brachte er um; der Tochter des Bruders, Rea Silvia, nahm er, indem er sie unter dem Schein der Ehrung zur Vestalin wählte, durch lebenslange Jungfrauschaft die Hoffnung auf Leibesfrucht.[33]

4 (1) Indessen verdankt man, wie ich glaube, dem Schicksal[34] den Ursprung einer Stadt von solcher Größe und die Gründung des gewaltigsten Reiches nächst dem Machtbereich der Götter: (2) Als die Vestalin, genotzüchtigt, Zwillinge geboren hatte, gab sie – sei es, weil sie es glaubte, sei es, weil es ehrenvoller erschien, wenn ein Gott der Urheber des Fehltritts war – den Mars als Vater der fragwürdigen Nachkommenschaft an.[35] (3) Doch weder Götter noch Menschen schützen sie und ihre Söhne vor des Königs Grausamkeit: Die Priesterin wird gefesselt in Haft gebracht, die Knaben befiehlt er in den Fluß zu werfen. (4) Durch eine Schicksalsfügung[36] war der Tiber aber gerade über seine Ufer getreten und hatte seichte Randtümpel gebildet, so daß man nirgendwo an den eigentlichen Flußlauf kommen konnte und für die Bringer der Kinder nur die Aussicht blieb, auch im seichten Wasser zu ertrinken. (5) Demnach setzen sie also in Ausführung des königlichen Befehls in der nächsten Lache – dort, wo jetzt der Ruminalische Feigenbaum steht (man soll ihn den Romularischen[37] geheißen haben) – die Knaben aus. (6) Damals gab es in diesen Gegenden noch weite Einöden. Die Sage behauptet, es habe, als die dahintreibende Wanne, in der die Knaben ausgesetzt waren, in seichtem Wasser auf Grund gelaufen war, eine durstige Wölfin aus den nahen Bergen ihren Lauf auf das Kinderweinen hin gelenkt; sie habe den Kindern so mitleidig ihre Zitzen dargeboten, daß der Hirt der Königsherde sie dabei angetroffen habe, wie sie die Knaben mit der Zunge leckte – (7) er soll Faustulus geheißen haben –, und sie seien von ihm

ferunt – ab eo ad stabula Larentiae uxori educandos datos. Sunt qui Larentiam uolgato corpore lupam inter pastores uocatam putent; inde locum fabulae ac miraculo datum. (8) Ita geniti itaque educati, cum primum adoleuit aetas, nec in stabulis nec ad pecora segnes uenando peragrare saltus. (9) Hinc robore corporibus animisque sumpto iam non feras tantum subsistere sed in latrones praeda onustos impetus facere pastoribusque rapta diuidere et cum his crescente in dies grege iuuenum seria ac iocos celebrare.

5 (1) Iam tum in Palatio [monte] Lupercal hoc fuisse ludicrum ferunt, et a Pallanteo, urbe Arcadica, Pallantium, dein Palatium montem appellatum; (2) ibi Euandrum, qui ex eo genere Arcadum multis ante tempestatibus tenuerit loca, sollemne allatum ex Arcadia instituisse ut nudi iuuenes Lycaeum Pana uenerantes per lusum atque lasciuiam currerent, quem Romani deinde uocarunt Inuum. (3) huic deditis ludicro cum sollemne notum esset insidiatos ob iram praedae amissae latrones, cum Romulus ui se defendisset, Remum cepisse, captum regi Amulio tradidisse, ultro accusantes. (4) Crimini maxime dabant in Numitoris agros ab iis impetum fieri; inde eos collecta iuuenum manu hostilem in modum praedas agere. Sic Numitori ad supplicium Remus deditur. (5) Iam inde ab initio Faustulo spes fuerat regiam stirpem apud se educari; nam et expositos iussu regis infantes sciebat et tempus quo ipse eos sustulisset ad id ipsum congruere; sed

zu seiner Frau Larentia auf den Hof zum Aufziehen gebracht worden. Es gibt auch Leute, die glauben, Larentia sei unter den Hirten »Wölfin« genannt worden, weil sie ihren Leib wahllos preisgab, und da liege der Ursprung der wunderlichen Sage.³⁸ (8) So erzeugt und so erzogen wuchsen sie auf, und schon im Knabenalter waren sie rührig, auf der Weide beim Vieh und besonders im Durchstreifen der Wälder beim Jagen. (9) So gewannen sie Kraft an Leib und Seele und widerstanden nicht allein wilden Tieren, sondern griffen auch beutebeladene Räuber an und verteilten den Raub unter die Hirten und trieben mit ihnen, während die Schar der Jungmänner von Tag zu Tag größer wurde, Ernstes und Heiteres.
5 (1) Man berichtet, daß schon damals auf dem Palatischen Berg das jetzige Fest der Lupercalien³⁹ begangen und der Berg nach Pallanteum, einer Stadt in Arkadien, der Pallantische, dann der Palatische geheißen wurde; (2) hier habe Euander, aus ebenjenem Arkadischen Stamm, der vor langen Zeiten ebendiese Landstriche beherrschte, die aus Arkadien eingebrachte Feierlichkeit verordnet, daß junge Männer in übermütigem Spiel zu Ehren des Lycäischen Pan, den die Römer später Inuus nannten, nackt herumliefen. (3) Während sie sich diesem Spiel hingaben, hätten ihnen die Räuber – der Tag des Festes war ja bekannt – aus Zorn über den Verlust ihrer Beute aufgelauert; während Romulus sich ihrer wirkungsvoll erwehrte, hätten sie den Remus gefangen, den Gefangenen dem König Amulius übergeben und ihn dazu noch verklagt. (4) Hauptpunkt der Anklage war, daß die beiden in die Marken des Numitor eingefallen seien; sodann, daß sie mit einer Schar Jungmänner nach Feindesart Beute suchten. So wird Remus dem Numitor zur Hinrichtung übergeben. (5) Doch schon von jeher hatte Faustulus die Vermutung genährt, Sprößlinge aus königlichem Haus bei sich aufzuziehen; er wußte, daß die Kinder des Königs auf Befehl ausgesetzt worden waren, und auch, daß der Zeitpunkt, an dem er sie zu sich genommen hatte, damit über-

rem immaturam nisi aut per occasionem aut per necessitatem aperiri noluerat. (6) Necessitas prior uenit: ita metu subactus Romulo rem aperit. Forte et Numitori cum in custodia Remum haberet audissetque geminos esse fratres, comparando et aetatem eorum et ipsam minime seruilem indolem, tetigerat animum memoria nepotum; sciscitandoque eodem peruenit ut haud procul esset quin Remum agnosceret. Ita undique regi dolus nectitur. (7) Romulus non cum globo iuuenum – nec enim erat ad uim apertam par – sed aliis alio itinere iussis certo tempore ad regiam uenire pastoribus ad regem impetum facit; et a domo Numitoris alia comparata manu adiuuat Remus. Ita regem obtruncat.

6 (1) Numitor inter primum tumultum, hostes inuasisse urbem atque adortos regiam dictitans, cum pubem Albanam in arcem praesidio armisque obtinendam auocasset, postquam iuuenes perpetrata caede pergere ad se gratulantes uidit, extemplo aduocato concilio scelera in se fratris, originem nepotum, ut geniti, ut educati, ut cogniti essent, caedem deinceps tyranni seque eius auctorem ostendit. (2) Iuuenes per mediam contionem agmine ingressi cum auum regem salutassent, secuta ex omni multitudine consentiens uox ratum nomen imperiumque regi efficit.

(3) Ita Numitori Albana re permissa Romulum Remumque

einstimmte; indessen hatte er den Sachverhalt nicht früher kundwerden lassen, als bis Gelegenheit oder Notwendigkeit es forderten. (6) Die Notwendigkeit kam zuerst: so entdeckt er denn, von Angst überwältigt, die Sache dem Romulus. Von ungefähr hatte aber auch den Numitor, als er den Remus in Haft hielt und hörte, daß es sich um Zwillingsbrüder handle, und bei der Erwägung ihres Alters und ihrer keineswegs knechtischen Natur die Erinnerung an die Enkel angerührt; durch Nachfragen kam er denn auch zum gleichen Punkt, wo er nicht mehr weit davon entfernt war, den Remus zu erkennen. So spinnt sich denn von allen Seiten das Netz der Täuschung um den König. (7) Romulus macht, nicht mit einer Rotte von Jungmännern – denn zu offener Gewalt war er nicht stark genug –, sondern, indem er die Hirten einzeln je auf anderem Weg zu bestimmtem Zeitpunkt zum Königshaus kommen hieß, einen Überfall auf den König; und vom Haus des Numitor her kommt mit einer anderen Schar Remus zu Hilfe. So macht er den König nieder.

6 (1) Numitor hatte schon beim ersten Lärmen mit der Begründung, es seien Feinde in die Stadt eingedrungen und hätten das Königshaus überfallen, die Mannschaft der Albaner auf die Burg abgezogen, um sie zu besetzen und mit Waffengewalt zu halten; wie er die jungen Männer nach dem Ende des Gemetzels freudig auf sich zueilen sieht, beruft er sogleich die Volksversammlung ein und eröffnet ihr die Freveltaten seines Bruders gegen ihn; die Anfänge seiner Enkel: wie sie geboren, wie sie erzogen, wie sie entdeckt worden; dann die Ermordung des Tyrannen und seine Urheberschaft daran. (2) Als die Jungmänner in geordnetem Marsch mitten durch die Versammlung einzogen und dem Großvater als König huldigten, da bestätigte der aus der ganzen Volksmenge einhellig kommende Zuruf dem König Anerkennung, Namen und Herrschaft.

(3) Als Romulus und Remus auf diese Weise dem Numitor die Albanische Staatsgemeinschaft überlassen hatten, kam

cupido cepit in iis locis ubi expositi ubique educati erant urbis condendae. Et supererat multitudo Albanorum Latinorumque; ad id pastores quoque accesserant, qui omnes facile spem facerent paruam Albam, paruum Lauinium prae ea urbe quae conderetur fore. (4) Interuenit deinde his cogitationibus auitum malum, regni cupido, atque inde foedum certamen coortum a satis miti principio. Quoniam gemini essent nec aetatis uerecundia discrimen facere posset, ut di quorum tutelae ea loca essent auguriis legerent qui nomen nouae urbi daret, qui conditam imperio regeret, Palatium Romulus, Remus Auentinum ad inaugurandum templa capiunt.

7 (1) Priori Remo augurium uenisse fertur, sex uoltures; iamque nuntiato augurio cum duplex numerus Romulo se ostendisset, utrumque regem sua multitudo consalutauerat: tempore illi praecepto, at hi numero auium regnum trahebant. (2) Inde cum altercatione congressi certamine irarum ad caedem uertuntur; ibi in turba ictus Remus cecidit. Volgatior fama est ludibrio fratris Remum nouos transiluisse muros; inde ab irato Romulo, cum uerbis quoque increpitans adiecisset, »Sic deinde, quicumque alius transiliet moenia mea«, interfectum. (3) Ita solus potitus imperio Romulus; condita urbs conditoris nomine appellata.

Palatium primum, in quo ipse erat educatus, muniit. Sacra dis aliis Albano ritu, Graeco Herculi, ut ab Euandro insti-

Römische Geschichte 25

sie der Wunsch an, in eben der Gegend, wo sie ausgesetzt und aufgezogen worden waren, eine Stadt zu gründen. Auch war die Zahl der Albaner und Latiner übergroß, hinzu kamen noch die Hirten: Alle zusammen berechtigten deshalb sehr wohl zu der Hoffnung, klein werde Alba, klein Lavinium sein im Vergleich zu der Stadt, die gegründet werden sollte.[40] (4) Es stellte sich in der Folge aber diesen Entwürfen das ererbte Verhängnis – die Herrschsucht – entgegen, und ein abscheulicher Streit erhob sich aus einer recht friedlichen Grundübereinkunft: Da sie nun einmal Zwillinge seien und Rücksicht auf Alter den Ausschlag nicht geben könne, sollten die Götter, unter deren Schutz diese Landstriche stünden, durch Zeichen[41] bestimmen, wer der neuen Stadt ihren Namen geben und wer sie nach ihrer Gründung herrscherlich regieren solle; das Palatium nimmt Romulus, Remus den Aventin[42] als Bezirk für die Vogelschau.

7 (1) Zuerst sei dem Remus ein Vorzeichen gekommen, sagt man, nämlich sechs Geier; kaum war die Beobachtung gemeldet, als sich die doppelte[43] Anzahl dem Romulus gezeigt habe; und beide hatte ihre Anhängerschaft als König begrüßt: Jene folgerten die Königsherrschaft aus dem früheren Zeitpunkt, diese aus der Zahl der Vögel. (2) Hieraus kamen sie zum Wortwechsel und wandten sich in erbittertem Streit zum Mord; dabei fällt Remus, im Getümmel niedergehauen. Verbreiteter allerdings ist das Gerücht, Remus sei dem Bruder zum Spott über dessen neue Mauern gesprungen und deswegen von dem erzürnten Romulus umgebracht worden, der seinen Scheltworten hinzugefügt habe: »So geschehe in Zukunft jedem, der meine Mauern überspringt!« (3) So errang Romulus die Alleinherrschaft; die neugegründete Stadt wurde nach dem Namen des Gründers genannt.

Das Palatium, wo er aufgezogen worden, ummauerte er zuerst. Die Opfer an die Götter vollzieht er nach albanischem Brauch, nach griechischen nur die für Hercules, wie

tuta erant, facit. (4) Herculem in ea loca Geryone interempto boues mira specie abegisse memorant, ac prope Tiberim fluuium, qua prae se armentum agens nando traiecerat, loco herbido ut quiete et pabulo laeto reficeret boues et ipsum fessum uia procubuisse. (5) Ibi cum eum cibo uinoque grauatum sopor oppressisset, pastor accola eius loci, nomine Cacus, ferox uiribus, captus pulchritudine boum cum auertere eam praedam uellet, quia si agendo armentum in speluncam compulisset ipsa uestigia quaerentem dominum eo deductura erant, auersos boues eximium quemque pulchritudine caudis in speluncam traxit. (6) Hercules ad primam auroram somno excitus cum gregem perlustrasset oculis et partem abesse numero sensisset, pergit ad proximam speluncam, si forte eo uestigia ferrent. Quae ubi omnia foras uersa uidit nec in partem aliam ferre, confusus atque incertus animi ex loco infesto agere porro armentum occepit. (7) Inde cum actae boues quaedam ad desiderium, ut fit, relictarum mugissent, reddita inclusarum ex spelunca boum uox Herculem conuertit. Quem cum uadentem ad speluncam Cacus ui prohibere conatus esset, ictus claua fidem pastorum nequiquam inuocans morte occubuit. (8) Euander tum ea, profugus ex Peloponneso, auctoritate magis quam imperio regebat loca, uenerabilis uir miraculo litterarum, rei nouae inter rudes artium homines, uenerabilior diuinitate credita

das von Euander eingerichtet war.[44] (4) Hercules soll ja – man erinnert sich – nach dem Mord an Geryon dessen wunderschöne Rinder in diese Gegend getrieben und sich selbst am Tiber dort, wo er, die Herde vor sich hertreibend, schwimmend übergesetzt hatte – an einer Stelle mit üppigem Graswuchs, um die Rinder durch Ruhe und kräftiges Futter wiederherzustellen –, auch von der Wanderung erschöpft, niedergelegt haben. (5) Als ihn, von Essen und Wein ermüdet, dort der Schlaf übermannte, da zog ein in der Gegend ansässiger Hirte mit Namen Cacus[45], auf seine Stärke vertrauend, betört von der Schönheit der Rinder und in der Absicht, die Herde als Beute zu entführen, sie, rückwärts gehend – und gerade die schönsten –, an den Schwänzen in seine Höhle; hätte er die Herde vor sich her bloß in die Höhle getrieben, würden ihre Spuren den sie suchenden Besitzer dorthin geführt haben. (6) Als Hercules, bei der ersten Morgenröte[46] aus dem Schlaf erwacht, die Herde gemustert und das Fehlen einer Anzahl von Tieren festgestellt hatte, dringt er gegen die nächstgelegene Höhle vor, ob die Spuren vielleicht dorthin führten. Als er jedoch alle nach außen gewendet und sonst nirgendwo hinführen sieht, beginnt er, bestürzt und im Geist unsicher geworden, die Herde aus der unheimlichen Gegend weiterzutreiben. (7) Als darauf einige der weggetriebenen Rinder, wie's zu geschehen pflegt, aus Verlangen nach den zurückgelassenen brüllten, bewog das antwortende Muhen der eingeschlossenen aus der Höhle den Hercules zur Umkehr. Als Cacus den zur Höhle Schreitenden[47] zurückzuhalten suchte, sank er – vergebens rief er den Beistand der Hirten an – von der Keule getroffen in den Tod. (8) Damals regierte Euander, ein Flüchtling aus der Peloponnes, mehr durch sein Ansehen als durch Herrschermacht jene Gegenden, ein verehrenswerter Mann wegen seiner Schreibkunst,[48] einer bei diesen rauhen Menschen ganz neuen Fertigkeit – verehrenswürdiger noch wegen des Glaubens an die Göttlichkeit der Carmenta[49], seiner Mutter, die gerade diese Stämme vor dem Auftreten

Carmentae matris, quam fatiloquam ante Sibyllae in Italiam aduentum miratae eae gentes fuerant. (9) Is tum Euander concursu pastorum trepidantium circa aduenam manifestae reum caedis excitus postquam facinus facinorisque causam audiuit, habitum formamque uiri aliquantum ampliorem augustioremque humana intuens rogitat qui uir esset. (10) Vbi nomen patremque ac patriam accepit, »Ioue nate, Hercules, salue«, inquit; »te mihi mater, ueridica interpres deum, aucturum caelestium numerum cecinit, tibique aram hic dicatum iri quam opulentissima olim in terris gens maximam uocet tuoque ritu colat.« (11) Dextra Hercules data accipere se omen impleturumque fata ara condita ac dicata ait. (12) Ibi tum primum boue eximia capta de grege sacrum Herculi, adhibitis ad ministerium dapemque Potitiis ac Pinariis, quae tum familiae maxime inclitae ea loca incolebant, factum. (13) Forte ita euenit ut Potitii ad tempus praesto essent iisque exta apponerentur, Pinarii extis adesis ad ceteram uenirent dapem. Inde institutum mansit donec Pinarium genus fuit, ne extis eorum sollemnium uescerentur. (14) Potitii ab Euandro edocti antistites sacri eius per multas aetates fuerunt, donec tradito seruis publicis sollemni familiae ministerio genus omne Potitiorum interiit. (15) Haec tum sacra Romulus una ex omnibus peregrina suscepit,

der Sibylle in Italien als Schicksalskünderin bewundert hatten. (9) Als dieser Euander nun, durch das Zusammenlaufen der aufgeregten Hirten um den des offenen Totschlags schuldigen Ankömmling aufmerksam geworden und die Straftat sowie deren Ursache vernommen, erkennt er Haltung und Gestalt als doch etwas großartiger und erhabener[50] als die eines Menschen und fragt den Mann, wer er sei. (10) Sobald er Namen, Vater und Vaterland[51] erfahren, spricht er: Sohn Iuppiters, Hercules,[52] sei gegrüßt! Von dir hat meine Mutter, die wahrsprechende Dolmetscherin der Götter, mir geweissagt, du werdest der Himmlischen Zahl vermehren[53] und man werde dir an dieser Stelle einen Altar errichten, den das dereinst mächtigste Volk des Erdkreises den »größten« nennen und nach deinem Brauche ehren solle. (11) Hercules reicht ihm die rechte Hand und sagt, er nehme die Weissagung an und wolle durch Errichten und Weihen des Altars den Spruch des Schicksals erfüllen. (12) Dort und damals zum ersten Mal wurde ein ausnehmend schönes Rind aus der Herde gegriffen und dem Hercules ein Opfer dargebracht; zum heiligen Dienst und zum Mahl wurden die Potitier und Pinarier berufen, hochberühmte Familien, die damals die Gegend bewohnten. (13) Durch Zufall kam es so, daß die Potitier zur Zeit da waren und ihnen die Eingeweide vorgelegt wurden, die Pinarier aber erst nach dem Verzehren der Eingeweide zur Restmahlzeit anlangten.[54] Hieraus erhielt sich der Brauch, daß die Pinarier – solange das Geschlecht bestand – von den Eingeweiden dieser Festopfer nichts essen durften. (14) Die Potitier, von Euander unterwiesen, sind die Vorsteher dieses heiligen Dienstes durch viele Menschenalter hindurch gewesen, bis sie das Liturgenamt ihrer Familie öffentlichen Sklaven übertrugen und das ganze Geschlecht der Potitier unterging. (15) Dies waren zu jenem Zeitpunkt die einzigen fremden Opferhandlungen, die Romulus übernahm: Schon damals war er Verehrer einer durch Mannestaten erworbenen Unsterblich-

iam tum immortalitatis uirtute partae ad quam eum sua fata ducebant fautor.

8 (1) Rebus diuinis rite perpetratis uocataque ad concilium multitudine quae coalescere in populi unius corpus nulla re praeterquam legibus poterat, iura dedit; (2) quae ita sancta generi hominum agresti fore ratus, si se ipse uenerabilem insignibus imperii fecisset, cum cetero habitu se augustiorem, tum maxime lictoribus duodecim sumptis fecit. (3) Alii ab numero auium quae augurio regnum portenderant eum secutum numerum putant: me haud paenitet eorum sententiae esse quibus et apparitores hoc genus ab Etruscis finitimis, unde sella curulis, unde toga praetexta sumpta est, et numerum quoque ipsum ductum placet, et ita habuisse Etruscos quod ex duodecim populis communiter creato rege singulos singuli populi lictores dederint. (4) Crescebat interim urbs munitionibus alia atque alia appetendo loca, cum in spem magis futurae multitudinis quam ad id quod tum hominum erat munirent. (5) Deinde ne uana urbis magnitudo esset, adiciendae multitudinis causa uetere consilio condentium urbes, qui obscuram atque humilem conciendo ad se multitudinem natam e terra sibi prolem ementiebantur, locum qui nunc saeptus escendentibus inter duos lucos est asylum aperit. (6) Eo ex finitimis populis turba omnis sine discrimine, liber an seruus esset, auida nouarum rerum perfugit, idque primum ad coeptam magnitudinem roboris

keit, zu der ihn dann ja auch sein eigenes Geschick führen sollte.

8 (1) Nachdem er den Götterdienst in gehöriger Weise eingerichtet und die Volksmenge, die durch nichts anderes als durch Gesetze zu einem einzigen Volkskörper zusammenwachsen konnte, zu einer Versammlung einberufen hatte, setzte er Rechtsnormen fest; (2) in der Überzeugung, diese würden dem ungeschliffenen Menschenschlag nur dann heilig sein, wenn er selbst sich durch Abzeichen der Herrschaft achtenswerter darstelle, machte er sich durch ein Zeremoniell verehrungswürdiger, vor allem aber dadurch, daß er sich mit zwölf Liktoren[55] umgab. (3) Einige glauben, er habe diese Zahl angesetzt nach der Anzahl der Vögel, die ihm durch ihren weissagenden Flug die Königsherrschaft angezeigt hatten; ich jedoch finde es nicht verwerflich, der Meinung jener beizustimmen, nach denen die Staatsdiener dieser Art von etruskischen Nachbarn herstammen – woher ja auch der kurulische Sessel,[56] woher auch die bebänderte Toga[57] übernommen wurde und auch die Dienerzahl selbst herrühren soll: Die Etrusker, meinen sie, hätten es so gehalten, weil sie ihrem gemeinsam aus zwölf Stämmen erwählten König aus jedem je einen Liktor zuteilen wollten. (4) Inzwischen wuchs die Stadt, da man diese und jene Örtlichkeit in die Ummauerung einbezog, wobei man mehr auf Zuwachs für eine kommende Bevölkerung als für die damalige Menschenzahl baute. (5) Sodann eröffnete Romulus – damit die Größe der Stadt nicht sinnlos wäre und um Massen anzulocken – nach dem uralten Konzept aller Städtegründer, die in Menge Gelichter und minderwertiges Volk an sich zogen und dann vorzugeben pflegten, es sei ihnen aus der Erde Nachwuchs entstanden, an der Stelle, die jetzt umzäunt ist, wenn man zwischen den zwei Hainen hinuntergeht, eine Freistatt.[58] (6) Dorthin flüchtet nun alles haufenweise ohne Unterschied, ob einer frei war oder Sklave, was immer auf Änderung seiner Lebensweise aus war: Und dies ist der ursprüngliche Kern der anhebenden Größe Roms gewesen.

fuit. (7) Cum iam uirium haud paeniteret consilium deinde uiribus parat. Centum creat senatores, siue quia is numerus satis erat, siue quia soli centum erant qui creari patres possent. Patres certe ab honore patriciique progenies eorum appellati.

9 (1) Iam res Romana adeo erat ualida ut cuilibet finitimarum ciuitatum bello par esset; sed penuria mulierum hominis aetatem duratura magnitudo erat, quippe quibus nec domi spes prolis nec cum finitimis conubia essent. (2) Tum ex consilio patrum Romulus legatos circa uicinas gentes misit qui societatem conubiumque nouo populo peterent: (3) urbes quoque, ut cetera, ex infimo nasci; dein, quas sua uirtus ac di iuuent, magnas opes sibi magnumque nomen facere; (4) satis scire, origini Romanae et deos adfuisse et non defuturam uirtutem; proinde ne grauarentur homines cum hominibus sanguinem ac genus miscere. (5) Nusquam benigne legatio audita est: adeo simul spernebant, simul tantam in medio crescentem molem sibi ac posteris suis metuebant. Ac plerisque rogitantibus dimissi ecquod feminis quoque asylum aperuissent; id enim demum compar conubium fore. (6) Aegre id Romana pubes passa et haud dubie ad uim spectare res coepit. Cui tempus locumque aptum ut daret Romulus aegritudinem animi dissimulans ludos ex industria parat Neptuno equestri sollemnes; Consualia uocat. (7) Indici deinde finitimis spectaculum iubet; quantoque apparatu tum sciebant aut poterant, concelebrant ut rem

(7) Jetzt, da er sich seiner Stärke nicht mehr zu schämen brauchte, richtet er in der Folge eine beratende Instanz für diese Kräfte ein: Er wählt hundert Senatoren aus – sei's, weil diese Zahl ausreiche, sei's, weil nur hundert da waren, die man zu Vätern wählen konnte. »Väter« sind sie gewiß nach ihrem Ehrenamt genannt worden, ihre Nachkommen aber »Väternachkommen« (Patrizier).[59]

9 (1) Jetzt war der römische Staat schon so stark, daß er jedem beliebigen Nachbarvolk im Krieg gewachsen war; indessen konnte diese Stärke aus Mangel an Frauen nur ein Menschenalter lang dauern, hatten sie doch weder Hoffnung auf Nachkommenschaft im eigenen Haus, noch gab es Heiraten mit den Nachbarn. (2) Da schickte Romulus auf Rat der Väter Gesandte zu den Völkerschaften ringsum,[60] die Bündnis und Eheverbindung mit dem neuen Volk erreichen sollten: (3) Auch Städte wüchsen wie alles übrige von unten her; die, denen eigene Kraft und die Götter beistünden, würden sich große Macht und einen großen Namen schaffen; (4) er wisse genau, daß die Götter dem Ursprung Roms günstig gewesen und daß eigene Kraft nicht fehlen würde – deswegen sollten sie sich nicht weigern, als Menschen mit Menschen Blut und Geschlecht zu mischen. (5) Nirgends hörte man die Botschaft mit Wohlwollen, so sehr verachteten und fürchteten sie gleichermaßen die in ihrer Mitte aufstrebende Macht ihret- und ihrer Nachkommen wegen. Den Anfragenden wurde beim Abschied meist die Frage gestellt, ob sie nun auch für Frauen eine Freistatt eröffnet hätten – das ergäbe doch schließlich Ehen in rechtem Verhältnis. (6) Die römische Jungmannschaft nahm das übel auf, und die Sache fing an, sich sehr deutlich der Gewalt zuzuneigen. Um dieser nach Zeit und Ort Bahn zu schaffen, verbirgt Romulus seine Mißstimmung und setzt mit Absicht feierliche Spiele für den rosseliebenden Neptun an; er nennt sie Consualien.[61] (7) Dann heißt er den Nachbarn das Schauspiel anzuzeigen; mit dem größten Aufwand, den man damals kannte und zu leisten vermochte, um die Angelegen-

claram exspectatamque facerent. (8) Multi mortales conuenere, studio etiam uidendae nouae urbis, maxime proximi quique, Caeninenses, Crustumini, Antemnates; (9) iam Sabinorum omnis multitudo cum liberis ac coniugibus uenit. Inuitati hospitaliter per domos cum situm moeniaque et frequentem tectis urbem uidissent, mirantur tam breui rem Romanam creuisse. (10) Vbi spectaculi tempus uenit deditaeque eo mentes cum oculis erant, tum ex composito orta uis signoque dato iuuentus Romana ad rapiendas uirgines discurrit. (11) Magna pars forte in quem quaeque inciderat raptae: quasdam forma excellentes, primoribus patrum destinatas, ex plebe homines quibus datum negotium erat domos deferebant. (12) Vnam longe ante alias specie ac pulchritudine insignem a globo Thalassi cuiusdam raptam ferunt multisque sciscitantibus cuinam eam ferrent, identidem ne quis uiolaret Thalassio ferri clamitatum; inde nuptialem hanc uocem factam.

(13) Turbato per metum ludicro maesti parentes uirginum profugiunt, incusantes uiolati hospitii foedus deumque inuocantes cuius ad sollemne ludosque per fas ac fidem decepti uenissent. (14) Nec raptis aut spes de se melior aut indignatio est minor. Sed ipse Romulus circumibat docebatque patrum id superbia factum qui conubium finitimis negassent; illas tamen in matrimonio, in societate fortunarum omnium ciuitatisque et quo nihil carius humano generi sit liberum fore; (15) mollirent modo iras et, quibus

heit glänzend und spannungsvoll zu machen, richten sie das Fest aus. (8) Viele Menschen strömten zusammen, auch aus Begierde, die neue Stadt zu sehen, vor allem die zunächst Wohnenden: die Caeninenser, Crustuminer, Antemnaten; (9) bald kam auch eine ganze Menge Sabiner mit Kindern und Frauen. Sie wurden gastfreundlich in die Häuser eingeladen und wunderten sich, als sie die Lage der Stadt, die Mauern und die zahlreichen Wohnstätten gesehen hatten, wie schnell doch Rom gewachsen sei. (10) Als die Zeit des Schauspiels kam und ihre Sinne wie ihre Augen darauf gerichtet waren, brach wie verabredet Gewalt aus, und auf ein gegebenes Zeichen sprengt die römische Jungmannschaft auseinander, um Jungfrauen zu rauben. (11) Ein Großteil wurde aufs Geratewohl geraubt, in wessen Händen gerade eine gefallen war; ein paar von besonders gefälliger Erscheinung – den Führern der Väter bestimmt – schafften Leute aus dem Pöbel, die dazu Auftrag hatten, in deren Häuser. (12) Eine weit vor allen andern durch Gestalt und Schönheit Ausgezeichnete soll vom Haufen eines Thalassius[62] geraubt worden sein; als viele fragten, wem sie sie zuführten, habe man immer wieder ausgerufen: dem Thalassius! – damit sie keiner behellige: Und hieraus sei dann ein hochzeitlicher Zuruf geworden.
(13) Nachdem das Schauspiel so durch Einschüchterung gestört ist, flüchten die Eltern der Geraubten voll Kummer, klagen laut über die Verletzung des Gastrechts und rufen den Gott an, zu dessen Feier und Spielen sie gekommen seien, wider Treu und Glauben[63] getäuscht. (14) Auch unter den Geraubten war die Hoffnung bezüglich der eigenen Lage nicht größer und die Entrüstung nicht geringer. Indessen ging Romulus selbst herum und suchte sie zu belehren,[64] es sei dies wegen ihrer Väter Stolz geschehen, die ihren Nachbarn die Eheverbindung verweigert hätten; sie seien jedoch Ehefrauen und würden alle Güter, auch das Bürgerrecht und – was dem Menschengeschlecht das Teuerste sei – die Kinder in der Ehegemeinschaft mitbesitzen; (15) sie

fors corpora dedisset, darent animos; saepe ex iniuria postmodum gratiam ortam; eoque melioribus usuras uiris quod adnisurus pro se quisque sit ut, cum suam uicem functus officio sit, parentium etiam patriaeque expleat desiderium. (16) Accedebant blanditiae uirorum, factum purgantium cupiditate atque amore, quae maxime ad muliebre ingenium efficaces preces sunt.

10 (1) Iam admodum mitigati animi raptis erant; at raptarum parentes tum maxime sordida ueste lacrimisque et querellis ciuitates concitabant. Nec domi tantum indignationes continebant sed congregabantur undique ad T. Tatium regem Sabinorum, et legationes eo quod maximum Tati nomen in iis regionibus erat conueniebant. (2) Caeninenses Crustuminique et Antemnates erant ad quos eius iniuriae pars pertinebat. Lente agere his Tatius Sabinique uisi sunt: ipsi inter se tres populi communiter bellum parant. (3) Ne Crustumini quidem atque Antemnates pro ardore iraque Caeninensium satis se impigre mouent; ita per se ipsum nomen Caeninum in agrum Romanum impetum facit. (4) Sed effuse uastantibus fit obuius cum exercitu Romulus leuique certamine docet uanam sine uiribus iram esse. Exercitum fundit fugatque, fusum persequitur: regem in proelio obtruncat et spoliat: (5) duce hostium occiso urbem primo impetu capit. Inde exercitu uictore reducto, ipse cum factis uir magnificus tum factorum ostentator haud minor, spolia

sollten also ihren Zorn sänftigen und denen, welchen das Schicksal ihre Leiber überantwortet, auch ihre Herzen schenken; schon oft sei aus Unrecht später Einverständnis entstanden; sie würden auch um so bessere Ehemänner haben, als jeder sich nach seinem Vermögen anstrengen werde, ihre Sehnsucht nach Eltern und Heimat – sobald er seinerseits seine Pflicht erfüllt habe – ebenfalls zu stillen. (16) Hinzu kamen die Schmeicheleien der Männer, die ihre Tat mit heißer Verliebtheit entschuldigten: Bitten, die auf das weibliche Gemüt besonders starken Eindruck machen.

10 (1) Schon waren die Gemüter der Geraubten also ziemlich besänftigt; die Eltern der Geraubten aber versetzten zu diesem Zeitpunkt durch Trauerkleidung, Tränen und Klagen die Gemeinden in Aufregung. Und sie beschränkten die Äußerungen ihrer Entrüstung nicht nur auf die heimische Umgebung, sondern scharten sich auch von allen Seiten her um T. Tatius, den König der Sabiner, und es trafen bei ihm Gesandtschaften ein, weil in jenen Gegenden des Tatius Namen am meisten galt. (2) Die Caeninenser, Crustuminer und Antemnaten nun hatte die Rechtsverletzung zum Teil getroffen; ihnen schienen Tatius und die Sabiner langsam zu reagieren. So rüsteten die drei Völkerschaften für sich gemeinsam zum Krieg. (3) Allein auch die Crustuminer und die Antemnaten rühren sich für den flammenden Zorn der Caeninenser allzu lässig. So macht denn alles, was caninisch heißt, für sich allein einen Einfall in die römische Mark. (4) Doch den ordnungslos Brandschatzenden tritt Romulus mit geübtem Heer entgegen und belehrt sie in einem leichten Treffen, daß Wut ohne Kampfkraft nutzlos sei: Er schlägt und zerstreut ihr Heer und verfolgt das geschlagene; ihren König[65] macht er im Kampf nieder und nimmt ihm die Rüstung; (5) nach dem Fall des Führers nimmt er die Stadt der Feinde im ersten Ansturm. Dann führt er sein Heer als Sieger zurück: ein großartiger Mann seinen Taten nach, nicht minder jedoch ein Mann, der seine Taten heraus-

ducis hostium caesi suspensa fabricato ad id apte ferculo
gerens in Capitolium escendit; ibique ea cum ad quercum
pastoribus sacram deposuisset, simul cum dono designauit
templo Iouis fines cognomenque addidit deo: (6) »Iuppiter
Feretri« inquit, »haec tibi uictor Romulus rex regia arma
fero, templumque his regionibus quas modo animo metatus
sum dedico, sedem opimis spoliis quae regibus ducibusque
hostium caesis me auctorem sequentes posteri ferent.« (7)
Haec templi est origo quod primum omnium Romae sacratum est. Ita deinde dis uisum nec inritam conditoris templi
uocem esse qua laturos eo spolia posteros nuncupauit nec
multitudine compotum eius doni uolgari laudem. Bina
postea, inter tot annos, tot bella, opima parta sunt spolia:
adeo rara eius fortuna decoris fuit.

11 (1) Dum ea ibi Romani gerunt, Antemnatium exercitus
per occasionem ac solitudinem hostiliter in fines Romanos
incursionem facit. Raptim et ad hos Romana legio ducta
palatos in agris oppressit. (2) Fusi igitur primo impetu et
clamore hostes, oppidum captum; duplicique uictoria ouantem Romulum Hersilia coniunx precibus raptarum fatigata
orat ut parentibus earum det ueniam et in ciuitatem accipiat:
ita rem coalescere concordia posse. Facile impetratum. (3)
Inde contra Crustuminos profectus bellum inferentes. Ibi

streicht: Er hängt die Rüstung des erschlagenen feindlichen Führers an einer eigens dazu gefertigten Tragstange auf und trägt sie auf das Kapitol; dort legte er sie bei der den Hirten heiligen Eiche nieder, umgrenzte zugleich mit der Gabenweihung den Platz für einen Iuppitertempel und gab dem Gott auch einen Beinamen: (6) »Iuppiter Feretrius«,[66] sprach er, »diese königliche Waffenrüstung bringe ich, König Romulus, dir als Sieger dar und weihe dir einen Tempel in den Maßen, die ich eben im Entwurf abgeschritten habe, als Stätte für die Waffenrüstungen, die unsere Nachkommen, meinem Vorbild folgend, feindlichen Königen und Führern abnehmen werden.« – (7) Dies ist der Ursprung des ersten von allen Tempeln, die in Rom geweiht wurden. Den Göttern allerdings schien es in der Folge gut, daß weder der Spruch des Erbauers dieses Tempels ohne Erfüllung bliebe – daß nämlich die Nachfahren hierhin die erbeuteten Rüstungen bringen sollten – noch daß durch eine Menge von Nachahmern die Achtung vor solcher Weihgabe schwände: Nur noch zweimal[67] wurden später – und das im Verlauf so vieler Jahre, während so vieler Kriege – Beuterüstungen erstritten: So selten spielte das Schicksal diesen ehrenvollen Erfolg zu.

11 (1) Während die Römer diese Dinge tun, nutzt ein Heer der Antemnaten die Gelegenheit und macht einen feindlichen Einfall in die entblößten römischen Marken. Eilends wird die römische Legion auch gegen diese geführt und trifft sie auf den Äckern umherstreifend an. (2) Also wurden die Feinde schon beim ersten Angriff und Feldgeschrei geworfen, ihre Stadt eingenommen. Den über den Doppelsieg frohlockenden Romulus bittet seine Frau Hersilia, von den Bitten der geraubten Frauen unablässig bestürmt, er möge gegenüber deren Eltern Nachsicht walten lassen und sie in die Bürgerschaft aufnehmen; so könne sich die Gemeinde in Eintracht festigen. Leicht wurde das erlangt. (3) Dann marschierte er gegen die Crustuminer, die den Krieg begonnen hatten. Hierbei wurde noch weniger gekämpft, da ihnen

minus etiam quod alienis cladibus ceciderant animi certaminis fuit. Vtroque coloniae missae: (4) plures inuenti qui propter ubertatem terrae in Crustuminum nomina darent. Et Romam inde frequenter migratum est, a parentibus maxime ac propinquis raptarum.

(5) Nouissimum ab Sabinis bellum ortum multoque id maximum fuit; nihil enim per iram aut cupiditatem actum est, nec ostenderunt bellum prius quam intulerunt. (6) Consilio etiam additus dolus. Sp. Tarpeius Romanae praeerat arci. Huius filiam uirginem auro corrumpit Tatius ut armatos in arcem accipiat; aquam forte ea tum sacris extra moenia petitum ierat. (7) Accepti obrutam armis necauere, seu ut ui capta potius arx uideretur seu prodendi exempli causa ne quid usquam fidum proditori esset. (8) Additur fabula, quod uolgo Sabini aureas armillas magni ponderis brachio laeuo gemmatosque magna specie anulos habuerint, pepigisse eam quod in sinistris manibus haberent; eo scuta illi pro aureis donis congesta. (9) Sunt qui eam ex pacto tradendi quod in sinistris manibus esset derecto arma petisse dicant et fraude uisam agere sua ipsam peremptam mercede.

12 (1) Tenuere tamen arcem Sabini; atque inde postero die, cum Romanus exercitus instructus quod inter Palatinum Capitolinumque collem campi est complesset, non prius descenderunt in aequum quam ira et cupiditate reciperandae arcis stimulante animos in aduersum Romani subiere. (2) Principes utrimque pugnam ciebant ab Sabinis Mettius Cur-

wegen der Niederlage der Nachbarn der Mut entsunken war. So wurden nach beiden Seiten Siedler ausgesandt; (4) es fanden sich dabei mehr, die sich für das Crustuminische Gebiet meldeten, weil es fruchtbarer war. Auch nach Rom übersiedelten von da an viele, vor allem Eltern und Verwandte der geraubten Frauen.
(5) Zuallerletzt fingen die Sabiner Krieg an, und der war bei weitem der schlimmste; nichts wurde nämlich in Zorn oder Leidenschaft getan, und sie ließen den Krieg nicht früher sehen, als bis sie ihn ins Land trugen. (6) Zur Planung gesellte sich überdies List. Sp. Tarpeius war der Befehlshaber der römischen Burg. Dessen jungfräuliche[68] Tochter bestach Tatius mit Gold, daß sie Bewaffnete in die Burg einließ; sie war zufällig aus der Befestigung gegangen, um Wasser für Opferfeiern zu holen. (7) Die Eingelassenen hieben sie mit ihren Schilden tot zu Boden, sei's, daß die Burg mit Gewalt eingenommen erschiene, sei's, um ein Beispiel dafür zu geben, daß ein Verräter in keinem Fall auf Treu und Glauben zählen dürfe. (8) Die Sage fügt hinzu: Weil die Sabiner am linken Arm goldene Armreife von großem Gewicht und großartig anzusehende edelsteinbesetzte Spangen getragen hätten, habe sich jenes Mädchen als Lohn das ausbedungen, was sie an der linken Hand trügen; so seien statt der goldenen Geschenke Schilde über sie gehäuft worden. (9) Es gibt auch Leute, die sagen, sie habe gemäß der Übereinkunft die Übergabe dessen erheischt, was sie am linken Arm trügen, nämlich die Schilde, und sei dann – weil man das als Hinterlist angesehen – durch den ausbedungenen Lohn zu Tode gekommen.
12 (1) Jedenfalls hielten die Sabiner die Burg besetzt; und sie stiegen von da am nächsten Tag, als das römische Heer in Gefechtsordnung das Gelände zwischen dem Palatinischen und dem Capitolinischen Hügel erfüllte, nicht früher in die Ebene hinab, als bis die Römer, denen der wütende Drang nach Wiedereinnahme der Burg das Herz erregte, von unten her angriffen. (2) Vorkämpfer begannen auf beiden Seiten

tius, ab Romanis Hostius Hostilius. Hic rem Romanam
iniquo loco ad prima signa animo atque audacia sustinebat.
(3) Vt Hostius cecidit, confestim Romana inclinatur acies
fusaque est. Ad ueterem portam Palati Romulus et ipse turba
fugientium actus, arma ad caelum tollens, (4) »Iuppiter,
tuis« inquit »iussus auibus hic in Palatio prima urbi fundamenta ieci. Arcem iam scelere emptam Sabini habent; inde
huc armati superata media ualle tendunt; (5) at tu, pater
deum hominumque, hinc saltem arce hostes; (6) deme terrorem Romanis fugamque foedam siste. Hic ego tibi templum
Statori Ioui, quod monumentum sit posteris tua praesenti
ope seruatam urbem esse, uoueo.« (7) Haec precatus, ueluti
sensisset auditas preces, »Hinc« inquit, »Romani, Iuppiter
optimus maximus resistere atque iterare pugnam iubet.«
Restitere Romani tamquam caelesti uoce iussi: ipse ad primores Romulus prouolat. (8) Mettius Curtius ab Sabinis
princeps ab arce decucurrerat et effusos egerat Romanos toto
quantum foro spatium est. Nec procul iam a porta Palati
erat, clamitans: »Vicimus perfidos hospites, imbelles hostes;
iam sciunt longe aliud esse uirgines rapere, aliud pugnare
cum uiris.« (9) In eum haec gloriantem cum globo ferocissi-
morum iuuenum Romulus impetum facit. Ex equo tum forte
Mettius pugnabat; eo pelli facilius fuit. Pulsum Romani
persequuntur; et alia Romana acies, audacia regis accensa,
fundit Sabinos. (10) Mettius in paludem sese strepitu

das Gefecht:[69] auf der Seite der Sabiner Mettius Curtius, auf römischer Hostius Hostilius. Dieser hielt in vorderster Reihe mit Mut und Kühnheit trotz ungünstigem Gelände die römische Front. (3) Als Hostius fiel, wurde die römische Kampflinie alsbald eingedrückt und gesprengt. Bis an das alte Tor des Palatiums[70] zurückgedrängt, noch dazu von einem Schwarm Flüchtiger, rief Romulus, die Waffen zum Himmel erhebend: (4) »Iuppiter, von deinen Vögeln angewiesen, habe ich hier auf dem Palatium die ersten Fundamente zu einer Stadt gelegt. Die Burg, durch Verrat eingenommen, haben die Sabiner in der Hand; von dort dringen sie nach Inbesitznahme der Talmitte hierher vor; (5) du aber, Vater der Götter und Menschen, wehre doch von hier die Feinde ab. (6) Nimm den Römern ihre Furcht und bring ihre schändliche Flucht zum Stehen! Hier gelobe ich dir, Iuppiter Erhalter,[71] einen Tempel, der den Nachkommen ein Denkmal dafür sein soll, daß durch deinen mächtigen Schutz die Stadt gehalten wurde.« (7) So sprach er betend, und als ob er fühlte, daß seine Bitten erhört seien, rief er: »Von jetzt an, ihr Römer, befiehlt Iuppiter, der Beste und Größte, Widerstand zu leisten und den Kampf wieder aufzunehmen!« Und es kamen die Römer wieder zum Stehen, als hätte ein Ruf aus dem Himmel es befohlen; Romulus selbst eilt in die vorderste Linie. (8) Mettius Curtius war den Sabinern voran von der Burg herabgerannt und hatte die flüchtenden Römer über das Forum getrieben, soweit nur Platz war. Schon war er nicht mehr weit vom Tor des Palatiums und rief: »Wir haben sie besiegt, die treulosen Gastgeber, die feigen Feinde; jetzt wissen sie, daß Mädchenrauben *ein* Ding ist, mit Männern zu fechten aber ein ganz anderes!« (9) Während er sich so rühmt, greift Romulus ihn mit einem Haufen der wildesten römischen Jungmänner an. Mettius kämpfte gerade zu Roß und war deshalb um so leichter zum Weichen zu bringen. Die Römer verfolgen den Abgeschlagenen, und eine andere römische Abteilung schlägt, vom Mut ihres Königs angesteckt, die Sabiner zurück. (10) Mettius stürzte,

sequentium trepidante equo coniecit; auerteratque ea res etiam Sabinos tanti periculo uiri. Et ille quidem adnuentibus ac uocantibus suis fauore multorum addito animo euadit: Romani Sabinique in media conualle duorum montium redintegrant proelium; sed res Romana erat superior.

13 (1) Tum Sabinae mulieres, quarum ex iniuria bellum ortum erat, crinibus passis scissaque ueste, uicto malis muliebri pauore, ausae se inter tela uolantia inferre, ex transuerso impetu facto dirimere infestas acies, dirimere iras, (2) hinc patres, hinc uiros orantes, ne sanguine se nefando soceri generique respergerent, ne parricidio macularent partus suos, nepotum illi, hi liberum progeniem. (3) »Si adfinitatis inter uos, si conubii piget, in nos uertite iras; nos causa belli, nos uolnerum ac caedium uiris ac parentibus sumus; melius peribimus quam sine alteris uestrum uiduae aut orbae uiuemus.« (4) Mouet res cum multitudinem tum duces; silentium et repentina fit quies; inde ad foedus faciendum duces prodeunt. Nec pacem modo sed ciuitatem unam ex duabus faciunt. Regnum consociant: imperium omne conferunt Romam. (5) Ita geminata urbe ut Sabinis tamen aliquid daretur Quirites a Curibus appellati. Monumentum eius pugnae, ubi primum ex profunda emersus palude equus Curtium in uado statuit, Curtium lacum appellarunt.

da sein Pferd vor dem Lärmen der Verfolger scheute, in einen Sumpf;[72] daß ein so wichtiger Mann in Gefahr war, hatte auch die Sabiner herangezogen. Tatsächlich arbeitet er sich unter Zuwinken und Zuruf der Seinen, durch die Anteilnahme der Menge von neuem Mut beseelt, wieder heraus. Die Römer und die Sabiner nehmen in der zwischen den beiden Bergen liegenden Senke den Kampf wieder auf; indessen stand die Sache der Römer besser.

13 (1) Zu diesem Zeitpunkt wagten es die sabinischen Frauen, aus deren Entehrung der Krieg entstanden war, gelösten Haars und die Gewänder zerrissen – ihr Unglück hatte über weibliche Furcht den Sieg davongetragen –, sich in die Flugbahn der Geschosse[73] zu begeben, von der Seite her einzudringen, die feindlichen Linien zu trennen, die Wütenden zu scheiden, (2) hier die Väter, hier die Männer anflehend, sich nicht frevelhaft mit dem Blut des Schwiegervaters, des Schwiegersohnes zu bespritzen, nicht durch Mord an Verwandten ihre Kinder in Schande zu bringen: die Nachkommen der Enkel jene, diese die der Kinder. (3) »Wenn die gegenseitige Verwandtschaft, wenn der Ehebund euch zuwider ist, so richtet euer Wüten gegen uns! Wir ja sind die Ursache für den Krieg, wir der Wunden und des Mordes Anlaß für unsere Männer und Väter! Lieber wollen wir zugrunde gehen als ohne die einen oder die andern von euch als Witwen oder Waisen weiterleben!« – (4) Der Vorgang bewegt die Menge ebenso wie die Anführer; es wird still und plötzlich ruhig; dann treten, einen Vertrag zu schließen, die Anführer vor. Und sie machen nicht nur Frieden, sondern einen einzigen Staat aus zweien: Sie vergemeinschaften die Königswürde; die gesamte Regierung verlegen sie nach Rom. (5) Damit in der Zwillingsstadt doch auch den Sabinern etwas geboten würde, nannte man sie Quiriten, nach Cures.[74] Zum Gedächtnis dieses Kampfes nannten sie die Stelle, wo sich das Pferd des Curtius wieder aus dem Sumpf herausarbeitete und ihn wieder aufs Begehbare brachte, den See des Curtius.[75]

(6) Ex bello tam tristi laeta repente pax cariores Sabinas uiris ac parentibus et ante omnes Romulo ipse fecit. Itaque cum populum in curias triginta diuideret, nomina earum curiis imposuit. (7) Id non traditur, cum haud dubie aliquanto numerus maior hoc mulierum fuerit, aetate an dignitatibus suis uirorumue an sorte lectae sint, quae nomina curiis darent. (8) Eodem tempore et centuriae tres equitum conscriptae sunt. Ramnenses ab Romulo, ab T. Tatio Titienses appellati: Lucerum nominis et originis causa incerta est. Inde non modo commune sed concors etiam regnum duobus regibus fuit.

14 (1) Post aliquot annos propinqui regis Tati legatos Laurentium pulsant; cumque Laurentes iure gentium agerent, apud Tatium gratia suorum et preces plus poterant. (2) Igitur illorum poenam in se uertit; nam Lauinii cum ad sollemne sacrificium eo uenisset concursu facto interficitur. (3) Eam rem minus aegre quam dignum erat tulisse Romulum ferunt, seu ob infidam societatem regni seu quia haud iniuria caesum credebat. Itaque bello quidem abstinuit; ut tamen expiarentur legatorum iniuriae regisque caedes, foedus inter Romam Lauiniumque urbes renouatum est.

(4) Et cum his quidem insperata pax erat: aliud multo propius atque in ipsis prope portis bellum ortum. Fidenates nimis uicinas prope se conualescere opes rati, priusquam tantum roboris esset quantum futurum apparebat, occupant bellum facere. Iuuentute armata immissa uastatur agri quod inter urbem ac Fidenas est; (5) inde ad laeuam uersi quia

(6) Der aus einem so traurigen Krieg unversehens hervorgegangene frohe Friede machte die Sabinerinnen ihren Männern und Vätern und vor allem dem Romulus selbst nur noch teurer. Deshalb gab er, als er das Volk in dreißig Curien[76] einteilte, diesen ihre Namen. (7) Nicht überliefert aber ist, ob – die Anzahl der Frauen war sicher viel größer als die der Curien – nach Alter, eigenem oder des Mannes Rang oder durch Los die ausgewählt wurden, die den Curien den Namen geben sollten. (8) Zur selben Zeit sind auch drei Hundertschaften Reiter gebildet worden. Man nannte sie Ramnenser nach Romulus, nach T. Tatius Titienser; der Grund für die Namengebung Lucerer ist ungewiß.[77] Von jetzt an lag eine nicht nur gemeinsame, sondern auch einträchtige Herrschaft in den Händen von zwei Königen.
14 (1) Ein paar Jahre danach vergriffen sich Verwandte des Königs Tatius an Gesandten der Laurenter; als die Laurenter nach dem Völkerrecht klagten, hatten bei Tatius das gute Einvernehmen mit den Seinen und deren Bitten mehr Gewicht. (2) Darum trifft die Strafe jener ihn selbst: er wird zu Lavinium, wohin er zu feierlichem Opfer gekommen war, in einem Tumult getötet. (3) Diesen Vorfall habe Romulus, berichten sie, weniger schwer genommen, als es erforderlich war, sei's wegen der unzuverlässigen Partnerschaft im Regiment, sei's, weil er seine Tötung für nicht ganz unberechtigt hielt. Jedenfalls hielt er sich vom Krieg zurück; damit aber die Mißhandlung der Gesandten und der Mord am König doch ihre Sühne fänden, wurde das Bündnis zwischen den Städten Rom und Lavinium erneuert.
(4) Und so blieb es denn – wenngleich unverhofft – beim Frieden mit diesen Leuten; doch brach ein anderer Krieg aus, viel näher und beinahe vor den Toren: Die Fidenaten, überzeugt davon, daß sich in ihrer Nachbarschaft die Macht allzusehr balle, fangen rasch einen Krieg an, bevor diese Macht so stark wäre, wie sie zu werden schien. Ihre Jungmannschaft fällt bewaffnet ein und verwüstet die Feldmark, die zwischen der Stadt und Fidenae liegt; (5) dann wenden

dextra Tiberis arcebat, cum magna trepidatione agrestium populantur, tumultusque repens ex agris in urbem inlatus pro nuntio fuit. (6) Excitus Romulus – neque enim dilationem pati tam uicinum bellum poterat – exercitum educit, castra a Fidenis mille passuum locat. (7) Ibi modico praesidio relicto, egressus omnibus copiis partem militum locis circa densa obsita uirgulta obscuris subsidere in insidiis iussit: cum parte maiore atque omni equitatu profectus, id quod quaerebat, tumultuoso et minaci genere pugnae adequitando ipsis prope portis hostem exciuit. Fugae quoque, quae simulanda erat, eadem equestris pugna causam minus mirabilem dedit. (8) Et cum, uelut inter pugnae fugaeque consilium trepidante equitatu, pedes quoque referret gradum, plenis repente portis effusi hostes impulsa Romana acie studio instandi sequendique trahuntur ad locum insidiarum. (9) Inde subito exorti Romani transuersam inuadunt hostium aciem; addunt pauorem mota e castris signa eorum qui in praesidio relicti fuerant. Ita multiplici terrore perculsi Fidenates prius paene, quam Romulus quique auehi cum eo uisi erant circumagerent frenis equos, terga uertunt; (10) multoque effusius, quippe uera fuga, qui simulantes paulo ante secuti erant oppidum repetebant. (11) Non tamen eripuere se hosti: haerens in tergo Romanus, priusquam fores portarum obicerentur, uelut agmine uno inrumpit.

15 (1) Belli Fidenatis contagione inritati Veientium animi et

sie sich nach links, weil rechts der Tiber sie hindert, und plündern, zum großen Schrecken der Landleute; der plötzliche Tumult wurde vom Land in die Stadt getragen und gab selbst von sich Nachricht. (6) Aufgeschreckt führt Romulus – ein in der Nähe ausgebrochener Krieg konnte ja kein Zögern dulden – das Heer hinaus und schlägt 1000 Schritt von Fidenae entfernt Lager. (7) Er läßt es mit schwacher Bedeckung zurück, rückt mit dem Gros aus und heißt einen Teil der Krieger sich ringsum im dichten Gesträuch an verborgenen Stellen[78] in den Hinterhalt legen; mit der Hauptmacht und mit der ganzen Reiterei rückte er vor und lockte – und gerade das bezweckte er – durch seine geräuschvolle und drohende Kampfweise – er sprengte bis unmittelbar an die Tore heran – den Feind ins Freie. Auch gab für die Flucht,[79] die vorzutäuschen war, das Reitergefecht einen weniger auffallenden Anlaß. (8) Und als auch das Fußvolk zurückweicht, während die Reiterei zwischen dem Entschluß zu kämpfen oder zu fliehen schwankt, strömen plötzlich die Feinde gedrängt aus den Toren, drücken die römische Hauptkampflinie ein und lassen sich im Eifer des Nachsetzens und der Verfolgung bis zur Stelle des Hinterhalts treiben. (9) Dort brechen die Römer unversehens vor und greifen die Kampflinie der Feinde in der Flanke an. Zusätzlichen Schrecken verbreiten die aus dem Lager anrückenden Trupps, die dort als Reserve zurückgelassen worden waren. So wenden sich denn die Fidenaten, von der Vielfalt der Schrecknisse erschüttert, fast früher noch, als Romulus und seine Begleiter zu Pferd ihre Rosse zügeln und wenden konnten, zur Flucht; (10) und noch viel ungeordneter strebten sie, die kurz zuvor noch den scheinbar Fliehenden nachgesetzt hatten, in nun wirklicher Flucht zur Stadt zurück. (11) Dennoch retteten sie sich nicht vor dem Feinde: Der ihnen im Nacken sitzende Römer bricht, bevor die Torflügel zugeworfen werden konnten, wie in einem einzigen Schwall herein.

15 (1) Durch die Berührung mit dem Fidenatischen Krieg

consanguinitate – nam Fidenates quoque Etrusci fuerunt – et quod ipsa propinquitas loci, si Romana arma omnibus infesta finitimis essent, stimulabat. In fines Romanos excucurrerunt populabundi magis quam iusti more belli. (2) Itaque non castris positis, non exspectato hostium exercitu, raptam ex agris praedam portantes Veios rediere. Romanus contra postquam hostem in agris non inuenit, dimicationi ultimae instructus intentusque Tiberim transit. (3) Quem postquam castra ponere et ad urbem accessurum Veientes audiuere, obuiam egressi ut potius acie decernerent quam inclusi de tectis moenibusque dimicarent. (4) Ibi uiribus nulla arte adiutis, tantum ueterani robore exercitus rex Romanus uicit; persecutusque fusos ad moenia hostes, urbe ualida muris ac situ ipso munita abstinuit, agros rediens uastat, ulciscendi magis quam praedae studio; (5) eaque clade haud minus quam aduersa pugna subacti Veientes pacem petitum oratores Romam mittunt. Agri parte multatis in centum annos indutiae datae.

(6) Haec ferme Romulo regnante domi militiaeque gesta, quorum nihil absonum fidei diuinae originis diuinitatisque post mortem creditae fuit, non animus in regno auito reciperando, non condendae urbis consilium, non bello ac pace firmandae. (7) Ab illo enim profecto uiribus datis tantum

wurden auch die Gemüter der Veienter aufgestört, einerseits wegen der Blutsverwandtschaft mit jenen – denn die Fidenaten waren ebenfalls Etrusker –, andererseits weil die örtliche Nähe sie an sich schon beunruhigte, wenn die römischen Waffen alle nächsten Nachbarn bedrohten. Sie brachen also in die römischen Marken ein, doch mehr plündernd als in der Art eines richtigen Krieges. (2) Und so schlugen sie kein Lager, warteten das feindliche Heer nicht ab, sondern kehrten bepackt mit der aus dem Land geraubten Beute nach Veii zurück. Der Römer dagegen setzt, als er den Feind nicht mehr im freien Feld antrifft, zum Entscheidungskampf gerüstet und entschlossen, über den Tiber. (3) Als die Veienter hörten, daß er Lager schlage und im Anmarsch gegen die Stadt sei, rückten sie aus, ihm entgegen, um lieber in offener Feldschlacht die Entscheidung zu suchen, als von Häusern und Mauern eingeschlossen zu fechten. (4) Dort siegte der römische König, ohne daß eine Kriegslist seine Kräfte hätte unterstützen müssen, allein durch die Kampfkraft seines erprobten Heeres; er verfolgte die geschlagenen Feinde bis vor ihre Mauern, griff aber die starke, durch Mauern und schon durch ihre Lage geschützte Stadt nicht an, verwüstet abziehend die Felder, mehr zur Rache als aus Gier nach Beute; (5) die Veienter, durch diesen Schaden nicht weniger als durch die verlorene Schlacht mürbe gemacht, schicken ihre Sprecher mit der Bitte um Frieden nach Rom. Sie büßten mit Abtretung eines Teils ihrer Mark, und man vereinbarte Waffenruhe auf hundert Jahre.

(6) Dies ungefähr sind die Geschehnisse im Innern und im Felde während des Romulus Regierung; keines von ihnen stand im Widerspruch zu der Überzeugung von seiner göttlichen Herkunft und von seiner Vergöttlichung, an die man nach seinem Tode glaubte: nicht sein Mut bei der Rückgewinnung der großväterlichen Herrschaft, nicht seine Besonnenheit bei der Gründung der Stadt und bei ihrer Festigung in Krieg und Frieden. (7) Sie war ja durch die ihr von ihm verliehenen Kräfte tatsächlich so stark, daß sie in der Folge

ualuit ut in quadraginta deinde annos tutam pacem haberet.
(8) Multitudini tamen gratior fuit quam patribus, longe ante alios acceptissimus militum animis; trecentosque armatos ad custodiam corporis quos Celeres appellauit non in bello solum sed etiam in pace habuit.

16 (1) His immortalibus editis operibus cum ad exercitum recensendum contionem in campo ad Caprae paludem haberet, subito coorta tempestas cum magno fragore tonitribusque tam denso regem operuit nimbo ut conspectum eius contioni abstulerit; nec deinde in terris Romulus fuit. (2) Romana pubes sedato tandem pauore postquam ex tam turbido die serena et tranquilla lux rediit, ubi uacuam sedem regiam uidit, etsi satis credebat patribus qui proximi steterant sublimem raptum procella, tamen uelut orbitatis metu icta maestum aliquamdiu silentium obtinuit. (3) Deinde a paucis initio facto, deum deo natum, regem parentemque urbis Romanae saluere uniuersi Romulum iubent; pacem precibus exposcunt, uti uolens propitius suam semper sospitet progeniem. (4) Fuisse credo tum quoque aliquos qui discerptum regem patrum manibus taciti arguerent; manauit enim haec quoque sed perobscura fama; illam alteram admiratio uiri et pauor praesens nobilitauit. (5) Et consilio etiam unius hominis addita rei dicitur fides. Namque Proculus Iulius, sollicita ciuitate desiderio regis et infensa patribus, grauis, ut traditur, quamuis magnae rei auctor in contionem prodit. (6) »Romulus« inquit, »Quirites, parens urbis huius,

40 Jahre lang sicheren Frieden genoß. (8) Bei der Menge war Romulus beliebter als bei den Vätern, am liebsten gesehen war er bei den Soldaten; dreihundert Bewaffnete hatte er als Leibwache, die er Schnelle Truppen nannte, und zwar nicht nur im Krieg, sondern auch im Frieden.[80]
16 (1) Als er diese unsterblichen Taten vollbracht hatte und gerade zur Musterung des Heeres eine Volksversammlung auf dem Felde beim Ziegensumpf abhielt, brach plötzlich mit großem Getöse und Donner ein Unwetter los, hüllte den König in eine so dichte Wolke ein, daß sie der Versammlung seinen Anblick entzog; und danach befand sich Romulus nicht mehr auf Erden.[81] (2) Die römische Jungmannschaft glaubte zwar – nachdem sich schließlich die Furcht gelegt hatte und nach einem so stürmischen Tag heiter und ruhig das Sonnenlicht wiederkehrte –, als sie den Königsstuhl leer sieht, den Vätern, die zunächst gestanden waren, einigermaßen, er sei von Sturm in die Höhe entführt worden, verharrte aber, wie von Furcht vor Verwaisung geschlagen, eine Zeitlang in schweigender Trauer. (3) Dann aber, als ein paar den Anfang gemacht, beschließen sie insgesamt, den Romulus als Gott und Sohn eines Gottes, als König und Vater der Stadt Rom zu grüßen; sie erflehen in Gebeten seine Huld, daß er immer gern und gnädig seine Nachfahren behüten möge.[82] (4) Es gab damals auch einige, vermute ich, die im geheimen behaupteten, der König sei damals von den Vätern mit bloßen Händen zerrissen worden; denn auch dieses doch sehr unglaubwürdige Gerücht breitete sich damals aus; jenem ersten haben jedoch Bewunderung für den Mann und der Schrecken des Augenblicks zu Ansehen verholfen. (5) Auch wurde der Angelegenheit durch die Klugheit eines Mannes noch mehr Glaubwürdigkeit gezollt, sagt man: Denn als die Bürgerschaft aus Sehnsucht nach dem König unruhig und den Vätern feindlich gesinnt war, tritt – wie überliefert wird – Proculus Iulius als gewichtiger Zeuge für eine große Sache vor die Versammlung: (6) »Quiriten«, sagt er, »heute bei Tagesanbruch ist

prima hodierna luce caelo repente delapsus se mihi obuium
dedit. Cum perfusus horrore uenerabundusque adstitissem
petens precibus ut contra intueri fas esset, (7) ›Abi, nuntia‹
inquit ›Romanis, caelestes ita uelle ut mea Roma caput orbis
terrarum sit; proinde rem militarem colant sciantque et ita
posteris tradant nullas opes humanas armis Romanis resistere posse.‹ (8) Haec« inquit »locutus sublimis abiit.«
Mirum quantum illi uiro nuntianti haec fidei fuerit, quam-
que desiderium Romuli apud plebem exercitumque facta fide
immortalitatis lenitum sit.

17 (1) Patrum interim animos certamen regni ac cupido
uersabat; necdum ad singulos, quia nemo magno opere
eminebat in nouo populo, peruenerat: factionibus inter ordines certabatur. (2) Oriundi ab Sabinis, ne quia post Tati
mortem ab sua parte non erat regnatum, in societate aequa
possessionem imperii amitterent, sui corporis creari regem
uolebant: Romani ueteres peregrinum regem aspernabantur.
(3) In uariis uoluntatibus regnari tamen omnes uolebant,
libertatis dulcedine nondum experta. (4) Timor deinde patres incessit ne ciuitatem sine imperio, exercitum sine duce,
multarum circa ciuitatium inritatis animis, uis aliqua externa
adoriretur. Et esse igitur aliquod caput placebat, et nemo
alteri concedere in animum inducebat. (5) Ita rem inter se
centum patres, decem decuriis factis singulisque in singulas
decurias creatis qui summae rerum praeessent consociant.

mir Romulus, der Vater dieser Stadt, plötzlich vom Himmel herab erschienen und entgegengetreten.[83] Als ich durch und durch von Schrecken erfüllt und voller Ehrfurcht dastand und inständig bat, ihm ins Angesicht schauen zu dürfen, sprach er: (7) ›Geh und künde den Römern, die Himmlischen wollten, daß mein Rom die Hauptstadt des Erdkreises sei; deshalb sollen sie das Kriegswesen pflegen und sollen wissen und dies den Nachkommen weitergeben, daß keine menschliche Macht den römischen Waffen widerstehen könne.‹ (8) So sprach er«, sagte Iulius, »dann entschwand er in die Höhe.« Es nimmt wunder, wieviel Glauben man dem Manne schenkte, der so berichtete, und wie sehr sich bei Volk und Heer die Sehnsucht nach Romulus durch den Glauben an seine Unsterblichkeit gesänftigt hat.

17 (1) Inzwischen erregte der Streit um die Herrschaft und die Begierde danach die Gemüter der Väter; die Sache war aber noch nicht an bestimmte einzelne[84] gekommen, weil in dem neuen Volk keiner besonders hervorragte; innerhalb der Stände war man in Parteien zerstritten. (2) Die von den Sabinern Stammenden wollten einen König aus ihrer Mitte gewählt wissen, damit sie in einer gleichberechtigten Gemeinschaft die Anwartschaft auf das Regiment nicht verlören; hatte doch seit des Tatius Tod von ihrer Seite keiner mehr die Königsherrschaft innegehabt: die alten Römer wollten von einem fremdstämmigen König nichts wissen. (3) Doch bei aller Verschiedenheit der Strebungen wollten doch alle von einem König regiert werden; den Reiz der Freiheit hatten sie noch nicht erfahren. (4) Weiterhin beschlich die Väter die Furcht, es könnte bei der gereizten Stimmung in den Gemeinden ringsum eine auswärtige Macht den unregierten Staat und das führungslose Heer angreifen. Sie fanden es also zwar gut, irgendein Oberhaupt zu haben, doch kam es keinem in den Sinn, dem andern nachzugeben. (5) So kamen die 100 Väter denn unter sich überein, man solle Zehnerabteilungen (Dekurien) bilden und für die einzelnen Zehnerabteilungen jeweils einen wählen; die sollten dann die

(6) Decem imperitabant: unus cum insignibus imperii et lictoribus erat: quinque dierum spatio finiebatur imperium ac per omnes in orbem ibat, annuumque interuallum regni fuit. Id ab re quod nunc quoque tenet nomen interregnum appellatum. (7) Fremere deinde plebs multiplicatam seruitutem, centum pro uno dominos factos; nec ultra nisi regem et ab ipsis creatum uidebantur passuri. (8) Cum sensissent ea moueri patres, offerendum ultro rati quod amissuri erant, ita gratiam ineunt summa potestate populo permissa ut non plus darent iuris quam detinerent. (9) Decreuerunt enim ut cum populus regem iussisset, id sic ratum esset si patres auctores fierent. Hodie quoque in legibus magistratibusque rogandis usurpatur idem ius, ui adempta: priusquam populus suffragium ineat, in incertum comitiorum euentum patres auctores fiunt. (10) Tum interrex contione aduocata, »Quod bonum, faustum felixque sit« inquit, »Quirites, regem create: ita patribus uisum est. Patres deinde, si dignum qui secundus ab Romulo numeretur creariris, auctores fient.« (11) Adeo id gratum plebi fuit ut, ne uicti beneficio uiderentur, id modo sciscerent iuberentque ut senatus decerneret qui Romae regnaret.

18 (1) Inclita iustitia religioque ea tempestate Numae Pompili erat. Curibus Sabinis habitabat, consultissimus uir, ut in illa quisquam esse aetate poterat, omnis diuini atque humani

höchste Regierungsgewalt innehaben. (6) Zehn also hatten zu befehlen, nur einer aber führte die Abzeichen der höchsten Gewalt und hatte Liktoren. Das Regiment war auf einen Zeitraum von fünf Tagen beschränkt und kam reihum an alle, und auf diese Weise ruhte die Königsherrschaft ein Jahr lang. Man nannte das von der Sache her Zwischenregierung, eine Bezeichnung, die auch heute noch benutzt wird. (7) Es murrte jedoch das geringe Volk, auf diese Weise sei die Knechtschaft nur noch vervielfacht, es gäbe jetzt hundert Herren statt eines einzigen, und sie würden künftig nur *einen* König, und zwar nur einen von ihnen selbst gewählten dulden. (8) Als die Väter merkten, was im Gange war, glaubten sie von sich aus anbieten zu sollen, was zu verlieren sie ohnedies im Begriff waren, und setzten sich dadurch in Gunst, daß sie die höchste Gewalt dem Volk überließen, so daß sie nicht mehr an Recht abgaben, als sie behielten. (9) Sie beschlossen nämlich für den Fall, daß das Volk einen König gewählt hätte, solle die Wahl nur gültig sein, wenn die Väter sie bestätigten. Noch heute ist bei Gesetzesanträgen und Beamtenwahlen dasselbe Recht in Übung – wenngleich es seine Kraft eingebüßt hat: Bevor das Volk zur Abstimmung schreitet, bestätigen die Väter schon das noch ungewisse Ergebnis der Versammlung des Gesamtvolks. (10) Damals nun berief der Zwischenkönig die Versammlung ein und sprach: »Heil, Glück und Segen![85] Quiriten, wählt einen König! So nämlich schien es den Vätern gut. Die Väter werden sodann, wenn ihr einen gewählt habt, der würdig ist, als zweiter nach Romulus gewählt zu werden, den bestätigen.« (11) Das war dem niederen Volk so willkommen, daß sie – um nicht an Gefälligkeit übertroffen zu erscheinen – nur hierfür stimmten und festlegten, der Senat solle entscheiden, wer zu Rom König sein solle.

18 (1) Rühmlich bekannt waren zu dieser Zeit Gerechtigkeit und frommer Sinn des Numa Pompilius. Er wohnte im sabinischen Cures, ein Mann von größten Kenntnissen – soweit einer das in diesem Zeitalter sein konnte – im ganzen

iuris. (2) Auctorem doctrinae eius, quia non exstat alius, falso Samium Pythagoram edunt, quem Seruio Tullio regnante Romae centum amplius post annos in ultima Italiae ora circa Metapontum Heracleamque et Crotona iuuenum aemulantium studia coetus habuisse constat. (3) Ex quibus locis, etsi eiusdem aetatis fuisset, quae fama in Sabinos? Aut quo linguae commercio quemquam ad cupiditatem discendi exciuisset? Quoue praesidio unus per tot gentes dissonas sermone moribusque peruenisset? (4) Suopte igitur ingenio temperatum animum uirtutibus fuisse opinor magis instructumque non tam peregrinis artibus quam disciplina tetrica ac tristi ueterum Sabinorum, quo genere nullum quondam incorruptius fuit. (5) Audito nomine Numae patres Romani, quamquam inclinari opes ad Sabinos rege inde sumpto uidebantur, tamen neque se quisquam nec factionis suae alium nec denique patrum aut ciuium quemquam praeferre illi uiro ausi, ad unum omnes Numae Pompilio regnum deferendum decernunt. (6) Accitus, sicut Romulus augurato urbe condenda regnum adeptus est, de se quoque deos consuli iussit. Inde ab augure, cui deinde honoris ergo publicum id perpetuumque sacerdotium fuit, deductus in arcem, in lapide ad meridiem uersus consedit. (7) Augur ad laeuam eius capite uelato sedem cepit, dextra manu baculum sine nodo aduncum tenens, quem lituum appellarunt. Inde

göttlichen und menschlichen Recht.⁸⁶ (2) Als Förderer seiner Gelehrsamkeit geben sie, weil kein anderer zur Hand ist, den Samier Pythagoras aus: zu Unrecht, denn es steht fest, daß dieser erst zu der Zeit, da Servius Tullius in Rom König war – also mehr als hundert Jahre später –, an der südlichsten Küste Italiens, in der Gegend von Metapontum, Heraclea und Croton, Ansammlungen von jungen Leuten um sich hatte, die eifrig ihren Studien nachgingen. (3) Wie wäre – selbst wenn er zur gleichen Zeit gelebt hätte – aus jenen Gegenden Kunde von ihm zu den Sabinern gekommen? Oder durch welchen sprachlichen Austausch hätte er bei einem (der Sabiner) die Lust, bei ihm zu lernen, erregen können? Unter wessen Schutz hätte ein einzelner durch so viele in Sprache und Lebensgewohnheiten verschiedene Stämme bis zu ihm vordringen können? (4) Folglich war sein Wesen aus eigener Anlage – so vermute ich – in höherem Maße mit Fähigkeiten ausgestattet und nicht einmal so sehr durch fremde Künste geformt als durch die strenge und harte Zucht der alten Sabiner, eines Volksschlages, der einst zu den am wenigsten verdorbenen gehörte. (5) Als die Väter den Namen Numa vernommen hatten, wagte indessen keiner – obwohl sich, nähme man den König aus den Sabinern, diesen offensichtlich das Übergewicht zuneigte – sich selbst oder einen aus seiner Partei, doch schließlich einen der Väter oder der Bürger vorzuziehen; und sie beschließen einstimmig, dem Numa Pompilius die Königsgewalt zu übertragen. (6) Als man ihn herbeigerufen, befahl er – so wie Romulus bei der Stadtgründung erst nach Anstellen der Vogelschau die Königswürde erlangt habe –, auch über seine Person die Götter zu befragen.⁸⁷ Demnach wurde er von einem Vogeldeuter, der von da an dieses Priesteramt ehrenhalber öffentlich und für dauernd innehatte, auf die Burg geführt und setzte sich, nach Süden gewendet, auf einen Stein. (7) Der Vogeldeuter nahm verhüllten Hauptes zu seiner Linken Platz und hielt in der rechten Hand einen astlosen, oben einwärts gebogenen Stock, den sie Krummstab

ubi prospectu in urbem agrumque capto deos precatus regiones ab oriente ad occasum determinauit, dextras ad meridiem partes, laeuas ad septentrionem esse dixit; (8) signum contra quo longissime conspectum oculi ferebant animo finiuit; tum lituo in laeuam manum translato, dextra in caput Numae imposita, ita precatus est: (9) »Iuppiter pater, si est fas hunc Numam Pompilium cuius ego caput teneo regem Romae esse, uti tu signa nobis certa adclarassis inter eos fines quos feci.« (10) Tum peregit uerbis auspicia quae mitti uellet. Quibus missis declaratus rex Numa de templo descendit.

19 (1) Qui regno ita potitus urbem nouam conditam ui et armis, iure eam legibusque ac moribus de integro condere parat. (2) Quibus cum inter bella adsuescere uideret non posse – quippe efferari militia animos –, mitigandum ferocem populum armorum desuetudine ratus, Ianum ad infimum Argiletum indicem pacis bellique fecit, apertus ut in armis esse ciuitatem, clausus pacatos circa omnes populos significaret. – (3) Bis deinde post Numae regnum clausus fuit, semel T. Manlio consule post Punicum primum perfectum bellum, iterum, quod nostrae aetati di dederunt ut uideremus, post bellum Actiacum ab imperatore Caesare Augusto pace terra marique parta. – (4) Clauso eo cum omnium circa finitimorum societate ac foederibus iunxisset animos, positis externorum periculorum curis, ne luxuria-

nannten. Sobald er von da Ausblick auf Stadt und Feldmark genommen und zu den Göttern gebetet hatte, bestimmte er die Landstriche vom Aufgang bis zum Niedergang; die Bezirke rechts bestimmte er als zum Mittag, die links als zum Norden gehörig; (8) sich gegenüber merkte er sich, soweit ihm die Augen zu sehen erlaubten, einen Punkt; dann nahm er den Krummstab in die linke Hand, legte die rechte dem Numa aufs Haupt und betete so: (9) »Vater Iuppiter, wenn es der Wille des Schicksals ist, daß dieser Numa Pompilius, dessen Haupt ich halte, König von Rom wird, so weise uns doch sichere Zeichen dafür innerhalb der Grenzen, die ich bestimmt habe!« (10) Dann erörterte er in Worten die Zeichen, die er gesandt haben wollte. Als diese eintrafen, stieg Numa als erklärter König vom Platz der Ausschau herab.

19 (1) Auf diese Weise zur Herrschaft gekommen, macht er sich daran, die junge, auf Waffenmacht gegründete Stadt durch Recht, Gesetze und Bräuche neu zu gründen.[88] (2) Als er sah, daß sie sich hieran nicht gewöhnen würden – es verwildern ja die Gemüter durch den Kriegsdienst –, glaubte er, das rauhe Volk durch Entwöhnung vom Waffendienst gesitteter machen zu sollen, und errichtete ganz unten am Argiletum den Ianusbogen[89] als Anzeiger für Krieg und Frieden: Geöffnet sollte er anzeigen, daß die Bürgerschaft unter Waffen stehe; geschlossen, daß man mit allen Völkern ringsum in Frieden lebe. (3) Nur zweimal war er denn auch nach der Herrschaft des Numa geschlossen, nämlich einmal während des Konsulats von Titus Manlius nach dem Ende des Ersten Punischen Krieges, zum andern Mal – was die Götter unserem eigenen Zeitalter geschenkt haben, damit wir es erleben – nach dem Krieg von Actium,[90] als durch den Imperator Caesar Augustus zu Land und Meer Friede geschaffen war.[91] (4) Als Numa durch Bündnis und Verträge das Vertrauen der Nachbarn ringsum erworben hatte, wurde der Tempel geschlossen; damit nun aber nicht – da alle Sorge vor Gefahren von außen sich gelegt hatte – die in Sorglosig-

rent otio animi quos metus hostium disciplinaque militaris continuerat, omnium primum, rem ad multitudinem imperitam et illis saeculis rudem efficacissimam, deorum metum iniciendum ratus est. (5) Qui cum descendere ad animos sine aliquo commento miraculi non posset, simulat sibi cum dea Egeria congressus nocturnos esse; eius se monitu quae acceptissima dis essent sacra instituere, sacerdotes suos cuique deorum praeficere. (6) Atque omnium primum ad cursus lunae in duodecim menses discribit annum; quem quia tricenos dies singulis mensibus luna non explet desuntque sex dies solido anno qui solstitiali circumagitur orbe, intercalariis mensibus interponendis ita dispensauit, ut uicesimo anno ad metam eandem solis unde orsi essent, plenis omnium annorum spatiis dies congruerent. (7) Idem nefastos dies fastosque fecit quia aliquando nihil cum populo agi utile futurum erat.

20 (1) Tum sacerdotibus creandis animum adiecit, quamquam ipse plurima sacra obibat, ea maxime quae nunc ad Dialem flaminem pertinent. (2) Sed quia in ciuitate bellicosa plures Romuli quam Numae similes reges putabat fore iturosque ipsos ad bella, ne sacra regiae uicis desererentur flaminem Ioui adsiduum sacerdotem creauit insignique eum ueste et curuli regia sella adornauit. (3) Huic duos flamines adiecit, Marti unum, alterum Quirino, uirginesque Vestae legit, Alba oriundum sacerdotium et genti conditoris haud alienum. His ut adsiduae templi antistites essent stipendium

keit erschlafften, welche die Furcht vor dem Feind und militärische Zucht kräftig erhalten hatten, da glaubte er, ihnen zuallererst das für die unerfahrene und in jenen Zeiten noch rohe Menge Wirksamste beibringen zu sollen: die Furcht vor den Göttern.[92] (5) Und weil diese sich nicht ohne die Erfindung[93] eines Wunders in die Herzen senken konnte, gibt er vor, mit der Göttin Egeria nächtliche Zusammenkünfte zu haben; auf ihre Mahnung ordne er die heiligen Bräuche an, die den Göttern so angenehm seien, und stelle er jeder Gottheit die ihr gehörenden Priester. (6) Aber zuallererst teilt er das Jahr nach dem Mondeslauf in 12 Monate ein; weil aber der Mond in einem Monat keine 30 Tage ausfüllt und 6 Tage zu einem vollständigen, dem Sonnenjahr folgenden Jahr fehlen, richtete er es durch Einschub von Schaltmonaten so ein, daß jeweils wieder im 20. Jahr die Tage mit dem Standpunkt der Sonne übereinstimmten, von dem sie ausgegangen, wenn die Zeiträume aller Jahre erfüllt sind.[94] (7) Desgleichen setzte er Tage fest, an denen Staatsangelegenheiten verhandelt werden durften, und solche, an denen nicht, weil es in Zukunft manchmal gut sein könnte, daß nicht mit dem Volk verhandelt würde.

20 (1) Danach richtete er sein Augenmerk auf die Wahl von Priestern, obwohl er die wichtigsten Kulthandlungen selbst vollzog, vor allem die jetzt dem Eigenpriester des Iuppiter[95] zustehenden. (2) Aber weil er des Glaubens war, es werde in dem kriegslüsternen Staatswesen mehr dem Romulus als dem Numa ähnliche Könige geben, die selbst in den Krieg ziehen würden, setzte er – damit die dem König obliegenden Opferhandlungen nicht unterblieben – für den Iuppiterdienst einen dauernden Eigenpriester ein und stattete ihn mit königlichem Gewand und königlichem Stuhle aus. (3) Er gab ihm noch zwei Sonderpriester bei, einen für Mars, den andern für Quirinus[96]; auch wählt er Jungfrauen für Vesta aus, ein aus Alba stammendes und der Familie des Gründers nicht fremdes Priesteramt.[97] Ihnen setzt er – damit stets Vorsteherinnen für den Tempel da wären – ein Gehalt aus

de publico statuit; uirginitate aliisque caerimoniis uenerabiles ac sanctas fecit. (4) Salios item duodecim Marti Gradiuo legit, tunicaeque pictae insigne dedit et super tunicam aeneum pectori tegumen; caelestiaque arma, quae ancilia appellantur, ferre ac per urbem ire canentes carmina cum tripudiis sollemnique saltatu iussit. (5) Pontificem deinde Numam Marcium Marci filium ex patribus legit eique sacra omnia exscripta exsignataque attribuit, quibus hostiis, quibus diebus, ad quae templa sacra fierent, atque unde in eos sumptus pecunia erogaretur. (6) Cetera quoque omnia publica priuataque sacra pontificis scitis subiecit, ut esset quo consultum plebes ueniret, ne quid diuini iuris neglegendo patrios ritus peregrinosque adsciscendo turbaretur; (7) nec caelestes modo caerimonias, sed iusta quoque funebria placandosque manes ut idem pontifex edoceret, quaeque prodigia fulminibus alioue quo uisu missa susciperentur atque curarentur. Ad ea elicienda ex mentibus diuinis Ioui Elicio aram in Auentino dicauit deumque consuluit auguriis, quae suscipienda essent.

21 (1) Ad haec consultanda procurandaque multitudine omni a ui et armis conuersa, et animi aliquid agendo occupati erant, et deorum adsidua insidens cura, cum interesse rebus humanis caeleste numen uideretur, ea pietate omnium pectora imbuerat ut fides ac ius iurandum proximo legum ac

öffentlichen Mitteln aus; durch Verpflichtung zur Jungfrauschaft und durch andere Weihungen machte er sie verehrungswürdig und unantastbar. (4) Ebenso wählte er für Mars den Vorkämpfer[98] zwölf Springpriester[99] aus, gab ihnen als Auszeichnung einen bestickten Leibrock und über den Leibrock einen bronzenen Panzer für die Brust; sie wies er an, die himmlischen Schilde zu tragen, die man Tartschen[100] nennt, und unter Liedergesang im Dreierschritt und feierlichem Tanz durch die Stadt zu ziehen. (5) Zum Pontifex[101] wählt er aus den Vätern den Numa Marcius Marcussohn aus und überantwortet ihm sämtliche heiligen Handlungen, wobei er genau und Punkt für Punkt beschrieb, mit welchen Tieren, an welchen Tagen und bei welchen Tempeln die Opfer darzubringen seien und woher das Geld zu diesen Ausgaben genommen werden solle. (6) Auch alle übrigen heiligen Bräuche, öffentliche wie private, unterwarf er den Beschlüssen des Oberpriesters, damit jemand da wäre, zu dem das einfache Volk um Rat kommen könne und damit keine der Gerechtsame der Götter durch Mißachtung heimischer oder Übernahme fremder Bräuche angetastet würde; (7) und es sollte der gleiche Oberpriester nicht nur über den Dienst der Himmlischen, sondern auch über die Leichenbegängnisse und über die Versöhnung der Totengeister belehren, sowie auch darüber, welche Vorzeichen – durch Blitze oder irgendeine andere Erscheinung gegeben – angenommen und gesühnt werden müßten. Um dies dem Ratschluß der Götter zu entlocken, weihte er dem Iuppiter Blitzelenker[102] einen Altar auf dem Aventin und befragte den Gott durch Vogelschau, was unternommen werden solle.

21 (1) Indem die Volksmenge insgesamt durch diese Beratungen und Besorgungen von Gewalttat und Waffengang abgelenkt wurde, waren die Gemüter doch mit etwas beschäftigt, und es hatte das ständige Interesse an den Göttern – da denn doch eine himmlische Macht an den Dingen der Menschen Anteil zu nehmen schien – die Herzen aller mit solch frommer Scheu erfüllt, daß Redlichkeit und Eid-

poenarum metu ciuitatem regerent. (2) Et cum ipsi se homines in regis uelut unici exempli mores formarent, tum finitimi etiam populi, qui antea castra non urbem positam in medio ad sollicitandam omnium pacem crediderant, in eam uerecundiam adducti sunt, ut ciuitatem totam in cultum uersam deorum uiolari ducerent nefas. (3) Lucus erat quem medium ex opaco specu fons perenni rigabat aqua. Quo quia se persaepe Numa sine arbitris uelut ad congressum deae inferebat, Camenis eum lucum sacrauit, quod earum ibi concilia cum coniuge sua Egeria essent. (4) Et [soli] Fidei sollemne instituit. Ad id sacrarium flamines bigis curru arcuato uehi iussit manuque ad digitos usque inuoluta rem diuinam facere, significantes fidem tutandam sedemque eius etiam in dexteris sacratam esse. (5) Multa alia sacrificia locaque sacris faciendis quae Argeos pontifices uocant dedicauit. Omnium tamen maximum eius operum fuit tutela per omne regni tempus haud minor pacis quam regni. (6) Ita duo deinceps reges, alius alia uia, ille bello, hic pace, ciuitatem auxerunt. Romulus septem et triginta regnauit annos, Numa tres et quadraginta. Cum ualida tum temperata et belli et pacis artibus erat ciuitas.

22 (1) Numae morte ad interregnum res rediit. Inde Tullum Hostilium, nepotem Hostili, cuius in infima arce clara pugna aduersus Sabinos fuerat, regem populus iussit; patres auctores facti. (2) Hic non solum proximo regi dissimilis sed

schwur weit mehr als Furcht vor Gesetzen und Strafen die Bürgerschaft regierten. (2) Und da die Leute sich von selbst nach der Lebensführung ihres Königs als eines einzigartigen Mannes richteten, so wurden auch die Nachbarvölker – die vorher geglaubt hatten, es sei in ihrer Mitte ein Kriegslager und nicht eine Stadt gegründet worden, um ihrer aller Frieden zu stören – zu solcher Hochachtung bewogen, daß sie es für Frevel hielten, eine ganz dem Götterdienst zugewandte Völkerschaft zu verletzen. (3) Es gab da ein Gehölz, das ein aus schattiger Grotte quellender, nie versiegender Bach mitten durchfloß. Weil sich Numa sehr häufig ohne Zeugen dorthin begab – wie zum Stelldichein mit einer Göttin –, weihte er diesen Hain den Camenen, weil sich diese dort mit seiner Gattin Egeria träfen.[103] (4) Auch für Fides richtete er einen Jahrtag ein.[104] Zu ihrem Heiligtum hieß er die Sonderpriester zweispännig auf einem von Bogen überspannten Wagen fahren und mit bis auf die Finger verhüllter Hand die heilige Handlung vollziehen; dadurch sollten sie anzeigen, daß die Treue zu wahren und ihr Sitz in der rechten Hand geheiligt sei. (5) Noch viele andere Opfer und Orte zur Darbringung von Opfern – die Oberpriester nennen sie die Argeischen – hat er gewidmet.[105] Indessen war es die größte aller seiner Taten, daß er während seiner ganzen Regierungszeit ebensosehr ein Schirmer des Friedens wie der Herrschaft war. (6) Nach solchen Vorgängen haben die zwei nachfolgenden Könige, jeder auf seine Weise – der eine durch Frieden, der andere durch Krieg –, den Staat gefördert. Romulus hat siebenunddreißig, Numa dreiundvierzig Jahre regiert. Der Staat war damals stark, doch hielt er Maß in allen Handlungen des Kriegs und des Friedens.

22 (1) Durch des Numa Tod kam es wieder zu einer Zwischenherrschaft. Dann wollte das Volk den Tullus Hostilius – den Enkel jenes Hostilius, der am Fuß der Burg so ruhmvoll gegen die Sabiner gefochten hatte – als König; die Väter bestätigten die Wahl. (2) Tullus war aber dem letzten König nicht nur unähnlich, sondern sogar noch ungestümer

ferocior etiam quam Romulus fuit. Cum aetas uiresque tum auita quoque gloria animum stimulabat. Senescere igitur ciuitatem otio ratus undique materiam excitandi belli quaerebat. (3) Forte euenit ut agrestes Romani ex Albano agro, Albani ex Romano praedas in uicem agerent. (4) Imperitabat tum Gaius Cluilius Albae. Vtrimque legati fere sub idem tempus ad res repetendas missi. Tullus praeceperat suis ne quid prius quam mandata agerent; satis sciebat negaturum Albanum; ita pie bellum indici posse. (5) Ab Albanis socordius res acta; excepti hospitio ab Tullo blande ac benigne, comiter regis conuiuium celebrant. Tantisper Romani et res repetiuerant priores et neganti Albano bellum in tricesimum diem indixerant. Haec renuntiant Tullo. (6) Tum legatis Tullus dicendi potestatem quid petentes uenerint facit. Illi omnium ignari primum purgando terunt tempus: se inuitos quicquam quod minus placeat Tullo dicturos, sed imperio subigi; res repetitum se uenisse; ni reddantur bellum indicere iussos. (7) Ad haec Tullus »Nuntiate« inquit, »regi uestro regem Romanum deos facere testes, uter prius populus res repetentes legatos aspernatus dimiserit, ut in eum omnes expetant huiusce clades belli.«

23 (1) Haec nuntiant domum Albani. Et bellum utrimque summa ope parabatur, ciuili simillimum bello, prope inter parentes natosque, Troianam utramque prolem, cum Lauinium ab Troia, ab Lauinio Alba, ab Albanorum stirpe regum

als Romulus. Jugend und Kraft, aber auch der vom Großvater überkommene Ruhm erhitzten sein Gemüt. Überzeugt davon, daß die Bürgerschaft durch Ruhe ihre Kraft verlöre, suchte er allenthalben nach einem Anlaß, einen Krieg auszulösen. (3) Nun begab es sich zufällig, daß römische Bauern aus albanischem Gebiet, gleichzeitig aber auch albanische aus römischem Beute wegschleppten. (4) Zu Alba herrschte damals Caius Cluilius. Von beiden Seiten wurden fast zur selben Zeit Gesandte geschickt, um die Güter zurückzuholen. Tullus hatte die seinen angewiesen, zuallererst ihren Auftrag auszuführen; er wußte recht wohl, daß der Albaner sich weigern würde; so könne man mit Recht den Krieg erklären. (5) Von seiten der Albaner wurde die Sache sorgloser betrieben; von Tullus wohlwollend und gütig als Gastfreunde aufgenommen, speisten sie heiter und feierlich am Tisch des Königs. Inzwischen hatten aber die römischen Gesandten sowohl Genugtuung gefordert wie auch, da der Albaner sich weigerte, den Krieg innerhalb dreißig Tagen angesagt. Dies berichten sie dem Tullus. (6) Nun gibt Tullus den Gesandten die Möglichkeit zu sagen, mit welchen Forderungen sie gekommen seien. Die wissen von allem nichts und vertun die Zeit mit Entschuldigungen: Sie würden ungern etwas sagen, was dem Tullus weniger gefallen möchte; allein sie stünden unter Befehl. Sie seien gekommen, um Wiedererstattung zu verlangen; werde sie nicht gewährt, seien sie angewiesen, den Krieg zu erklären. (7) Darauf erwidert Tullus: Berichtet eurem König, der römische König rufe die Götter zu Zeugen dafür an: welches der beiden Völker die Wiedergutmachung fordernden Gesandten zuerst mit Verachtung weggeschickt habe, gegen dieses sollten sie alle Katastrophen des gegenwärtigen Krieges erbitten.
23 (1) Dies melden die Albaner zu Hause. Also rüstet man auf beiden Seiten mit aller Macht zu einem Krieg, der einem Bürgerkrieg höchst ähnlich war, fast wie zwischen Eltern und Kindern: Beide Völker stammten ja von Troia her, da Lavinium von Troia, von Lavinium Alba und die Römer vom Königsgeschlecht der Albaner ihren Ursprung hatten.

oriundi Romani essent. (2) Euentus tamen belli minus miserabilem dimicationem fecit, quod nec acie certatum est et tectis modo dirutis alterius urbis duo populi in unum confusi sunt. (3) Albani priores ingenti exercitu in agrum Romanum impetum fecere. Castra ab urbe haud plus quinque milia passuum locant, fossa circumdant; fossa Cluilia ab nomine ducis per aliquot saecula appellata est, donec cum re nomen quoque uetustate aboleuit. (4) In his castris Cluilius Albanus rex moritur; dictatorem Albani Mettium Fufetium creant. Interim Tullus ferox, praecipue morte regis, magnumque deorum numen ab ipso capite orsum in omne nomen Albanum expetiturum poenas ob bellum impium dictitans, nocte praeteritis hostium castris, infesto exercitu in agrum Albanum pergit. (5) Ea res ab statiuis exciuit Mettium. Ducit quam proxime ad hostem potest; inde legatum praemissum nuntiare Tullo iubet priusquam dimicent opus esse conloquio; si secum congressus sit, satis scire ea se allaturum quae nihilo minus ad rem Romanam quam ad Albanam pertineant. (6) Haud aspernatus Tullus, tamen si uana adferantur in aciem educit. Exeunt contra et Albani. Postquam instructi utrimque stabant, cum paucis procerum in medium duces procedunt. (7) Ibi infit Albanus: »Iniurias et non redditas res ex foedere quae repetitae sint, et ego regem nostrum Cluilium causam huiusce esse belli audisse uideor, nec te dubito, Tulle, eadem prae te ferre; sed si uera potius quam dictu

(2) Der Ausgang des Krieges freilich machte die Auseinandersetzung weniger beklagenswert, da es zu keiner Schlacht kam, weil nur die Häuser der einen Stadt niedergelegt wurden und die zwei Völker zu einem verschmolzen. (3) Zuerst machten die Albaner mit einem großen Aufgebot einen Einfall in die römische Mark. Nicht mehr als 5000 Schritt von der Stadt entfernt schlagen sie ihr Lager auf und umziehen es mit einem Graben; noch einige Jahrhunderte lang wurde er nach dem Namen des Heerführers der Cluilische[106] Graben genannt, dann fiel mit der Sache auch der Name der Vergessenheit anheim. (4) In diesem Lager stirbt der Albanerkönig Cluilius; die Albaner wählen den Mettius Fufetius zum Dictator. Tullus inzwischen, kühn gemacht besonders durch den Tod des Königs und immer wieder versichernd, das mächtige Walten der Götter – es habe ja schon mit dem Haupt begonnen – werde den ganzen albanischen Stamm wegen des ungerechtfertigten Kriegs mit Strafen heimsuchen, marschiert zur Nachtzeit am Lager der Feinde vorbei und rückt mit gefechtsbereitem Heer ins Albanergebiet ein. (5) Das trieb den Mettius aus seiner Stellung. Er geht an den Feind so nah wie möglich heran; dann schickt er einen Unterhändler vor, den er dem Tullus melden heißt, es sei eine Unterredung nötig, bevor sie sich schlügen; wenn Tullus mit ihm zusammenträfe, so würde er etwas vorbringen, das – er wisse es genau – das römische Interesse ebenso wie das albanische berühre. (6) Tullus lehnt das nicht ab, doch läßt er für den Fall, daß nur nutzlose Vorschläge gemacht würden, das Heer aufmarschieren. Auf der Gegenseite rücken auch die Albaner an. Als beide Fronten sich formiert hatten, treten die Führer in Begleitung weniger Vornehmer in die Mitte. (7) Da beginnt[107] der Albaner: »Unbill und verweigerte Rückgabe von Gütern, die laut Vertrag hätten zurückgegeben werden sollen, seien der Anlaß dieses Krieges, wie ich von unserem König Cluilius gehört zu haben glaube; andererseits zweifle ich nicht, daß du, Tullus, das gleiche vorbringen möchtest; doch wenn

speciosa dicenda sunt, cupido imperii duos cognatos uicinosque populos ad arma stimulat. (8) Neque, recte an perperam, interpretor. Fuerit ista eius deliberatio qui bellum suscepit: me Albani gerendo bello ducem creauere. Illud te, Tulle, monitum uelim: Etrusca res quanta circa nos teque maxime sit, quo propior es Tuscis hoc magis scis. Multum illi terra, plurimum mari pollent. (9) Memor esto, iam cum signum pugnae dabis, has duas acies spectaculo fore ut fessos confectosque simul uictorem ac uictum adgrediantur. Itaque si nos di amant, quoniam non contenti libertate certa in dubiam imperii seruitiique aleam imus, ineamus aliquam uiam qua utri utris imperent sine magna clade, sine multo sanguine utriusque populi decerni possit.« (10) Haud displicet res Tullo quamquam cum indole animi tum spe uictoriae ferocior erat. Quaerentibus utrimque ratio initur cui et fortuna ipsa praebuit materiam.

24 (1) Forte in duobus tum exercitibus erant trigemini fratres, nec aetate nec uiribus dispares. Horatios Curiatiosque fuisse satis constat, nec ferme res antiqua alia est nobilior; tamen in re tam clara nominum error manet, utrius populi Horatii, utrius Curiatii fuerint. Auctores utroque trahunt; plures tamen inuenio qui Romanos Horatios uocent; hos ut sequar inclinat animus. (2) Cum trigeminis agunt reges ut pro sua quisque patria dimicent ferro; ibi imperium fore

man lieber die Wahrheit sagen soll als Dinge, die nur im Aussprechen gut klingen, so stachelt nur der Machttrieb unsere beiden verwandten und benachbarten Völker zum Krieg auf. (8) Ich will auch gar nicht entscheiden, ob zu Recht oder nicht; das wäre die Entscheidung dessen gewesen, der diesen Krieg angefangen hat. Mich jedenfalls haben die Albaner zu ihrem Führer in diesem Feldzug gewählt. An eines aber, Tullus, möchte ich dich doch gemahnt haben: Wie groß die Macht der Etrusker um uns und besonders um dich herum ist, das weißt du um so besser, weil du ihr näher bist.[108] Jene sind mächtig zu Land, mächtiger noch zur See. (9) Bedenke, daß unsere beiden Aufgebote, wirst du nur erst das Zeichen zum Schlagen gegeben haben, ihnen eine Augenweide sein und sie die Ermüdeten und Erschöpften – Sieger wie Besiegte – angreifen werden. Deswegen laßt uns – wenn die Götter uns lieben –, da wir nun einmal nicht mit unserer sicheren Freiheit zufrieden sind und das zweifelhafte Würfeln um Herrschaft oder Knechtschaft angehen, irgendeinen Weg beschreiten, durch den ohne große Niederlage, ohne großes Blutvergießen des einen oder des andern Volkes entschieden werden kann, wer wem befehlen soll!«
(10) Das mißfällt dem Tullus nicht, obwohl er seiner Natur nach wie durch die Hoffnung auf Sieg recht kampflüstern war. Und wie sie nach allen Seiten hin erwägen, keimt ein Plan auf, dem sogar die Schicksalsgöttin eine Chance bot.
24 (1) Zufällig waren damals in beiden Aufgeboten Drillingsbrüder, an Jahren wie an Kräften ungefähr gleich. Daß es die Horatier und die Curiatier gewesen, steht zur Genüge fest, und kaum eine andere Begebenheit aus der Vorzeit ist bekannter; dennoch bleibt es bei doch klarem Sachverhalt hinsichtlich der Namen ungewiß, welchem Volk die Horatier und welchem die Curiatier angehörten. Die Geschichtsschreiber sind geteilter Meinung; ich indessen finde, die Mehrheit bezeichne die Horatier als Römer, und neige dazu, ihr zu folgen. (2) Mit diesen Drillingen verhandeln die Könige, sie sollten doch mit dem Schwert jeweils für ihr Vaterland

unde uictoria fuerit. Nihil recusatur; tempus et locus conuenit. (3) Priusquam dimicarent foedus ictum inter Romanos et Albanos est his legibus ut cuiusque populi ciues eo certamine uicissent, is alteri populo cum bona pace imperitaret. Foedera alia aliis legibus, ceterum eodem modo omnia fiunt. (4) Tum ita factum accepimus, nec ullius uetustior foederis memoria est. Fetialis regem Tullum ita rogauit: »Iubesne me, rex, cum patre patrato populi Albani foedus ferire?« Iubente rege, »Sagmina« inquit, »te, rex, posco.« Rex ait: »Pura tollito.« (5) Fetialis ex arce graminis herbam puram attulit. Postea regem ita rogauit: »Rex, facisne me tu regium nuntium populi Romani Quiritium, uasa comitesque meos?« Rex respondit: »Quod sine fraude mea populique Romani Quiritium fiat, facio.« (6) Fetialis erat M. Valerius; is patrem patratum Sp. Fusium fecit, uerbena caput capillosque tangens. Pater patratus ad ius iurandum patrandum, id est, sanciendum fit foedus; multisque id uerbis, quae longo effata carmine non operae est referre, peragit. (7) Legibus deinde recitatis, »Audi« inquit, »Iuppiter; audi, pater patrate populi Albani; audi tu, populus Albanus. Vt illa palam prima postrema ex illis tabulis ceraue recitata sunt sine dolo malo, utique ea hic hodie rectissime intellecta sunt, illis legibus populus Romanus prior non deficiet. (8) Si prior defexit publico consilio dolo malo, tum tu ille Diespiter

fechten; dort, wo der Sieg wäre, würde auch die Herrschaft sein. Keinerlei Weigerung, man einigt sich über Zeit und Ort. (3) Bevor sie zum Kampf antraten, wurde zwischen Römern und Albanern ein Vertrag zu folgenden Bedingungen geschlossen: Wessen Volkes Bürger in diesem Gefecht die Oberhand behielten, die solle das andere Volk in ehrenhaftem Frieden beherrschen. Noch andere Abkommen wurden zu anderen Bedingungen geschlossen, im übrigen aber unter gleichen Formalitäten. (4) So ging es damals vor sich, wie wir vernommen haben, und dies ist die älteste Kunde von einem Vertrag. Der Zeremonienpriester[109] fragte den König Tullus so: »Heißest du, König Tullus, mich mit dem Erzpriester[110] des albanischen Volkes einen Vertrag schließen?« Als der König es befahl, sprach er: »Aufgeschossenes Gras fordere ich dir ab, König.« Der König sprach: »Hole reines Gras!« (5) Der Zeremonienpriester holte reines Gras von der Burg.[111] Dann fragte er den König so: »König, machst du mich zum königlichen Boten des römischen Volkes der Quiriten? Samt meinem Gerät und meinen Begleitern?« Der König antwortet: »Soweit es ohne Nachteil für mich und für das römische Volk geschehen mag, tue ich es.« (6) Zeremonienpriester war M. Valerius; er macht zum Erzpriester den Sp. Fusius, indem er ihm Haupt und Haar mit den Kräutern berührt. Ein Erzpriester wird gewählt, um einen Eid zu bezeugen, d. h. um einem Vertrag bestätigende Weihe zu geben; er tut das mit vielen, in langer Formel hergesagten Sprüchen, die wiederzugeben nicht der Mühe wert ist. (7) Nachdem er sodann die Vertragsbedingungen vorgelesen, spricht er: »Höre, Iuppiter! Höre, Vertragspriester des albanischen Volks! Höre, Albanervolk! Wie das offen, von Anfang bis zum Ende, von jenen Wachstafeln abgelesen worden, ohne Trug und Bosheit, und wie das hier und heute sehr wohl verstanden worden, so wird das Römervolk von jenen Bedingungen nicht als erstes abweichen.[112] (8) Wenn es zuerst davon abgehen sollte, auch auf allgemeinen Beschluß, aus Trug und Bosheit, dann sollst du, Iuppiter,

populum Romanum sic ferito ut ego hunc porcum hic hodie feriam; tantoque magis ferito quanto magis potes pollesque.« (9) Id ubi dixit porcum saxo silice percussit. Sua item carmina Albani suumque ius iurandum per suum dictatorem suosque sacerdotes peregerunt.

25 (1) Foedere icto trigemini, sicut conuenerat, arma capiunt. Cum sui utrosque adhortarentur, deos patrios, patriam ac parentes, quidquid ciuium domi, quidquid in exercitu sit, illorum tunc arma, illorum intueri manus, feroces et suopte ingenio et pleni adhortantium uocibus in medium inter duas acies procedunt. (2) Consederant utrimque pro castris duo exercitus, periculi magis praesentis quam curae expertes; quippe imperium agebatur in tam paucorum uirtute atque fortuna positum. Itaque ergo erecti suspensique in minime gratum spectaculum animo incenduntur. (3) Datur signum infestisque armis uelut acies terni iuuenes magnorum exercituum animos gerentes concurrunt. Nec his nec illis periculum suum, publicum imperium seruitiumque obuersatur animo futuraque ea deinde patriae fortuna quam ipsi fecissent. (4) Vt primo statim concursu increpuere arma micantesque fulsere gladii, horror ingens spectantes perstringit et neutro inclinata spe torpebat uox spiritusque. (5) Consertis deinde manibus cum iam non motus tantum corporum agitatioque anceps telorum armorumque sed uolnera quoque et sanguis spectaculo essent, duo Romani super alium alius, uolneratis tribus Albanis, exspirantes corruerunt. (6) Ad quorum casum cum conclamasset gaudio Albanus exercitus, Romanas legiones iam spes tota, nondum

das Römervolk so stechen, wie ich dieses Schwein hier und heute stechen werde; und du sollst es um so mehr stechen, je mehr du kannst und stark bist.« (9) Als er das gesagt hatte, durchbohrte er das Schwein mit einem Jaspismesser. In gleicher Weise sprachen auch die Albaner ihre Eidformeln und ihren Eid durch ihren Dictator und durch ihre Priester.

25 (1) Sowie der Vertrag geschlossen ist, nehmen die Drillinge wie vereinbart die Waffen auf. Während die Ihren sie daran mahnen, daß die heimatlichen Götter, das Vaterland und die Eltern, alles, was an Bürgern zu Haus und was davon im Heer sei, auf ihre Waffen, auf ihre Hände schaue, treten sie, trotzig von Natur, aber auch befeuert von den Zurufen der sie Antreibenden, vor in den Raum zwischen den Fronten. (2) Beide Heere hatten sich vor ihren Lagern niedergelassen, eher befreit von augenblicklicher Gefahr als von Besorgnis: Es ging ja um die Herrschaft, und die lag jetzt in der Schlagkraft und im Glück von wenigen. So wenden sie denn erregt und bang ihren Sinn dem ganz und gar nicht willkommenen Schauspiel zu. (3) Man gibt das Zeichen, und mit kampfbereiten Waffen stürmen die zweimal drei Jungmänner mit dem Schwung der Kampflinien großer Aufgebote gegeneinander an. Den einen wie den andern schwebt nicht die eigene Gefährdung vor Augen, sondern die Herrschaft und Knechtschaft des Gemeinwesens und daß des Vaterlands Schicksal so sein werde, wie sie es ihm jetzt bereiteten. (4) Wie beim ersten Zusammenprall sogleich die Rüstungen klirrten und blinkend die Schwerter blitzten, durchläuft die Zuschauer ein gewaltiger Schauder, und solang sich keiner Seite das Glück zuneigte, stockte Stimme und Atem. (5) Als es dann aber zum Nahkampf kam und nicht mehr die Bewegung der Leiber und das Hin und Her von Wurf und Abwehr allein, sondern auch Wunden und Blut das Schauspiel bildeten, da fielen zwei Römer, der eine über den andern, und hauchten ihren Geist aus; die drei Albaner waren verwundet. (6) Als die Römer fielen, schrie

tamen cura deseruerat, exanimes uice unius quem tres Curiatii circumsteterant. (7) Forte is integer fuit, ut uniuersis solus nequaquam par, sic aduersus singulos ferox. Ergo ut segregaret pugnam eorum capessit fugam, ita ratus secuturos ut quemque uolnere adfectum corpus sineret. (8) Iam aliquantum spatii ex eo loco ubi pugnatum est aufugerat, cum respiciens uidet magnis interuallis sequentes, unum haud procul ab sese abesse. (9) In eum magno impetu rediit; et dum Albanus exercitus inclamat Curiatiis uti opem ferant fratri, iam Horatius caeso hoste uictor secundam pugnam petebat. Tunc clamore qualis ex insperato fauentium solet Romani adiuuant militem suum; et ille defungi proelio festinat. (10) Prius itaque quam alter – nec procul aberat – consequi posset, et alterum Curiatium conficit; (11) iamque aequato Marte singuli supererant, sed nec spe uiribus pares. Alterum intactum ferro corpus et geminata uictoria ferocem in certamen tertium dabat: alter fessum uolnere, fessum cursu trahens corpus uictusque fratrum ante se strage uictori obicitur hosti. Nec illud proelium fuit. (12) Romanus exsultans »Duos« inquit, »fratrum manibus dedi; tertium causae belli huiusce, ut Romanus Albano imperet, dabo.« Male sustinenti arma gladium superne iugulo defigit, iacentem

Römische Geschichte 79

das Albanerheer vor Freude; die römischen Legionen aber hatte die Hoffnung völlig, doch nicht die Sorge verlassen; sie waren beklommen wegen des Schicksals des noch übrigen einzigen, den die drei Curiatier umstellt hatten. (7) Durch Zufall war dieser unverletzt und, wenngleich als einzelner allen zusammen nicht gewachsen, so doch kampfmutig dem einzelnen gegenüber. Um also den Kampf mit ihnen aufzuteilen, ergriff er die Flucht in der Annahme, sie würden ihm nachsetzen und das so, wie es einem jeden sein durch die Verwundung geschwächter Körper erlaubte. (8) Schon war er eine gute Strecke von dem Platz, wo gekämpft wurde, weggelaufen, als er sie beim Zurückschauen in großen Abständen nachkommen sieht – einen nicht weit von ihm weg. (9) Gegen diesen wandte er sich in kräftigem Ansturm zurück; und während das Albanerheer den Curiatiern zuschreit, sie sollten dem Bruder zu Hilfe kommen, fällt der Horatier schon den Feind und nimmt – siegreich – schon den nächsten Waffengang an. Da unterstützen die Römer, wie es Parteigänger bei unverhofftem Umschlag zu tun pflegen, ihren Kämpfer durch Zurufe; und dieser strengt sich an, den Kampf zu beenden. (10) Bevor ihn also der andere – er war nicht mehr weit entfernt – erreichen konnte, hieb er auch den zweiten Curiatier nieder; (11) und nun stand der Kampf gleich; es waren nur noch zwei einzelne übrig, die aber weder an Hoffnung noch an Kräften ebenbürtig waren. Den einen machte sein noch nicht von Eisen versehrter Leib und der Doppelsieg mutig für den dritten Zweikampf; der andere schleppt sich, erschöpft durch die Wunde, erschöpft vom Lauf und gelähmt durch den Mord an seinem Bruder vor seinen Augen, dahin und wirft sich einem siegreichen Feind entgegen. Doch es kam nicht mehr zu einem Kampf. (12) Der Römer rief frohlockend: »Zwei habe ich den Schatten meiner Brüder geweiht, den dritten werde ich dem Anlaß dieses Krieges weihen, damit der Römer über den Albaner herrsche!« – Er stößt dem Gegner, der kaum mehr seinen Schild halten kann, das Schwert von

spoliat. (13) Romani ouantes ac gratulantes Horatium accipiunt, eo maiore cum gaudio, quo prope metum res fuerat. Ad sepulturam inde suorum nequaquam paribus animis uertuntur, quippe imperio alteri aucti, alteri dicionis alienae facti. (14) Sepulcra exstant quo quisque loco cecidit, duo Romana uno loco propius Albam, tria Albana Romam uersus sed distantia locis ut et pugnatum est.

26 (1) Priusquam inde digrederentur, roganti Mettio ex foedere icto quid imperaret, imperat Tullus uti iuuentutem in armis habeat: usurum se eorum opera si bellum cum Veientibus foret. Ita exercitus inde domos abducti. (2) Princeps Horatius ibat, trigemina spolia prae se gerens; cui soror uirgo, quae desponsa uni ex Curiatiis fuerat, obuia ante portam Capenam fuit, cognitoque super umeros fratris paludamento sponsi quod ipsa confecerat, soluit crines et flebiliter nomine sponsum mortuum appellat. (3) Mouet feroci iuueni animum comploratio sororis in uictoria sua tantoque gaudio publico. Stricto itaque gladio simul uerbis increpans transfigit puellam. (4) »Abi hinc cum immaturo amore ad sponsum,« inquit, »oblita fratrum mortuorum uiuique, oblita patriae. Sic eat quaecumque Romana lugebit hostem.« (5) Atrox uisum id facinus patribus plebique, sed recens meritum facto obstabat. Tamen raptus in ius ad regem. Rex ne ipse tam tristis ingratique ad uolgus iudicii ac secundum iudicium supplicii auctor esset, concilio populi aduocato

oben her in die Kehle und zieht dem Hingestreckten die Rüstung aus. (13) Unter Jubel und Glückwünschen empfangen die Römer den Horatier, und ihre Freude war um so größer, je mehr die Umstände Anlaß zu Furcht gegeben hatten. Dann wenden sie sich der Beisetzung der Ihren zu, doch keineswegs mit gleichen Gefühlen: Die einen sahen sich in größerer Machtfülle, die anderen unter fremder Botmäßigkeit. (14) Die Gräber sind dort, wo ein jeder fiel, noch zu sehen: Die zwei römischen beisammen auf Alba, die drei albanischen auf Rom zu, aber voneinander entfernt, wie es die Kampfsituation ergab.[113]

26 (1) Bevor sie von da abmarschierten, gibt Tullus dem Mettius, als er gemäß dem Vertrag fragt, was er befehle, den Auftrag, die Jungmannschaft unter Waffen zu halten: er werde sie brauchen, wenn es Krieg mit den Veientern geben sollte. Hierauf wurden die Aufgebote nach Hause geführt. (2) Voraus ging der Horatier, die drei Beuterüstungen tragend. Da begegnete ihm vor dem Capenischen Tor seine jungfräuliche Schwester, die einem der Curiatier versprochen war, und erkannte das Gewand auf den Schultern ihres Bruders, weil sie es selbst genäht hatte; sie löst ihre Haare und ruft klagend den Namen des toten Verlobten. (3) Den ungestümen jungen Mann regt das Wehklagen der Schwester in seinem Sieg und bei so großer allgemeiner Freude auf. Er zieht also das Schwert und durchbohrt das Mädchen, indem er es noch mit Worten schmäht: (4) »Fahre hin samt deiner unpassenden Liebe zu deinem Verlobten«, sagt er, »weil du deiner toten Brüder und des lebenden vergessen, vergessen des Vaterlands! So soll jede Römerin dahinfahren, die um einen Feind trauern wird!« (5) Gräßlich erschien diese Untat den Vätern und dem Volk, doch das frische Verdienst stand gegen die Tat. Dennoch wurde er sogleich zum Gericht vor den König geführt. Der König aber rief – um nicht selbst Sprecher eines so harten und beim Volk nicht beliebten Urteils und Vollstrecker der urteilsgemäßen Strafe sein zu müssen – die Volksversammlung ein und sagte: »Ich setze

»Duumuiros« inquit, »qui Horatio perduellionem iudicent, secundum legem facio.« (6) Lex horrendi carminis erat: »Duumuiri perduellionem iudicent; si a duumuiris prouocarit, prouocatione certato; si uincent, caput obnubito; infelici arbori reste suspendito; uerberato uel intra pomerium uel extra pomerium.« (7) Hac lege duumuiri creati, qui se absoluere non rebantur ea lege ne innoxium quidem posse, cum condemnassent, tum alter ex iis »Publi Horati, tibi perduellionem iudico« inquit. »I, lictor, colliga manus.« (8) Accesserat lictor iniciebatque laqueum. Tum Horatius auctore Tullo, clemente legis interprete, »Prouoco« inquit. Itaque prouocatione certatum ad populum est. (9) Moti homines sunt in eo iudicio maxime P. Horatio patre proclamante se filiam iure caesam iudicare; ni ita esset, patrio iure in filium animaduersurum fuisse. Orabat deinde ne se quem paulo ante cum egregia stirpe conspexissent orbum liberis facerent. (10) Inter haec senex iuuenem amplexus, spolia Curiatiorum fixa eo loco qui nunc Pila Horatia appellatur ostentans, »Huncine« aiebat, »quem modo decoratum ouantemque uictoria incedentem uidistis, Quirites, eum sub furca uinctum inter uerbera et cruciatus uidere potestis? quod uix Albanorum oculi tam deforme spectaculum ferre possent. (11) I, lictor, colliga manus, quae paulo ante armatae imperium populo Romano pepererunt. I, caput obnube liberatoris urbis huius; arbore infelici suspende; uerbera uel intra pomerium, modo inter illa pila et spolia hostium, uel extra

Zweimänner ein, die den Horatier wegen seiner feindseligen Handlung aburteilen sollen, gemäß dem Gesetz.« (6) Das Gesetz hatte den schaurigen Wortlaut: »Zweimänner sollen über Totschlag urteilen. Wenn der Angeklagte von den Zweimännern an das Volk appelliert, soll er in der Berufung kämpfen; sind sie siegreich, soll man ihm das Haupt verhüllen; ans Schandholz soll er mit dem Strick gehängt werden; er soll gestäupt werden, innerhalb oder außerhalb der Bannmeile.«[114] (7) Als ihn die nach Gesetz gewählten Zweimänner, die ihn auf Grund dieses Gesetzes nicht freisprechen zu dürfen glaubten, verurteilt hatten, sprach der eine von ihnen: »Publius Horatius, ich spreche dich des Totschlags schuldig. Geh, Liktor, feßle ihm die Hände!«[115] (8) Der Liktor war herzugetreten und legte ihm den Strick um. Da sagte der Horatier auf Veranlassung des Tullus, der das Gesetz mild auslegte: »Ich lege Berufung ein.« So kam durch Berufung die Sache zur Entscheidung an das Volk.[116] (9) In diesem Prozeß ließen sich die Leute am stärksten durch die Erklärung des Vaters P. Horatius' bestimmen, er halte seine Tochter für zu Recht erschlagen; wäre dem nicht so, wäre er nach Vaterrecht gegen seinen Sohn eingeschritten. Darauf bat er, die ihn kurze Zeit zuvor noch blühender Nachkommenschar gesehen hätten, möchten ihn doch nicht kinderlos machen. (10) Mit diesen Worten umarmte der alte Mann den jungen und zeigte auf die erbeuteten Rüstungen der Curiatier – sie waren an der Stelle aufgehängt, die man heutzutage den Horatischen Pfeiler nennt.[117] »Den da«, sagte er, »den ihr eben noch geehrt und jubelnd daherkommen saht, Quiriten, den vermöchtet ihr, ans gegabelte Holz gefesselt, gegeißelt und gemartert sehen? Selbst Albaneraugen könnten ein so widerwärtiges Schauspiel schlecht ertragen. (11) Geh, Liktor, feßle die Hände, die eben erst – aber bewaffnet – dem römischen Volk die Herrschaft errungen haben! Geh, verhülle dem Befreier unserer Stadt das Haupt! Häng ihn an den Schandbaum! Geißle ihn innerhalb der Bannmeile – aber dann bei den Pfeilern und den Rüstungen der Feinde! – oder

pomerium, modo inter sepulcra Curiatiorum; quo enim ducere hunc iuuenem potestis ubi non sua decora eum a tanta foeditate supplicii uindicent?« (12) Non tulit populus nec patris lacrimas nec ipsius parem in omni periculo animum, absolueruntque admiratione magis uirtutis quam iure causae. Itaque ut caedes manifesta aliquo tamen piaculo lueretur, imperatum patri ut filium expiaret pecunia publica. (13) Is quibusdam piacularibus sacrificiis factis quae deinde genti Horatiae tradita sunt, transmisso per uiam tigillo, capite adoperto uelut sub iugum misit iuuenem. Id hodie quoque publice semper refectum manet; sororium tigillum uocant. (14) Horatiae sepulcrum, quo loco corruerat icta, constructum est saxo quadrato.

27 (1) Nec diu pax Albana mansit. Inuidia uolgi quod tribus militibus fortuna publica commissa fuerit, uanum ingenium dictatoris corrupit, et quoniam recta consilia haud bene euenerant, prauis reconciliare popularium animos coepit. (2) Igitur ut prius in bello pacem, sic in pace bellum quaerens, quia suae ciuitati animorum plus quam uirium cernebat esse, ad bellum palam atque ex edicto gerundum alios concitat populos, suis per speciem societatis proditionem reseruat. (3) Fidenates, colonia Romana, Veientibus sociis consilii adsumptis, pacto transitionis Albanorum ad bellum atque arma incitantur. (4) Cum Fidenae aperte descissent, Tullus Mettio exercituque eius ab Alba accito contra hostes ducit.

außerhalb, dann aber neben den Gräbern der Curiatier! Denn wohin könnt ihr diesen jungen Mann führen, wo ihn nicht seine Ehrentaten von der Schande einer solchen Strafe reinwaschen würden?« (12) Das Volk hielt weder den Tränen des Vaters stand noch dem in jeder Gefahr gleichbleibenden Mut des Horatiers: Sie sprachen ihn frei – mehr aus Bewunderung für seinen Mannesmut als nach dem Recht seines Prozesses. Damit aber der offenkundige Mord doch durch irgendeine Sühnung abgebüßt würde, wurde dem Vater auferlegt, den Sohn auf Staatskosten zu entsühnen. (13) Nachdem er nun einige Sühnopfer dargebracht, die in der Folge dem Horatischen Geschlecht zur Besorgung aufgetragen blieben, legte er einen Balken quer über die Straße und schickte den jungen Mann wie unter einem Joch darunter durch. Dieser Balken ist, auf Staatskosten immer wieder erneuert, noch heute erhalten; sie nennen ihn den Schwesterbalken.[118] (14) Der Horatierin wurde an der Stelle, wo sie tödlich getroffen zusammengebrochen war, ein Grabmal aus Quadern errichtet.[119]

27 (1) Nicht lange indessen dauerte der Friede mit Alba. Der Unwille des Volkes darüber, daß nur drei Kämpfern das Schicksal des Staates anvertraut gewesen, verführte den eitlen Sinn des Dictators, und da ja ehrliche Beschlüsse nicht zum Guten ausgeschlagen waren, begann er durch unehrliche die Herzen seiner Volksgenossen wiederzugewinnen. (2) Wie er vordem im Krieg den Frieden gesucht hatte, so suchte er nun im Frieden den Krieg, und weil er erkannte, daß seiner Bürgerschaft mehr Begeisterung als Kräfte eignete, hetzt er andere Völker offen auf und erklärt auch, Krieg zu führen; für seine Leute behält er sich unter dem Schein eines Bündnisses den Verrat vor. (3) Die Einwohner von Fidenae, einer römischen Pflanzstadt, ziehen die Veienter als Genossen ihres Plans ins Vertrauen und lassen sich durch die Zusage der Albaner, sie würden zu ihnen übergehen, zu Krieg und Kampf aufreizen. (4) Als Fidenae offen abgefallen war, zieht Tullus den Mettius und sein Aufgebot von Alba

Vbi Anienem transiit, ad confluentes conlocat castra. Inter eum locum et Fidenas Veientium exercitus Tiberim transierat. (5) Hi et in acie prope flumen tenuere dextrum cornu; in sinistro Fidenates propius montes consistunt. Tullus aduersus Veientem hostem derigit suos, Albanos contra legionem Fidenatium conlocat. Albano non plus animi erat quam fidei. Nec manere ergo nec transire aperte ausus sensim ad montes succedit; (6) inde ubi satis subisse sese ratus est, erigit totam aciem, fluctuansque animo ut tereret tempus ordines explicat. Consilium erat qua fortuna rem daret, ea inclinare uires. (7) Miraculo primo esse Romanis qui proximi steterant ut nudari latera sua sociorum digressu senserunt; inde eques citato equo nuntiat regi abire Albanos. Tullus in re trepida duodecim uouit Salios fanaque Pallori ac Pauori. (8) Equitem clara increpans uoce ut hostes exaudirent, redire in proelium iubet: nihil trepidatione opus esse; suo iussu circumduci Albanum exercitum ut Fidenatium nuda terga inuadant; idem imperat ut hastas equites erigerent. (9) Id factum magnae parti peditum Romanorum conspectum abeuntis Albani exercitus intersaepsit; qui uiderant, id quod ab rege auditum erat rati, eo acrius pugnant. Terror ad hostes transit; et audiuerant clara uoce dictum, et magna pars Fidenatium, ut quibus coloni additi Romani essent, Latine sciebant. (10) Itaque ne subito ex collibus decursu

her an sich und marschiert gegen den Feind. Er setzt über den Anio und schlägt bei dessen Mündung Lager. Zwischen diesem Punkt und Fidenae war das Aufgebot der Veienter über den Tiber gegangen. (5) Diese hielten auch, in der Kampflinie an den Fluß angelehnt, den rechten Flügel; auf dem linken, näher zum Berg hin, stehen die Fidenaten. Tullus setzt seine Leute gegen den Feind aus Veii an, den Albanern weist er die Stellung gegenüber der Truppe der Fidenaten zu. Der Albaner hatte nicht mehr Mut als Treue. Da er also weder Widerstand zu leisten noch offen überzugehen wagt, setzt er sich allmählich zum Gebirge hin ab; (6) sobald er sich ihm nah genug glaubt, läßt er das ganze Aufgebot hinaufmarschieren und – ist er doch schwankenden Sinns – entfaltet die Truppe, um Zeit zu gewinnen. Sein Plan war, jener Seite, der das Schicksal den Sieg gäbe, seine Kräfte zuzuführen. (7) Anfangs wunderten sich die den Anschluß bildenden Römer, als sie ihre Flanke durch das Abrücken der Bundesgenossen entblößt sahen; gleich darauf langt in gestrecktem Galopp ein Reiter an und meldet dem König, die Albaner zögen ab. Tullus gelobt in dieser mißlichen Lage zwölf Salier und außerdem den Göttern der Furcht und des Schreckens je einen heiligen Bezirk.[120] (8) Den Reiter schilt er mit lauter Stimme, damit die Feinde es hörten, und befiehlt ihm, ins Gefecht zurückzureiten; zu Beunruhigung sei kein Anlaß; auf seinen Befehl schwenke das albanische Aufgebot ab, um den Fidenaten in den ungesicherten Rücken zu fallen; desgleichen gibt er den Reitern den Befehl, die Lanzen aufrecht zu halten. (9) Die Ausführung dieses Befehls benahm einem großen Teil der römischen Infanterie die Sicht auf die abrückenden albanischen Truppen; die den Abzug beobachtet hatten, kämpften – weil sie den Worten des Königs glaubten – um so verbissener. Jetzt war das Erschrecken an den Feinden; sie hatten die laute Rede gehört, und ein Großteil der Fidenaten verstand Lateinisch, da ihnen römische Ansiedler beigegeben worden waren.[121] (10) Um daher nicht, falls die Albaner von den Hü-

Albanorum intercluderentur ab oppido, terga uertunt. Instat
Tullus fusoque Fidenatium cornu in Veientem alieno pauore
perculsum ferocior redit. Nec illi tulere impetum, sed ab
effusa fuga flumen obiectum ab tergo arcebat. (11) Quo
postquam fuga inclinauit, alii arma foede iactantes in aquam
caeci ruebant, alii dum cunctantur in ripis inter fugae
pugnaeque consilium oppressi. Non alia ante Romana pugna
atrocior fuit.

28 (1) Tum Albanus exercitus, spectator certaminis, deductus in campos. Mettius Tullo deuictos hostes gratulatur;
contra Tullus Mettium benigne adloquitur. Quod bene uertat, castra Albanos Romanis castris iungere iubet; sacrificium lustrale in diem posterum parat. (2) Vbi inluxit, paratis
omnibus ut adsolet, uocari ad contionem utrumque exercitum iubet. Praecones ab extremo orsi primos exciuere Albanos. Hi nouitate etiam rei moti ut regem Romanum contionantem audirent proximi constitere. (3) Ex composito
armata circumdatur Romana legio; centurionibus datum
negotium erat ut sine mora imperia exsequerentur. (4) Tum
ita Tullus infit: »Romani, si unquam ante alias ullo in bello
fuit quod primum dis immortalibus gratias ageretis, deinde
uestrae ipsorum uirtuti, hesternum id proelium fuit. Dimicatum est enim non magis cum hostibus quam, quae dimicatio maior atque periculosior est, cum proditione ac perfidia
sociorum. (5) Nam ne uos falsa opinio teneat, iniussu meo
Albani subiere ad montes, nec imperium illud meum sed

geln her unerwartet herunterstürzten, von ihrer Stadt abgeschnitten zu werden, setzen sie sich ab. Tullus drängt nach, zerschlägt den Außenflügel der Fidenaten und wendet sich mit noch größerer Heftigkeit wieder zurück gegen den von ungekanntem Entsetzen ergriffenen Veienter. Auch sie hielten dem Angriff nicht stand, doch hinderte sie der Fluß in ihrem Rücken vor offener Flucht. (11) Nachdem sich die Flucht aber dorthin gewandt hatte, warfen die einen schmählich die Waffen weg und stürzten sich blindlings in den Fluß, die anderen wurden im Ufergelände überwältigt, während sie noch überlegten, ob sie fliehen oder fechten sollten. Kein früheres Gefecht der Römer ist gräßlicher gewesen.

28 (1) Jetzt rückte das Albaneraufgebot – es hatte dem Gefecht zugesehen – wieder in die Ebene herab. Mettius wünscht dem König Glück zur völligen Niederwerfung des Feindes; Tullus seinerseits spricht freundlich mit Mettius. Auf gut Glück läßt er die Albaner zusammen mit den Römern Lager schlagen; für den nächsten Tag setzt er ein Sühneopfer[122] an. (2) Sobald es hell und alles nach Gewohnheit gerüstet ist, läßt er beide Aufgebote zur Versammlung rufen. Die Herolde fingen beim äußeren Lager an und riefen die Albaner zuerst auf. Sie stellten sich, auch erregt von dem Ungewohnten, ganz vorn auf, um die Rede des römischen Königs hören zu können. (3) Wie ausgemacht, umringt sie bewaffnet die römische Truppenmacht: die Hundertschaftsführer waren angewiesen, Befehle des Feldherrn ohne Verzögerung auszuführen. (4) Da beginnt Tullus so: »Ihr Römer, wenn je zuvor in irgendeinem Krieg Anlaß bestand, zuerst den unsterblichen Göttern, sodann aber eurer eigenen Tapferkeit zu danken, so ist es das gestrige Gefecht gewesen. Es ist nämlich weniger mit Feinden gekämpft worden als mit Verrat und Treulosigkeit der Bundesgenossen; und das ist ein schwererer und gefährlicherer Kampf. (5) Denn damit ihr nicht in falschem Wahn befangen bleibt: Nicht auf meine Weisung marschierten die Albaner zum Gebirge, und es war

consilium et imperii simulatio fuit, ut nec uobis, ignorantibus deseri uos, auerteretur a certamine animus, et hostibus, circumueniri se ab tergo ratis, terror ac fuga iniceretur. (6) Nec ea culpa quam arguo omnium Albanorum est: ducem secuti sunt, ut et uos, si quo ego inde agmen declinare uoluissem, fecissetis. Mettius ille est ductor itineris huius, Mettius idem huius machinator belli, Mettius foederis Romani Albanique ruptor. Audeat deinde talia alius, nisi in hunc insigne iam documentum mortalibus dedero.« (7) Centuriones armati Mettium circumsistunt; rex cetera ut orsus erat peragit: »Quod bonum faustum felixque sit populo Romano ac mihi uobisque, Albani, populum omnem Albanum Romam traducere in animo est, ciuitatem dare plebi, primores in patres legere, unam urbem, unam rem publicam facere; ut ex uno quondam in duos populos diuisa Albana res est, sic nunc in unum redeat.« (8) Ad haec Albana pubes, inermis ab armatis saepta, in uariis uoluntatibus communi tamen metu cogente, silentium tenet. (9) Tum Tullus »Metti Fufeti« inquit, »si ipse discere posses fidem ac foedera seruare, uiuo tibi ea disciplina a me adhibita esset; nunc quoniam tuum insanabile ingenium est, at tu tuo supplicio doce humanum genus ea sancta credere quae a te uiolata sunt. Vt igitur paulo ante animum inter Fidenatem Romanamque rem ancipitem gessisti, ita iam corpus passim distrahendum dabis.« (10) Exinde duabus admotis quadrigis, in currus earum distentum inligat Mettium; deinde in diuersum

nicht mein Befehl, sondern aus List tat ich so, als sei er's; damit ihr, in Unwissenheit darüber, daß ihr im Stich gelassen wart, den Mut zum Kämpfen nicht verlört, und damit die Feinde im Glauben, sie würden im Rücken umgangen, in Schrecken und Flucht gestürzt würden. (6) Doch zeihe ich nicht die Albaner insgesamt dieser Schuld: Sie sind ihrem Führer gefolgt, wie auch ihr es getan hättet, wenn ich die Marschkolonne von jenem Punkt an hätte abschwenken lassen wollen. Mettius dort ist der Führer dieses Marsches, der gleiche Mettius der Anstifter dieses Krieges, Mettius der Brecher des Bundes zwischen Römern und Albanern. Wage künftig ein anderer Ähnliches, wenn ich nicht vor allen Menschen an diesem ein warnendes Beispiel vollzöge!« (7) Die Hundertschaftsführer umstellen bewaffnet den Mettius; der König aber führt, wie er begonnen, weiter aus: »Heil, Segen und Glück dem römischen Volk und mir und euch, Albaner! Ich gedenke das ganze albanische Volk nach Rom umzusiedeln, dem gemeinen Volk das Bürgerrecht zu geben, die Vornehmen unter die Väter aufzunehmen und eine einzige Stadt, ein einziges Gemeinwesen zu schaffen; wie sich einst der Albanerstaat in zwei Völker gespalten hat, so werde er jetzt wieder zu einem!« (8) Hierzu bewahrte die Jungmannschaft von Alba, waffenlos von Bewaffneten umstellt, Stillschweigen; obwohl anderer Meinung, hielt doch die allgemeine Furcht sie gefangen. (9) Dann sagte Tullus: »Mettius Fufetius, wenn du lernen könntest, Treue und Verträge zu halten, hätte ich dir noch zu deinen Lebzeiten darin Unterricht gegeben; da dein Charakter aber nun einmal unverbesserlich ist, so lehre du selbst durch deinen Tod das Menschengeschlecht heiligzuhalten, was du verletzt hast! Wie du also vor kurzem noch zwischen der Sache Fidenaes und der Sache Roms geschwankt hast, so wirst du jetzt deinen Leib zum Zerreißen nach allen Seiten hin hergeben müssen.« (10) Hierauf läßt er zwei Viererzüge holen und den Mettius ausgestreckt an die Wagen binden; dann wurden die Pferde in entgegengesetzter[123] Richtung getrie-

iter equi concitati, lacerum in utroque curru corpus, qua
inhaeserant uinculis membra, portantes. (11) Auertere
omnes ab tanta foeditate spectaculi oculos. Primum ultimumque illud supplicium apud Romanos exempli parum
memoris legum humanarum fuit: in aliis gloriari licet nulli
gentium mitiores placuisse poenas.

29 (1) Inter haec iam praemissi Albam erant equites qui
multitudinem traducerent Romam. Legiones deinde ductae
ad diruendam urbem. (2) Quae ubi intrauere portas, non
quidem fuit tumultus ille nec pauor qualis captarum esse
urbium solet, cum effractis portis stratisue ariete muris aut
arce ui capta clamor hostilis et cursus per urbem armatorum
omnia ferro flammaque miscet; (3) sed silentium triste ac
tacita maestitia ita defixit omnium animos, ut prae metu
obliti quid relinquerent, quid secum ferrent deficiente consilio rogitantesque alii alios, nunc in liminibus starent, nunc
errabundi domos suas ultimum illud uisuri peruagarentur.
(4) Vt uero iam equitum clamor exire iubentium instabat,
iam fragor tectorum quae diruebantur ultimis urbis partibus
audiebatur puluisque ex distantibus locis ortus uelut nube
inducta omnia impleuerat, raptim quibus quisque poterat
elatis, cum larem ac penates tectaque in quibus natus quisque
educatusque esset relinquentes exirent, (5) iam continens
agmen migrantium impleuerat uias, et conspectus aliorum
mutua miseratione integrabat lacrimas, uocesque etiam
miserabiles exaudiebantur, mulierum praecipue, cum
obsessa ab armatis templa augusta praeterirent ac uelut

ben und schleiften von dem zerrissenen Körper an den Wagen mit fort, was von den Gliedern gerade in den Stricken hängen geblieben war. (11) Alle wandten von dem so gräßlichen Schauspiel die Augen ab. Es war dies das erste und letzte Beispiel einer Hinrichtung bei den Römern, bei dem die Gesetze der Menschlichkeit mißachtet wurden. Im übrigen dürfen wir uns rühmen, daß kein anderes Volk auf mildere Strafen erkannt hat.[124]

29 (1) Unterdessen waren nach Alba schon Reiter vorausgeschickt worden, um die Bevölkerung nach Rom umzusiedeln. Sodann wurden Fußtruppen zur Schleifung der Stadt abgestellt.[125] (2) Als sie durch die Tore einrückten, war da zwar weder Getümmel noch Entsetzen, wie es eingenommene Städte gewöhnlich befällt, wenn nach dem Aufbrechen der Tore, nach dem Niederwerfen der Mauern mit dem Sturmbock und nach Erstürmung der Burg Feldgeschrei und das Rasen von Bewaffneten mit Eisen und Feuer alles in Verwirrung stürzt; (3) wohl aber drückten finsteres Schweigen und stummer Gram die Gemüter aller so nieder, daß sie aus Angst vergaßen, was sie zurücklassen, was sie mitnehmen sollten, und daß sie einander völlig ratlos befragten, jetzt auf den Schwellen verharrten, bald wie irrend durch ihre Häuser streiften, um sie ein letztes Mal zu sehen. (4) Wie aber schon das Rufen der Reiter drängte, die sie herauskommen hießen, und wie man schon aus den Außenbezirken der Stadt das Krachen der eingerissenen Häuser hörte und wie sich an verschiedenen Stellen Staub erhob und wie eine Wolke alles überzogen und angefüllt hatte und jeder hinausgetragen, was er in der Eile konnte; als sie den Lar[126] und die Penaten[127] und die Häuser, in denen ein jeder geboren und aufgezogen worden, verlassen mußten, um auszuziehen – (5) da hatte bereits ein endloser Zug von Aussiedlern die Straßen gefüllt, und der Anblick der anderen erneuerte durch gegenseitiges Mitleid die Tränen; auch hörte man klagende Stimmen, vor allem von Frauen, als sie an den von Bewaffneten besetzten ehrwürdigen Tempeln vorüber-

captos relinquerent deos. (6) Egressis urbe Albanis Romanus passim publica priuataque omnia tecta adaequat solo, unaque hora quadringentorum annorum opus quibus Alba steterat excidio ac ruinis dedit. Templis tamen deum – ita enim edictum ab rege fuerat – temperatum est.

30 (1) Roma interim crescit Albae ruinis. Duplicatur ciuium numerus; Caelius additur urbi mons, et quo frequentius habitaretur eam sedem Tullus regiae capit ibique habitauit. (2) Principes Albanorum in patres ut ea quoque pars rei publicae cresceret legit, Iulios, Seruilios, Quinctios, Geganios, Curiatios, Cloelios; templumque ordini ab se aucto curiam fecit quae Hostilia usque ad patrum nostrorum aetatem appellata est. (3) Et ut omnium ordinum uiribus aliquid ex nouo populo adiceretur equitum decem turmas ex Albanis legit, legiones et ueteres eodem supplemento expleuit et nouas scripsit. (4) Hac fiducia uirium Tullus Sabinis bellum indicit, genti ea tempestate secundum Etruscos opulentissimae uiris armisque. Vtrimque iniuriae factae ac res nequiquam erant repetitae. (5) Tullus ad Feroniae fanum mercatu frequenti negotiatores Romanos comprehensos querebatur, Sabini suos prius in lucum confugisse ac Romae retentos. Hae causae belli ferebantur. (6) Sabini haud parum memores et suarum uirium partem Romae ab Tatio locatam et Romanam rem nuper etiam adiectione populi Albani auctam, circumspicere et ipsi externa auxilia.

zogen und ihre Götter wie Gefangene zurücklassen mußten.
(6) Nach dem Auszug der Albaner aus ihrer Stadt macht der Römer alle öffentlichen und privaten Gebäude dem Erdboden gleich, und eine einzige Stunde gab das Werk der 400 Jahre[128], die Alba bestanden, der Vernichtung und Zerstörung preis. Man verschonte jedoch – so war vom König befohlen worden – die Tempel der Götter.
30 (1) Rom indessen wächst durch Albas Zerstörung. Verdoppelt wird die Zahl der Bürger; der Caelische Hügel wird in die Stadt einbezogen, und damit er genügend besiedelt würde, nimmt ihn Tullus zum Königssitz[129] und wohnte dort. (2) Die Vornehmen der Albaner – die Iulier, Servilier, Quinctier, Geganier, Curiatier, Cloelier – nimmt er unter die Väter auf, damit auch dieser Teil des Gemeinwesens wüchse; dem von ihm verstärkten Stand erstellte er ein geweihtes Gebäude als Rathaus,[130] das bis auf die Zeit unserer Väter das Hostilische genannt wurde. (3) Und damit den Kräften aller Stände aus dem neuen Volk etwas hinzugetan würde, stellte er zehn Reiterschwadronen aus Albanern zusammen, füllte aus der gleichen Quelle die alten Truppen auf und hob neue aus. (4) Im Vertrauen auf diese Streitkräfte erklärt Tullus den Sabinern, dem zu der Zeit nächst den Etruskern an Mannschaft und Bewaffnung mächtigsten Stamm, den Krieg. Von beiden Seiten waren Ungesetzlichkeiten verübt und ohne Erfolg Genugtuung gefordert worden. (5) Tullus führte Klage darüber, daß anläßlich des gutbesuchten Marktes beim Tempel der Feronia römische Händler verhaftet worden seien; die Sabiner (sagten), es seien Leute von ihnen, die sich schon früher in den Hain geflüchtet hätten, gleichwohl in Rom zurückgehalten worden.[131] Diese Dinge wurden als Gründe für den Krieg vorgebracht. (6) Die Sabiner waren sich sehr wohl bewußt, daß einerseits ein Teil ihrer eigenen Volkskraft von Tatius nach Rom verpflanzt und daß andererseits das römische Gemeinwesen erst neulich durch Einfügung des Albanervolkes vergrößert worden sei; so sahen sie sich denn auch selbst

(7) Etruria erat uicina, proximi Etruscorum Veientes. Inde ob residuas bellorum iras maxime sollicitatis ad defectionem animis uoluntarios traxere, et apud uagos quosdam ex inopi plebe etiam merces ualuit: publico auxilio nullo adiuti sunt ualuitque apud Veientes – nam de ceteris minus mirum est – pacta cum Romulo indutiarum fides. (8) Cum bellum utrimque summa ope pararent uertique in eo res uideretur utri prius arma inferrent, occupat Tullus in agrum Sabinum transire. (9) Pugna atrox ad siluam Malitiosam fuit, ubi et peditum quidem robore, ceterum equitatu aucto nuper plurimum Romana acies ualuit. (10) Ab equitibus repente inuectis turbati ordines sunt Sabinorum, nec pugna deinde illis constare nec fuga explicari sine magna caede potuit.

31 (1) Deuictis Sabinis cum in magna gloria magnisque opibus regnum Tulli ac tota res Romana esset, nuntiatum regi patribusque est in monte Albano lapidibus pluuisse. (2) Quod cum credi uix posset, missis ad id uisendum prodigium in conspectu haud aliter quam cum grandinem uenti glomeratam in terras agunt crebri cecidere caelo lapides. (3) Visi etiam audire uocem ingentem ex summi cacuminis luco ut patrio ritu sacra Albani facerent, quae uelut dis quoque simul cum patria relictis obliuioni dederant, et aut Romana sacra susceperant aut fortunae, ut fit, obirati cultum reliquerant deum. (4) Romanis quoque ab eodem prodigio nouen-

nach Hilfe von auswärts um. (7) Etrurien lag nahe; die zunächstwohnenden Etrusker waren die Veienter. Von dort, wo die Gemüter wegen des tiefsitzenden Grolls über die Kriege sehr stark zum Abfall gereizt waren, zogen sie Freiwillige heran, und bei ein paar Streunern aus dem dürftigen Volk wirkte auch der Sold. Von Staats wegen wurden sie nicht unterstützt, und bei den Veientern – denn bei den übrigen ist das weniger verwunderlich – hielt man sich redlich an die mit Romulus vereinbarte Waffenruhe.[132] (8) Als nun beide Seiten unter größter Anstrengung den Krieg vorbereiteten und es darum zu gehen schien, wer den andern zuerst angriffe, da eröffnet Tullus die Feindseligkeiten und stößt ins Sabinerland vor. (9) Es kam zu dem blutigen Gefecht am Schelmenwald, wo sich das römische Heer glänzend behauptete, zwar auch durch die Schlagkraft des Fußvolks, im übrigen aber durch die jüngst verstärkte Reiterei: (10) Durch plötzlich attackierende Reiter wurden die Gliederungen der Sabiner zersprengt, und von da an konnten sie weder im Gefecht Widerstand leisten noch sich ohne große Blutopfer im Rückzug entfalten.

31 (1) Als nach der Niederwerfung der Sabiner des Tullus Königtum und der ganze römische Staat in großer Herrlichkeit und Machtfülle dastand, wurde dem König und den Vätern gemeldet, auf dem Albanerberg habe es Steine geregnet. (2) Da dies kaum glaubhaft schien, wurden Leute hingeschickt, die das Wunder prüfen sollten; vor deren Augen fielen zahlreiche Steine vom Himmel nicht anders, als wenn die Winde Schloßen in Schwaden über die Erde treiben.[133] (3) Sie glaubten auch von dem Hain auf dem Gipfel her den dröhnenden Anruf zu hören, die Albaner sollten den Götterdienst nach heimischem Brauch verrichten, den sie in Vergessenheit hatten geraten lassen, als ob sie mit dem Vaterland gleichzeitig auch die Götter aufgegeben hätten; sie hätten entweder den römischen Götterdienst übernommen oder, wie es geschieht, ihrem Schicksal zürnend, den Götterdienst überhaupt gelassen.[134] (4) Die Römer nahmen denn

diale sacrum publice susceptum est, seu uoce caelesti ex
Albano monte missa – nam id quoque traditur – seu haruspi-
cum monitu; mansit certe sollemne ut quandoque idem
prodigium nuntiaretur feriae per nouem dies agerentur.
(5) Haud ita multo post pestilentia laboratum est. Vnde cum
pigritia militandi oreretur, nulla tamen ab armis quies daba-
tur a bellicoso rege, salubriora etiam credente militiae quam
domi iuuenum corpora esse, donec ipse quoque longinquo
morbo est implicitus. (6) Tunc adeo fracti simul cum corpore sunt spiritus illi feroces ut qui nihil ante ratus esset
minus regium quam sacris dedere animum, repente omnibus
magnis paruisque superstitionibus obnoxius degeret religio-
nibusque etiam populum impleret. (7) Volgo iam homines
eum statum rerum qui sub Numa rege fuerat requirentes,
unam opem aegris corporibus relictam si pax ueniaque ab dis
impetrata esset credebant. (8) Ipsum regem tradunt uoluen-
tem commentarios Numae, cum ibi quaedam occulta sol-
lemnia sacrificia Ioui Elicio facta inuenisset, operatum his
sacris se abdidisse; sed non rite initum aut curatum id
sacrum esse, nec solum nullam ei oblatam caelestium speciem sed ira Iouis sollicitati praua religione fulmine ictum
cum domo conflagrasse. Tullus magna gloria belli regnauit
annos duos et triginta.

32 (1) Mortuo Tullo res, ut institutum iam inde ab initio

auch auf Grund dieses Wunders von Staats wegen ein neuntägiges Opfer[135] auf sich, sei's wegen des vom Albanerberg gekommenen himmlischen Anrufs – denn auch das wird berichtet –, sei's auf die Mahnung der Opferschauer hin; jedenfalls ist es Gewohnheit geblieben, immer dann, wenn das gleiche Wunderzeichen gemeldet wurde, neun Tage hindurch kultische Feiern abzuhalten.

(5) Nicht eben viel später kam man durch eine Seuche in Not. Als aus diesem Grund sich Unlust gegenüber dem Kriegsdienst regte, gewährte der kriegssüchtige König dennoch keinen Urlaub vom Waffendienst; er glaubte, die jungen Männer seien im Felde körperlich viel gesünder als zu Hause – bis er selbst von einer langwierigen Krankheit befallen wurde. (6) Da wurde ihm zugleich mit dem Körper der trotzige Sinn so gebrochen, daß er, der vordem nichts für unköniglicher gehalten hatte, als den Sinn auf heilige Dinge zu richten, sich plötzlich voller Angst im großen und im kleinen dem Aberglauben ergab und mit seiner Frömmelei auch das Volk ansteckte. (7) Allgemein wünschten die Menschen sich den Stand der Dinge zurück, wie er unter König Numa gewesen war, und glaubten, es sei nur noch eine einzige Hilfe für die siechen Leiber übrig: wenn man nämlich von den Göttern Friede und Vergebung erflehe. (8) Der König selbst soll – so berichten sie –, als er beim Nachschlagen in den Kultvorschriften des Numa darin etwas über die Darbringung feierlicher und geheimer Opfer für Iuppiter den Blitzelenker fand, diese im verborgenen dargebracht haben; allein diese Feier sei nicht richtig begonnen und besorgt worden, und es sei ihm nicht nur kein bestätigendes Zeichen von den Himmlischen zugekommen, sondern er sei von dem erzürnten und wegen des verkehrten Gottesdienstes erbosten Iuppiter durch einen Blitz erschlagen worden und samt seinem Hause verbrannt.[136] Tullus hat bei großem Kriegsruhm 32 Jahre regiert.

32 (1) Nach des Tullus Tod war die Regierungsgewalt, wie es schon von Anfang an Brauch gewesen, an die Väter

erat, ad patres redierat hique interregem nominauerant. Quo
comitia habente Ancum Marcium regem populus creauit;
patres fuere auctores. Numae Pompili regis nepos filia ortus
Ancus Marcius erat. (2) Qui ut regnare coepit et auitae
gloriae memor et quia proximum regnum, cetera egregium,
ab una parte haud satis prosperum fuerat aut neglectis
religionibus aut praue cultis, longe antiquissimum ratus
sacra publica ut ab Numa instituta erant facere, omnia ea ex
commentariis regiis pontificem in album elata proponere in
publico iubet. Inde et ciuibus otii cupidis et finitimis ciuitatibus facta spes in aui mores atque instituta regem abiturum.
(3) Igitur Latini cum quibus Tullo regnante ictum foedus
erat sustulerant animos, et cum incursionem in agrum
Romanum fecissent repetentibus res Romanis superbe
responsum reddunt, desidem Romanum regem inter sacella
et aras acturum esse regnum rati. (4) Medium erat in Anco
ingenium, et Numae et Romuli memor; et praeterquam
quod aui regno magis necessariam fuisse pacem credebat
cum in nouo tum feroci populo, etiam quod illi contigisset
otium sine iniuria id se haud facile habiturum; temptari
patientiam et temptatam contemni temporaque esse Tullo
regi aptiora quam Numae. (5) Vt tamen, quoniam Numa in
pace religiones instituisset, a se bellicae caerimoniae prode-
rentur, nec gererentur solum sed etiam indicerentur bella

zurückgefallen, und diese hatten einen Zwischenkönig benannt. Dieser hielt die Volksversammlung ab, und das Volk wählte den Ancus Martius zum König; die Väter bestätigten die Wahl. Ancus Martius war ein Enkel des Numa Pompilius von dessen Tochter. (2) Sobald er die Regierung angetreten, hielt er – eingedenk des großväterlichen Ruhms und weil die letzte, in den übrigen Dingen vorzügliche Regierung doch in einem Punkt nicht gedeihlich genug gewesen war (der Götterdienst war entweder vernachlässigt oder verkehrt verrichtet worden) – es für das Allerwichtigste, die öffentlichen Gottesdienste so zu feiern, wie sie von Numa eingesetzt worden waren, und heißt den Oberpriester all diese Dinge aus den Aufzeichnungen jenes Königs erheben, auf eine weiße Tafel schreiben und dem Volke vorlegen. Dadurch keimte bei den Ruhe und Frieden liebenden Bürgern wie bei den Nachbargemeinden die Hoffnung auf, der König werde sich nach den Grundsätzen und Einrichtungen seines Großvaters richten. (3) Also hatten die Latiner, mit denen während der Regierung des Tullus ein Vertrag geschlossen worden war, wieder Mut gefaßt und geben, als sie einen Einfall in die römische Mark gemacht, den Genugtuung heischenden Römern überhebliche Antwort in dem Wahn, der römische König werde zwischen Tempeln und Altären seine Regierung müßig zubringen. (4) Die Denkart des Ancus aber hielt die Mitte: Er dachte ebenso an Numa wie an Romulus; und weil er außerdem glaubte, im Königreich seines Großvaters sei der Friede nötiger gewesen als in einem jungen, damals noch wilden Volk und daß er die Ruhe, die jenem herzustellen gelungen war, wohl kaum ohne Gewaltanwendung erreichen werde; daß man seine Geduld auf die Probe stellen und dann verwerfen werde; und daß die Zeiten besser zu einem Tullus als König als zu einem Numa paßten. (5) Damit aber – da Numa nun einmal den Götterdienst für den Frieden eingerichtet hatte – von ihm wiederum die Zeremonien für den Kriegsfall[137] festgelegt und die Kriege nicht nur geführt,

aliquo ritu, ius ab antiqua gente Aequicolis quod nunc fetiales habent descripsit, quo res repetuntur. (6) Legatus ubi ad fines eorum uenit unde res repetuntur, capite uelato filo-lanae uelamen est – »Audi, Iuppiter« inquit; »audite, fines« – cuiuscumque gentis sunt, nominat –; »audiat fas. Ego sum publicus nuntius populi Romani; iuste pieque legatus uenio, uerbisque meis fides sit.« Peragit deinde postulata. (7) Inde Iouem testem facit: »Si ego iniuste impieque illos homines illasque res dedier mihi exposco, tum patriae compotem me nunquam siris esse.« (8) Haec, cum fines suprascandit, haec, quicumque ei primus uir obuius fuerit, haec portam ingrediens, haec forum ingressus, paucis uerbis carminis concipiendique iuris iurandi mutatis, peragit. (9) Si non deduntur quos exposcit diebus tribus et triginta – tot enim sollemnes sunt – peractis bellum ita indicit: »Audi, Iuppiter, et tu, Iane Quirine, dique omnes caelestes, uosque terrestres uosque inferni, audite; (10) ego uos testor populum illum« – quicumque est, nominat – »iniustum esse neque ius persoluere; sed de istis rebus in patria maiores natu consulemus, quo pacto ius nostrum adipiscamur.« Cum ... nuntius Romam ad consulendum redit. (11) Confestim rex his ferme uerbis patres consulebat: »Quarum rerum litium causarum condixit pater patratus populi Romani Quiritium patri patrato Priscorum Latinorum hominibusque Priscis Latinis, quas res

sondern auch nach bestimmtem Ritus angesagt würden, übernahm er von den Aequicolern, einem alten Stamm, die Rechtsordnung, die jetzt die Bundpriester haben und mit der sie Genugtuung fordern:[138] (6) Sowie der Gesandte[139] an die Grenze derer kommt, von denen Genugtuung gefordert wird, verhüllt er sein Haupt mit einer Binde[140] – die Verhüllung ist aus Wolle[141] – und spricht: »Höre, Iuppiter, hört, ihr Grenzen der« – und nun nennt er den Stamm, dem sie gehören –, »hören soll auch das göttliche Recht:[142] Ich bin der offizielle Bote des römischen Volkes; nach Recht und göttlichem Gesetz komme ich als Gesandter; meinen Worten soll man Glauben schenken!« – Dann bringt er seine Forderungen vor. (7) Weiter macht er Iuppiter zum Zeugen: »Wenn ich zu Unrecht und gegen göttliches Gesetz besagte Menschen und besagte Dinge mir auszuliefern verlange, so laß mich niemals mehr meiner Heimat teilhaft werden!«[143] (8) Dies sagt er, wenn er die Grenze überschreitet; dies zu dem Mann, dem er als erstem begegnet; dies, wenn er durch das Tor geht; dies beim Betreten des Marktplatzes, wobei er nur wenige Worte der Formel und des Eidschwurs ändert. (9) Wenn ihm die, die er fordert, nicht ausgeliefert werden, so sagt er über 33 Tage[144] – so viele sind nämlich üblich – den Krieg so an: »Höre, Iuppiter, und du, Ianus Quirinus, und ihr Götter alle im Himmel, ihr Götter auf Erden und unter der Erde, hört![145] (10) Ich rufe euch zu Zeugen dafür auf, daß dieses Volk« – er nennt es jedesmal beim Namen – »ungerecht ist und nicht leistet, was rechtens ist; doch wollen wir über diese Dinge zu Hause unsere Alten befragen, auf welche Weise wir zu unserem Recht gelangen möchten.« Nachdem der Bote (dies gesagt,) kehrt er zur Beratung nach Rom zurück. (11) Alsbald ging der König die Väter mit ungefähr diesen Worten um Rat an: »In den Sachen, Streitigkeiten und Angelegenheiten, über die der Vertragsoberpriester des römischen Volks der Quiriten mit dem Vertragsoberpriester der Altlatiner und mit den altlatinischen Männern übereingekommen ist, welche Dinge jene

nec dederunt [nec soluerunt] nec fecerunt, quas res dari fieri [solui] oportuit, dic« inquit ei quem primum sententiam rogabat, »quid censes?« (12) Tum ille: »Puro pioque duello quaerendas censeo, itaque consentio consciscoque.« Inde ordine alii rogabantur; quandoque pars maior eorum qui aderant in eandem sententiam ibat, bellum erat consensum. Fieri solitum ut fetialis hastam ferratam aut praeustam sanguineam ad fines eorum ferret et non minus tribus puberibus praesentibus diceret: (13) »Quod populi Priscorum Latinorum hominesque Prisci Latini aduersus populum Romanum Quiritium fecerunt deliquerunt, quod populus Romanus Quiritium bellum cum Priscis Latinis iussit esse senatusque populi Romani Quiritium censuit consensit consciuit ut bellum cum Priscis Latinis fieret, ob eam rem ego populusque Romanus populis Priscorum Latinorum hominibusque Priscis Latinis bellum indico facioque.« (14) Id ubi dixisset, hastam in fines eorum emittebat. Hoc tum modo ab Latinis repetitae res ac bellum indictum, moremque eum posteri acceperunt.

33 (1) Ancus demandata cura sacrorum flaminibus sacerdotibusque aliis, exercitu nouo conscripto profectus, Politorium, urbem Latinorum, ui cepit; secutusque morem regum priorum, qui rem Romanam auxerant hostibus in ciuitatem accipiendis, multitudinem omnem Romam traduxit. (2) Et cum circa Palatium, sedem ueterum Romanorum, Sabini Capitolium atque arcem, Caelium montem Albani implessent, Auentinum nouae multitudini datum. Additi eodem haud ita multo post, Tellenis Ficanaque captis, noui ciues.

nicht gegeben, nicht eingelöst, nicht getan haben, die sie hätten geben, tun und einlösen müssen[146] – sprich«, sagte er zu dem, dessen Meinung er zuerst forderte, »was hältst du davon?« (12) Darauf sagte jener: »In rechtschaffenem und gewissenhaftem Krieg[147] soll man die Dinge zurückholen, so meine ich, so bin ich im Einverständnis, und so entscheide ich.« – Dann wurden dem Range nach die anderen befragt; und wenn die Mehrzahl der Anwesenden dem Meinungsspruch beitrat, war der Krieg beschlossen.[148] Sodann pflegte der Bundespriester die eisenbeschlagene, an der Spitze feuergehärtete Lanze aus Blutkirschenholz[149] an die Grenzen jener zu tragen und im Beisein von mindestens drei Erwachsenen zu sagen: (13) »Weil die Völker[150] der Altlatiner und die altlatinischen Leute gegen das römische Volk der Quiriten gehandelt und gefrevelt haben und weil das römische Volk der Quiriten Krieg mit den Altlatinern verordnet hat und weil der Senat des römischen Volks der Quiriten der Meinung war, übereinstimmte und beschlossen hat, daß Krieg mit den Altlatinern sein solle: Aus diesem Grunde sage ich und das römische Volk den Völkern der Altlatiner Krieg an und mache ihn!« (14) Nachdem er das gesagt, warf er die Lanze in ihre Marken hinein. Auf diese Weise ist damals von den Latinern Genugtuung gefordert und ihnen Krieg angesagt worden, und die Nachfahren haben dieses Ritual übernommen.

33 (1) Ancus nun übertrug die Besorgung der heiligen Bräuche den Sonderpriestern und anderen, rückte mit einem neu ausgehobenen Heere aus und nahm Politorium, eine Stadt der Latiner; der Gewohnheit früherer Könige folgend, die den römischen Staat dadurch vergrößert hatten, daß sie die Feinde in die Bürgerschaft aufnahmen, siedelt er die gesamte Einwohnerschaft um nach Rom. (2) Weil nun aber rings um das Palatium, den alten Wohnsitz der Römer, die Sabiner das Kapitol und die Burg, den Caelischen Berg die Albaner besiedelt hatten, wurde der neuen Bevölkerung der Aventin überlassen. Nach der Einnahme von Tellenae und Ficana

(3) Politorium inde rursus bello repetitum quod uacuum occupauerant Prisci Latini, eaque causa diruendae urbis eius fuit Romanis ne hostium semper receptaculum esset. (4) Postremo omni bello Latino Medulliam compulso, aliquamdiu ibi Marte incerto, uaria uictoria pugnatum est; nam et urbs tuta munitionibus praesidioque firmata ualido erat, et castris in aperto positis aliquotiens exercitus Latinus comminus cum Romanis signa contulerat. (5) Ad ultimum omnibus copiis conisus Ancus acie primum uincit; inde ingenti praeda potens Romam redit, tum quoque multis milibus Latinorum in ciuitatem acceptis, quibus, ut iungeretur Palatio Auentinum, ad Murciae datae sedes. (6) Ianiculum quoque adiectum, non inopia loci sed ne quando ea arx hostium esset. Id non muro solum sed etiam ob commoditatem itineris ponte sublicio, tum primum in Tiberi facto, coniungi urbi placuit. (7) Quiritium quoque fossa, haud paruum munimentum a planioribus aditu locis, Anci regis opus est. (8) Ingenti incremento rebus auctis, cum in tanta multitudine hominum, discrimine recte an perperam facti confuso, facinora clandestina fierent, carcer ad terrorem increscentis audaciae media urbe imminens foro aedificatur. (9) Nec urbs tantum hoc rege creuit sed etiam ager finesque. Silua Maesia Veientibus adempta usque ad mare imperium prolatum et in

wenig später kamen weitere Neubürger an den gleichen Platz. (3) Politorium wurde später noch einmal vom Krieg heimgesucht, weil die Altlatiner die leere Stadt besetzt hatten; das gab den Römern Anlaß zur Zerstörung der Stadt, damit sie keinen Schlupfwinkel für die Feinde mehr böte. (4) Schließlich zog sich der ganze latinische Krieg nach Medullia hinüber, wo eine Zeitlang ohne Entscheidung und ohne Sieg gestritten wurde, denn die Stadt war nicht nur durch Befestigungen gesichert und mit starker Besatzung versehen, sondern es lagerte auch bisweilen im offenen Gelände davor ein latinisches Heer; es war auch schon mit Römern in Gefechtsberührung geraten. (5) Zu guter Letzt zieht Ancus alle seine Truppen zusammen und siegt ein erstes Mal in einer Schlacht, darauf kehrt er mit ungeheurer Beute nach Rom zurück. Damals wurden ebenfalls viele Tausende von Latinern ins Bürgerrecht aufgenommen, denen beim Altar der Murcia Wohnsitze angewiesen wurden, damit das Aventinum mit dem Palatium verbunden würde. (6) Auch das Ianiculum wurde einbezogen – nicht, als ob es an Platz gefehlt hätte, sondern damit nicht ein Feind dort eine Burg errichten könnte. Man beschloß sogar, es nicht durch eine Mauer mit der Stadt zu verbinden, sondern – zur Erleichterung des Verkehrs – durch eine Pfahlbrücke[151] – damals die erste über den Tiber. (7) Auch der Quiritengraben,[152] eine nicht unbedeutende Schutzwehr gegen den Zugang von der Ebene her, ist eine Schöpfung des Königs Ancus. (8) Als aber infolge des großen Wachstums und der Vermehrung des Staates bei einer solchen Menschenmasse sich die Unterscheidung von Recht und Unrecht verwischte und heimlich Verbrechen verübt wurden, erbaut man zur Abschreckung der zunehmenden Dreistigkeit dicht beim Marktplatz mitten in der Stadt ein Gefängnis.[153] (9) Aber nicht nur die Stadt wuchs unter diesem König, sondern auch Feldmark und Gebiet: Der Maesische Wald wurde den Veientern abgenommen, das Reich bis zum Meer ausgedehnt und an der Tibermündung die Stadt Ostia gegründet, beiderseits Salzwerke angelegt[154]

ore Tiberis Ostia urbs condita, salinae circa factae, egregieque rebus bello gestis aedis Iouis Feretri amplificata.

34 (1) Anco regnante Lucumo, uir impiger ac diuitiis potens, Romam commigrauit cupidine maxime ac spe magni honoris, cuius adipiscendi Tarquiniis – nam ibi quoque peregrina stirpe oriundus erat – facultas non fuerat. (2) Demarati Corinthii filius erat, qui ob seditiones domo profugus cum Tarquiniis forte consedisset, uxore ibi ducta duos filios genuit. Nomina his Lucumo atque Arruns fuerunt. Lucumo superfuit patri bonorum omnium heres: Arruns prior quam pater moritur uxore grauida relicta. (3) Nec diu manet superstes filio pater; qui cum, ignorans nurum uentrem ferre, immemor in testando nepotis decessisset, puero post aui mortem in nullam sortem bonorum nato ab inopia Egerio inditum nomen. (4) Lucumoni contra, omnium heredi bonorum, cum diuitiae iam animos facerent, auxit ducta in matrimonium Tanaquil, summo loco nata et quae haud facile iis in quibus nata erat humiliora sineret ea quo innupsisset. (5) Spernentibus Etruscis Lucumonem exsule aduena ortum, ferre indignitatem non potuit, oblitaque ingenitae erga patriam caritatis dummodo uirum honoratum uideret, consilium migrandi ab Tarquiniis cepit. (6) Roma est ad id potissima uisa: in nouo populo, ubi omnis repentina atque ex uirtute nobilitas sit, futurum locum forti ac strenuo uiro; regnasse Tatium Sabinum, arcessitum in regnum Numam a Curibus, et Ancum Sabina matre ortum

und nach außerordentlichen Kriegstaten der Tempel des Iuppiter Beuteträger [Feretrius] erweitert.

34 (1) Unter der Regierung des Ancus zog Lucumo, ein rühriger und wegen seiner Reichtümer vielvermögender Mann, in Rom zu, vor allem in dem Bestreben und in der Hoffnung, sich hohe Ehren zu erwerben, wozu er in Tarquinii – denn auch dort war er nur ein Abkömmling von Auswärtigen – keine Gelegenheit gehabt hatte. (2) Er war der Sohn eines Korinthers Demaratus, der wegen Zwistigkeiten aus der Heimat geflohen, sich zufällig in Tarquinii niedergelassen hatte, dort eine Frau heimführte und zwei Söhne zeugte. Sie hießen Lucumo und Arruns. Lucumo überlebte den Vater und wurde Erbe des ganzen Vermögens, Arruns stirbt noch vor dem Vater und hinterläßt eine schwangere Frau. (3) Der Vater aber überlebt den Sohn nicht lange; da dieser aber nicht wußte, daß die Schwiegertochter schwanger war, und er, ohne in seinem Vermächtnis des Enkels zu gedenken, gestorben war, wurde dem nach dem Tod des Großvaters geborenen Knaben, der keinen Anspruch an das Vermögen hatte, von seiner Armut her der Name Egerius gegeben.[155] (4) Dem Alleinerben Lucumo hingegen, dem sein Reichtum schon den Kamm schwellen ließ, vermehrte noch sein Selbstgefühl die Heimführung der Tanaquil, die von höchster Abkunft war und nicht duldete, daß die Verhältnisse, in die sie eingeheiratet hatte, niedriger seien als die, in denen sie geboren war. (5) Da die Etrusker den Lucumo als den Sohn eines eingewanderten Verbannten verachteten, konnte sie diese unwürdige Behandlung nicht ertragen, vergaß die angeborene Liebe zu ihrem Vaterland und faßte – wobei sie ihren Mann schon in Ehren sah – den Entschluß, von Tarquinii wegzuziehen. (6) Rom schien hierfür am geeignetsten: In einem jungen Volk, wo aller Adel schnell und nur durch eigene Tüchtigkeit erreicht würde, sei der Platz für einen tapferen und tüchtigen Mann;[156] Tatius der Sabiner sei dort König gewesen, Numa sei dorthin von Cures zur Königsherrschaft berufen wor-

nobilemque una imagine Numae esse. (7) Facile persuadet ut cupido honorum et cui Tarquinii materna tantum patria esset. (8) Sublatis itaque rebus amigrant Romam. Ad Ianiculum forte uentum erat; ibi ei carpento sedenti cum uxore aquila suspensis demissa leuiter alis pilleum aufert, superque carpentum cum magno clangore uolitans rursus uelut ministerio diuinitus missa capiti apte reponit; inde sublimis abiit. (9) Accepisse id augurium laeta dicitur Tanaquil, perita ut uolgo Etrusci caelestium prodigiorum mulier. Excelsa et alta sperare complexa uirum iubet: eam alitem ea regione caeli et eius dei nuntiam uenisse; circa summum culmen hominis auspicium fecisse; leuasse humano superpositum capiti decus ut diuinitus eidem redderet. (10) Has spes cogitationesque secum portantes urbem ingressi sunt, domicilioque ibi comparato L. Tarquinium Priscum edidere nomen. (11) Romanis conspicuum eum nouitas diuitiaeque faciebant; et ipse fortunam benigno adloquio, comitate inuitandi beneficiisque quos poterat sibi conciliando adiuuabat, donec in regiam quoque de eo fama perlata est. (12) Notitiamque eam breui apud regem liberaliter dextereque obeundo officia in familiaris amicitiae adduxerat iura, ut publicis pariter ac priuatis consiliis bello domique interesset et per omnia expertus postremo tutor etiam liberis regis testamento institueretur.

35 (1) Regnauit Ancus annos quattuor et uiginti, cuilibet

den, und Ancus sei von einer sabinischen Mutter geboren und adelig nur durch einen Ahnen, den Numa. (7) Leicht überredet sie ihn, ehrsüchtig wie er war, und da ihm Tarquinii nur von seiner Mutter her Heimat war. (8) Sie nehmen also ihre Habe und wandern nach Rom ab. Sie waren gerade beim Ianiculus angekommen, da entführt ihm – er saß neben seiner Frau auf dem Wagen – ein auf ausgebreiteten Schwingen leise niedergleitender Adler[157] die Filzkappe[158], kreist unter lautem Schreien über dem Wagen und setzt sie ihm, als sei er von den Göttern zu diesem Dienst gesandt, geschickt wieder auf; dann schwang er sich davon in die Lüfte. (9) Tanaquil, sagt man, nahm dieses Vorzeichen freudig wahr; sie war ja, wie die Etrusker allgemein, eine mit überirdischen Erscheinungen vertraute Frau.[159] Sie umarmt ihren Mann und heißt ihn Erhabenes und Hohes hoffen: Ein solcher Vogel, aus solcher Himmelsrichtung, eines solchen Gottes Bote sei gekommen; rings um das Haupt ihres Mannes habe er sein Zeichen gegeben; er habe die dem Menschenhaupt aufgesetzte Zierde aufgenommen, sie ihm aber wie auf Götterweisung wieder zurückgegeben! (10) Solche hoffnungsfrohen Gedanken hegend, fuhren sie in die Stadt ein, beschafften sich dort eine Wohnung und gaben als Namen L. Tarquinius Priscus an. (11) Bei den Römern weckte er Interesse dadurch, daß er neu und reich war; aber er half auch selbst seinem Glück nach, indem er durch freundliche Anrede, höfliche Einladung und Gefälligkeiten für sich einnahm, wen er nur konnte, bis Kunde von ihm auch in den Königspalast drang. (12) Diese Bekanntheit beim König hatte er binnen kurzem durch Freigebigkeit und durch Gewandtheit im Leisten von Gefälligkeiten zu den Rechten vertrauter Freundschaft gesteigert, so daß er an den öffentlichen wie auch an internen Beratungen in Krieg und Frieden teilnahm und, als in allen Dingen erprobt, zuletzt im Testament des Königs zum Vormund für dessen Kinder eingesetzt wurde.[160]

35 (1) Ancus regierte 24 Jahre, jedem der früheren Könige

superiorum regum belli pacisque et artibus et gloria par. Iam
filii prope puberem aetatem erant. Eo magis Tarquinius
instare ut quam primum comitia regi creando fierent. (2)
Quibus indictis sub tempus pueros uenatum ablegauit. Isque
primus et petisse ambitiose regnum et orationem dicitur
habuisse ad conciliandos plebis animos compositam: (3)
[cum] se non rem nouam petere, quippe qui non primus,
quod quisquam indignari mirariue posset, sed tertius Romae
peregrinus regnum adfectet; et Tatium non ex peregrino
solum sed etiam ex hoste regem factum, et Numam ignarum
urbis, non petentem, in regnum ultro accitum: (4) se ex quo
sui potens fuerit Romam cum coniuge ac fortunis omnibus
commigrasse; maiorem partem aetatis eius qua ciuilibus
officiis fungantur homines, Romae se quam in uetere patria
uixisse; (5) domi militiaeque sub haud paenitendo magistro,
ipso Anco rege, Romana se iura, Romanos ritus didicisse;
obsequio et obseruantia in regem cum omnibus, benignitate
erga alios cum rege ipso certasse. (6) Haec eum haud falsa
memorantem ingenti consensu populus Romanus regnare
iussit. Ergo uirum cetera egregium secuta, quam in petendo
habuerat, etiam regnantem ambitio est; nec minus regni sui
firmandi quam augendae rei publicae memor centum in
patres legit qui deinde minorum gentium sunt appellati,
factio haud dubia regis cuius beneficio in curiam uenerant.
(7) Bellum primum cum Latinis gessit et oppidum ibi Apio-

nach seinen Fähigkeiten und nach seinem Ruhm in Krieg und Frieden ebenbürtig. Seine Söhne standen schon kurz vor Erreichung des Mannesalters. Um so mehr drang Tarquinius darauf, daß möglichst bald die Volksversammlung abgehalten würde, um einen König zu wählen. (2) Als sie einberufen war, schickte er die Jünglinge zur fraglichen Zeit auf die Jagd.[161] Und man sagt, er habe sich als erster förmlich um die Königswürde beworben und eine Rede gehalten, die darauf angelegt war, die Herzen des niederen Volkes zu gewinnen: (3) Er erstrebe nichts Neues, da er nicht als erster – worüber sich jeder entrüsten oder wundern würde –, sondern als dritter Auswärtiger das Königtum in Rom anstrebe; Tatius gar sei nicht als Auswärtiger, sondern als Feind zum König gemacht worden; auch Numa sei, ohne bekannt zu sein, von der Stadt aus freien Stücken zum König gemacht worden, nicht weil er danach strebte: (4) er jedoch sei, sobald er sein eigener Herr gewesen, mit Frau und aller Habe in Rom zugezogen; er habe einen größeren Teil der Zeit, die Männer dem öffentlichen Dienst widmen sollten, in Rom verbracht als in seiner alten Heimat; (5) er habe im Frieden wie im Krieg unter einem nicht zu verachtenden Meister, nämlich unter König Ancus selbst, römisches Recht und römische Zeremonien gelernt; in Gehorsam und Respekt gegenüber dem König sei er mit allen, im Wohlwollen gegen andere sogar mit dem König im Wettstreit gestanden. (6) Solches brachte er vor, und das römische Volk bestellte ihn mit großer Einstimmigkeit zum König. Und so folgte dem im übrigen vortrefflichen Mann der Ehrgeiz, den er bei der Erlangung des Thrones bewiesen hatte, auch dorthin. Ebenso um seine Königsmacht zu festigen wie bestrebt, das Gemeinwesen zu fördern, wählt er 100[162] Männer zu Vätern, die in der Folge Väter von minderer Abkunft[163] genannt wurden; sie bildeten die zuverlässige Partei des Königs, durch dessen Wohlwollen sie ins Rathaus gekommen waren.
(7) Seinen ersten Krieg hat er mit den Latinern geführt und

las ui cepit; praedaque inde maiore quam quanta belli fama fuerat reuecta ludos opulentius instructiusque quam priores reges fecit. (8) Tum primum circo qui nunc maximus dicitur designatus locus est. Loca diuisa patribus equitibusque ubi spectacula sibi quisque facerent; fori appellati; (9) spectauere furcis duodenos ab terra spectacula alta sustinentibus pedes. Ludicrum fuit equi pugilesque ex Etruria maxime acciti. Sollemnes deinde annui mansere ludi, Romani magnique uarie appellati. (10) Ab eodem rege et circa forum priuatis aedificanda diuisa sunt loca; porticus tabernaeque factae.
36 (1) Muro quoque lapideo circumdare urbem parabat cum Sabinum bellum coeptis interuenit. Adeoque ea subita res fuit ut prius Anienem transirent hostes quam obuiam ire ac prohibere exercitus Romanus posset. (2) Itaque trepidatum Romae est; et primo dubia uictoria, magna utrimque caede pugnatum est. Reductis deinde in castra hostium copiis datoque spatio Romanis ad comparandum de integro bellum, Tarquinius equitem maxime suis deesse uiribus ratus ad Ramnes, Titienses, Luceres, quas centurias Romulus scripserat, addere alias constituit suoque insignes relinquere nomine. (3) Id quia inaugurato Romulus fecerat, negare Attus Nauius, inclitus ea tempestate augur, neque mutari neque nouum constitui nisi aues addixissent posse. (4) Ex eo ira regi mota; eludensque artem ut ferunt, »Age dum«

dort die Stadt Apiolae im Sturm genommen; mit der von dort abgeführten Kriegsbeute – sie war größer, als man meinte – richtete er üppigere und besser ausgestattete Spiele aus als frühere Könige. (8) Damals erst[164] ist der Platz für die Rennbahn abgesteckt worden, die jetzt die »große« heißt. Für Väter und Ritter wurden Plätze abgeteilt, wo sie sich Einzeltribünen errichten konnten – man nannte sie Abteile;[165] (9) die Sitze waren 12 Fuß hoch über dem Erdboden und ruhten auf gegabelten Stützen. Das Schauspiel wurde bestritten von Pferden und Faustkämpfern, zumeist aus Etrurien hergeholt.[166] In der Folge blieb die jährliche Feier dieser Spiele in Übung; sie wurden abwechselnd die »Römischen« und die »Großen« geheißen. (10) Vom selben König wurden auch rings um den Marktplatz Bauplätze zur Errichtung von Privatgebäuden zugeteilt; auch Hallen[167] und Buden wurden errichtet.

36 (1) Auch mit einer Steinmauer wollte er die Stadt umgeben, da kam dem Unternehmen ein Krieg mit den Sabinern in die Quere. Und das geschah so plötzlich, daß die Feinde über den Anio setzten, bevor das römische Aufgebot ihnen entgegenmarschieren oder sie aufhalten konnte. (2) Daher zitterte man in Rom schon vor Furcht; zuerst wurde denn auch mit wechselndem Ausgang und unter großen Verlusten auf beiden Seiten gekämpft. Als dann die Feindtruppen ins Lager zurückgeführt worden waren und den Römern eine Pause vergönnt war, um den Krieg von Grund auf vorzubereiten, beschloß Tarquinius – überzeugt, es fehle seinen Streitkräften vor allem an Reiterei –, den Hundertschaften der Ramner, Titienser und Lucerer, die Romulus ausgehoben hatte, weitere anzuschließen und mit seinem Namen ausgezeichnet zu hinterlassen. (3) Weil Romulus dies aber erst nach Befragung der Vögel getan hatte, stellte Attus der Vogler, ein zu jener Zeit berühmter Vogelschauer, fest, es dürfe nur etwas geändert oder neu bestimmt werden, wenn die Vögel zustimmten. (4) Das erregt den Zorn des Königs; und seine Kunst verspottend, wie man berichtet, sagt er zu

inquit, »diuine tu, inaugura fierine possit quod nunc ego mente concipio.« Cum ille augurio rem expertus profecto futuram dixisset, »Atqui hoc animo agitaui« inquit, »te nouacula cotem discissurum. Cape haec et perage quod aues tuae fieri posse portendunt.« Tum illum haud cunctanter discidisse cotem ferunt. (5) Statua Atti capite uelato, quo in loco res acta est in comitio in gradibus ipsis ad laeuam curiae fuit; cotem quoque eodem loco sitam fuisse memorant ut esset ad posteros miraculi eius monumentum. (6) Auguriis certe sacerdotioque augurum tantus honos accessit ut nihil belli domique postea nisi auspicato gereretur, concilia populi, exercitus uocati, summa rerum, ubi aues non admisissent, dirimerentur. (7) Neque tum Tarquinius de equitum centuriis quicquam mutauit; numero alterum tantum adiecit, ut mille et octingenti equites in tribus centuriis essent. (8) Posteriores modo sub iisdem nominibus qui additi erant appellati sunt; quas nunc quia geminatae sunt sex uocant centurias.

37 (1) Hac parte copiarum aucta iterum cum Sabinis confligitur. Sed praeterquam quod uiribus creuerat Romanus exercitus, ex occulto etiam additur dolus, missis qui magnam uim lignorum, in Anienis ripa iacentem, ardentem in flumen conicerent; uentoque iuuante accensa ligna et pleraque in ratibus impacta sublicisque cum haererent, pontem incendunt. (2) Ea quoque res in pugna terrorem attulit Sabinis, et fusis eadem fugam impedit; multique mortales cum hostem

ihm: »Nun denn, du Weissager, befrage deine Vögel, ob geschehen kann, was ich eben jetzt im Kopf habe!« Als jener die Vogelschau angestellt und gesagt hatte, es werde ganz gewiß geschehen, sagt er: »Nun, ich hatte dies im Sinn: Du wirst einen Wetzstein mit der Schere durchschneiden!« Darauf habe jener ohne Zögern einen Wetzstein durchschnitten, sagen sie. (5) Ein Standbild des Attus mit verhülltem Haupt befand sich an der Stelle, wo dies geschehen war, auf dem Sammelplatz, und zwar unmittelbar auf der Treppe links[168] vom Rathaus; auch der Wetzstein habe an der gleichen Stelle gelegen, sagt die Überlieferung, um für die Nachkommen ein Zeichen der Erinnerung an jenes Wunder zu sein. (6) Jedenfalls erwuchs der Vogelschau und dem priesterlichen Stand der Vogelschauer eine solche Verehrung, daß in der Folge nichts im Krieg und im Frieden geschehen konnte, wenn vorher keine Vogelschau angestellt wurde: Volksversammlungen, Heeresaufgebot, Entscheidungen über wichtigste Fragen – all das wurde vertagt, wenn die Vögel es nicht gestattet hatten. (7) Tarquinius änderte damals auch nichts an den Reiterhundertschaften; er fügte nur noch einmal die gleiche Zahl hinzu, so daß in den drei Hundertschaften 1800 Reiter standen.[169] (8) Indessen wurden die, welche angegliedert worden waren, die »Späteren« geheißen; jetzt nennt man sie, weil sie verdoppelt wurden, die »Sechs Centurien«.

37 (1) Als dieser Truppenteil vermehrt war, schlug man sich ein zweites Mal mit den Sabinern. Abgesehen davon, daß das römische Aufgebot an Stärke gewonnen hatte, wandte man auch noch heimlich eine List an: Man schickte Leute, die einen am Aniouler liegenden Holzhaufen anzündeten und in den Fluß stießen; der Wind stand günstig, das Holz, zumeist auf Flößen aufgeschichtet, brannte, und da es am Brückenpfahlwerk hängenblieb, setzte es die Brücke in Brand.[170] (2) Das jagte den Sabinern schon während des Gefechts Schrecken ein, und als sie geschlagen waren, hinderte es ihre Flucht: Viele Männer kamen, wiewohl dem Feind entronnen, im

effugissent in flumine ipso periere, quorum fluitantia arma ad urbem cognita in Tiberi prius paene quam nuntiari posset insignem uictoriam fecere. (3) Eo proelio praecipua equitum gloria fuit; utrimque ab cornibus positos, cum iam pelleretur media peditum suorum acies, ita incurrisse ab lateribus ferunt, ut non sisterent modo Sabinas legiones ferociter instantes cedentibus, sed subito in fugam auerterent. (4) Montes effuso cursu Sabini petebant, et pauci tenuere: maxima pars, ut ante dictum est, ab equitibus in flumen acti sunt. (5) Tarquinius, instandum perterritis ratus, praeda captiuisque Romam missis, spoliis hostium – id uotum Volcano erat – ingenti cumulo accensis, pergit porro in agrum Sabinum exercitum inducere; (6) et quamquam male gesta res erat nec gesturos melius sperare poterant, tamen, quia consulendi res non dabat spatium, ire obuiam Sabini tumultuario milite; iterumque ibi fusi, perditis iam prope rebus pacem petiere.

38 (1) Collatia et quidquid citra Collatiam agri erat Sabinis ademptum; Egerius – fratris hic filius erat regis – Collatiae in praesidio relictus. Deditosque Collatinos ita accipio eamque deditionis formulam esse: rex interrogauit: (2) »Estisne uos legati oratoresque missi a populo Collatino ut uos populumque Collatinum dederetis?« – »Sumus.« – »Estne populus Collatinus in sua potestate?« – »Est.« – »Deditisne uos populumque Collatinum, urbem, agros, aquam, terminos, delubra, utensilia, diuina humanaque omnia, in meam popu-

Fluß ums Leben, und die im Tiber treibenden, in der Stadt bekannten Rüstungen meldeten dort einen herrlichen Sieg, bevor Boten das tun konnten. (3) In diesem Gefecht erntete besonderen Ruhm die Reiterei: Auf den Flanken eingesetzt sei sie, berichtet man, als die aus dem Fußvolk gebildete Mitte der eigenen Kampflinie eingedrückt wurde, von den Flanken her so ungestüm vorgeprescht, daß sie nicht nur die sabinischen Kampfabteilungen, die den Weichenden heftig nachdrängten, zum Stehen brachte, sondern sie unvermutet zur Flucht zwang. (4) In ungeordnetem schnellem Rückzug strebten die Sabiner dem Gebirge zu, aber nur wenige erreichten es: Die Masse wurde, wie vorhin schon gesagt, von den Reitern in den Fluß getrieben. (5) Tarquinius glaubte nun die Eingeschüchterten verfolgen zu müssen, schickte Beute und Gefangene nach Rom, verbrannte die Rüstungen der Feinde in gewaltigen Haufen – so hatte er es dem Volcanus gelobt – und führt verfolgend die Truppe weiter in die sabinische Mark hinein; (6) und obwohl das Gefecht für die Sabiner schlecht stand und sie nicht hoffen konnten, sich besser zu behaupten, so gehen sie dennoch – die Lage duldete weitere Beratung nicht – mit hastig zusammengerafften Kräften zum Gegenstoß vor; dabei ein zweites Mal abgewehrt, baten sie um Frieden, da ihre Sache verzweifelt schien.

38 (1) Collatia und was die Sabiner diesseits von Collatia an Land besaßen, wurde ihnen abgenommen; Egerius – er war der Brudersohn des Königs – wurde mit einer Besatzung in Collatia zurückgelassen. Die Collatiner hätten sich ergeben, habe ich vernommen, und die Formel der Übergabe sei diese:[171] (2) Der König fragte: »Seid ihr als Gesandte und Sprecher[172] vom collatinischen Volk ausgeschickt, um euch und das collatinische Volk zu übergeben?« »Wir sind es.« »Hat das collatinische Volk politische Selbständigkeit?« »Ja.« »Übergebt ihr euch und das collatinische Volk, Stadt, Marken, Gewässer, Grenzen, Heiligtümer, Gerät, alle göttlichen und menschlichen Dinge, in meine und des römischen

lique Romani dicionem?« – »Dedimus.« – »At ego recipio.«
(3) Bello Sabino perfecto Tarquinius triumphans Romam redit. (4) Inde Priscis Latinis bellum fecit; ubi nusquam ad uniuersae rei dimicationem uentum est, ad singula oppida circumferendo arma omne nomen Latinum domuit. Corniculum, Ficulea uetus, Cameria, Crustumerium, Ameriola, Medullia, Nomentum, haec de Priscis Latinis aut qui ad Latinos defecerant, capta oppida. (5) Pax deinde est facta. Maiore inde animo pacis opera incohata quam quanta mole gesserat bella, ut non quietior populus domi esset quam militiae fuisset. (6) Nam et muro lapideo, cuius exordium operis Sabino bello turbatum erat, urbem qua nondum munierat cingere parat, et infima urbis loca circa forum aliasque interiectas collibus conualles, quia ex planis locis haud facile euehebant aquas, cloacis fastigio in Tiberim ductis siccat, (7) et aream ad aedem in Capitolio Iouis quam uouerat bello Sabino, iam praesagiente animo futuram olim amplitudinem loci, occupat fundamentis.

39 (1) Eo tempore in regia prodigium uisu euentuque mirabile fuit. Puero dormienti, cui Seruio Tullio fuit nomen, caput arsisse ferunt multorum in conspectu; (2) plurimo igitur clamore inde ad tantae rei miraculum orto excitos reges, et cum quidam familiarium aquam ad restinguendum ferret, ab regina retentum, sedatoque eam tumultu moueri uetuisse puerum donec sua sponte experrectus esset; mox

Volkes Botmäßigkeit?« »Wir übergeben.« »Und ich nehme das an.«
(3) Nach Abschluß des Sabinischen Feldzugs kehrt Tarquinius im Triumph nach Rom zurück. (4) Dann bekriegte er die Altlatiner, wobei es nirgendwo zu einer entscheidenden Schlacht kam; indem er aber die Städte einzeln mit seiner Waffenmacht einschloß, zwang er schließlich alles nieder, was Latinisch hieß.[173] Corniculum, Alt-Ficulea, Cameria, Crustumerium, Ameriola, Medullia, Nomentum – diese Städte nahm er den Latinern oder denen, die zu den Latinern abgefallen waren, ab. (5) Hierauf wurde Frieden geschlossen. Mit noch größerem Eifer als er mit Macht Kriege geführt hatte, warf er sich nun auf Unternehmungen des Friedens, damit das Volk im Frieden nicht mehr Ruhe hätte als im Krieg. (6) Er schickt sich nämlich an, die Stadt dort, wo sie noch nicht befestigt war, mit einer Steinmauer zu umgeben – dieses Unternehmen war schon bei Beginn durch den sabinischen Krieg aufgehalten worden – und legt die Niederungen der Stadt rings um den Marktplatz sowie die anderen Täler zwischen den Hügeln trocken, indem er Abzugskanäle[174] mit Gefälle zum Tiber hin bauen läßt, weil man aus dem ebenen Gelände die Abwässer nicht ganz leicht abführen konnte; (7) auch befestigt er den Platz auf dem Kapitol, den er im Sabinerkrieg zu einem Tempel für Iuppiter bestimmt hatte, durch Stützmauern, als hätte er eine Vorahnung von der dereinst kommenden Herrlichkeit des Ortes.

39 (1) Zu dieser Zeit ereignete sich in der Königsburg ein Vorzeichen, nach Anblick und Erfolg bestaunenswert: Einem schlafenden Buben, der Servius Tullius hieß, sei das Haupt – so berichten sie – im Beisein vieler Leute in Flammen gestanden;[175] (2) von dem lauten Geschrei über dieses große Wunder sei auch das Königspaar angelockt worden; und als einer vom Hausgesinde Wasser zum Löschen brachte, sei er von der Königin daran gehindert worden; als sich die Aufregung gelegt hatte, habe sie verboten,

cum somno et flammam abisse. (3) Tum abducto in secretum uiro Tanaquil »Viden tu puerum hunc« inquit, »quem tam humili cultu educamus? Scire licet hunc lumen quondam rebus nostris dubiis futurum praesidiumque regiae adflictae; proinde materiam ingentis publice priuatimque decoris omni indulgentia nostra nutriamus.« (4) Inde puerum liberum loco coeptum haberi erudirique artibus quibus ingenia ad magnae fortunae cultum excitantur. Euenit facile quod dis cordi esset: iuuenis euasit uere indolis regiae nec, cum quaereretur gener Tarquinio, quisquam Romanae iuuentutis ulla arte conferri potuit, filiamque ei suam rex despondit. (5) Hic quacumque de causa tantus illi honos habitus credere prohibet serua natum eum paruumque ipsum seruisse. Eorum magis sententiae sum qui Corniculo capto Ser. Tulli, qui princeps in illa urbe fuerat, grauidam uiro occiso uxorem, cum inter reliquas captiuas cognita esset, ob unicam nobilitatem ab regina Romana prohibitam ferunt seruitio partum Romae edidisse Prisci Tarquini in domo; (6) inde tanto beneficio et inter mulieres familiaritatem auctam et puerum, ut in domo a paruo eductum, in caritate atque honore fuisse; fortunam matris, quod capta patria in hostium manus uenerit, ut serua natus crederetur fecisse.

40 (1) Duodequadragesimo ferme anno ex quo regnare coe-

den Buben zu bewegen, bis er von selbst aufgewacht sei; bald sei mit dem Schlaf auch die Flamme verschwunden. (3) Darauf führte Tanaquil ihren Mann beiseite und sprach zu ihm: »Siehst du diesen Buben, den wir in solcher Niedrigkeit aufziehen? Du sollst wissen, daß er dereinst, wenn unsere Dinge einmal zweifelhaft stehen, uns ein Licht sein wird und ein Schutz für die heimgesuchte Königsburg; darum wollen wir den Verursacher so ungeheuren Leuchtens in der Öffentlichkeit und in der Familie mit aller uns möglichen Sorgfalt großziehen.« (4) Von da an sei der Knabe wie ein Kind gehalten und in allen Fertigkeiten unterwiesen worden, durch welche geniale Anlagen zur Führung eines großen Lebensstils angeregt werden. Dies geschah leicht, weil es den Göttern am Herzen lag: Es wurde aus ihm ein junger Mann von wahrhaft königlichem Charakter, und als Tarquinius nach einem Schwiegersohn suchte, konnte sich keiner aus der römischen Jungmannschaft in irgendeiner Fertigkeit mit ihm vergleichen, und so verlobte ihm der König seine Tochter. (5) Diese ihm aus welchem Grund auch immer zuteil gewordene Ehre verbietet die Annahme, er sei von einer Sklavin geboren und als Knabe selber Sklave gewesen.[176] Ich bin eher der Meinung jener, die sagen, nach der Einnahme von Corniculum sei die schwangere Frau des Servius Tullius, der in jener Stadt der Fürst gewesen war, nach der Tötung ihres Gatten, als sie unter den übrigen Frauen erkannt worden war, wegen ihres einzigartigen Adels durch die römische Königin vor dem Sklavenlos bewahrt worden und habe zu Rom im Haus des Priscus Tarquinius den Knaben geboren; (6) aus diesem Gunsterweis sei zwischen den Frauen so große Freundschaft entstanden und habe der Knabe, von Kindheit an im Hause aufgezogen, Liebe und Ehre genossen; nur das Schicksal der Mutter – weil sie nach der Einnahme ihrer Vaterstadt in feindliche Hände gefallen – habe bewirkt, daß man ihn für den Sohn einer Sklavin hielt.

40 (1) Es war 38 Jahre her, seit Tarquinius zu regieren

perat Tarquinius, non apud regem modo sed apud patres plebemque longe maximo honore Ser. Tullius erat. (2) Tum Anci filii duo etsi antea semper pro indignissimo habuerant se patrio regno tutoris fraude pulsos, regnare Romae aduenam non modo uicinae sed ne Italicae quidem stirpis, tum impensius iis indignitas crescere si ne ab Tarquinio quidem ad se rediret regnum, (3) sed praeceps inde porro ad seruitia caderet, ut in eadem ciuitate post centesimum fere annum quam Romulus deo prognatus deus ipse tenuerit regnum donec in terris fuerit, id seruus serua natus possideat. cum commune Romani nominis tum praecipue id domus suae dedecus fore, si Anci regis uirili stirpe salua non modo aduenis sed seruis etiam regnum Romae pateret. (4) Ferro igitur eam arcere contumeliam statuunt; sed et iniuriae dolor in Tarquinium ipsum magis quam in Seruium eos stimulabat, et quia grauior ultor caedis, si superesset, rex futurus erat quam priuatus; tum Seruio occiso, quemcumque alium generum delegisset, eundem regni heredem facturus uidebatur; ob haec ipsi regi insidiae parantur. (5) Ex pastoribus duo ferocissimi delecti ad facinus, quibus consueti erant uterque agrestibus ferramentis, in uestibulo regiae quam potuere tumultuosissime specie rixae in se omnes apparitores regios conuertunt; inde, cum ambo regem appellarent clamorque eorum penitus in regiam peruenisset, uocati ad regem pergunt. (6) Primo uterque uociferari et certatim alter alteri

begonnen hatte, und Servius Tullius stand nicht nur beim König, sondern auch bei den Vätern und beim Volk seit langem in hohem Ansehen. (2) Zwar hatten es die zwei Söhne des Ancus bislang schon für höchst ehrenrührig gehalten, daß sie durch den Betrug ihres Vormunds aus dem ererbten Herrschaftsanspruch verdrängt worden waren; daß in Rom ein Hergelaufener, ein nicht nur nicht aus der Nachbarschaft, sondern nicht einmal aus Italien Stammender herrsche;[177] doch steigerte sich ihre Entrüstung jetzt, da das Regiment nicht einmal von Tarquinius auf sie zurückkommen, (3) sondern jählings und unversehens Sklavenvolk zufallen sollte, so daß im gleichen Staat, hundert Jahre,[178] nachdem Romulus, ein Göttersohn und selbst ein Gott, die Herrschaft in Händen gehabt, solange er auf Erden weilte, sie nun ein Sklave, von einer Sklavin geboren, in Händen haben solle. Es sei sowohl für alles, was römischen Namens sei, wie auch besonders für das eigene Haus eine Schande, wenn noch zu Lebzeiten der Nachkommenschaft des Königs Ancus das Herrschen über Rom nicht nur Zugezogenen, sondern sogar Sklaven offenstünde. (4) Sie beschließen also, diesen Schimpf mit dem Schwerte abzuwenden; indessen reizte sie der Schmerz über das Unrecht mehr gegen Tarquinius selbst als gegen Servius auf, und auch weil der König, bliebe er am Leben, ein gewichtiger Rächer des Mordes als ein Privatmann sein würde; weiter, daß er auch nach einem Mord an Servius jeden, den er zum Schwiegersohn erwählt, vermutlich zum Erben der Herrschaft machen würde. Aus diesen Gründen rüsten sie zu einem Anschlag auf den König selbst: (5) Aus den Hirten wurden zwei besonders tollkühne für die Tat ausgewählt; beide ziehen nun, ihr ländliches Gerät bei sich, im Vorhof des Königshauses durch einen vorgetäuschten Streit und unter möglichst großem Lärmen alle königlichen Diener zu sich hin; als sie dann beide den König anriefen und ihr Geschrei bis ins Innere des Königshauses gedrungen war, wurden sie vor den König gerufen und gehen hinein. (6) Anfangs schrien sie

obstrepere; coerciti ab lictore et iussi in uicem dicere tandem obloqui desistunt; unus rem ex composito orditur. (7) Cum intentus in eum se rex totus auerteret, alter elatam securim in caput deiecit, relictoque in uolnere telo ambo se foras eiciunt.

41 (1) Tarquinium moribundum cum qui circa erant excepissent, illos fugientes lictores comprehendunt. Clamor inde concursusque populi, mirantium quid rei esset. Tanaquil inter tumultum claudi regiam iubet, arbitros eiecit. Simul quae curando uolneri opus sunt, tamquam spes subesset, sedulo comparat, simul si destituat spes, alia praesidia molitur. (2) Seruio propere accito cum paene exsanguem uirum ostendisset, dextram tenens orat ne inultam mortem soceri, ne socrum inimicis ludibrio esse sinat. (3) »Tuum est« inquit, »Serui, si uir es, regnum, non eorum qui alienis manibus pessimum facinus fecere. Erige te deosque duces sequere qui clarum hoc fore caput diuino quondam circumfuso igni portenderunt. Nunc te illa caelestis excitet flamma; nunc expergiscere uere. Et nos peregrini regnauimus; qui sis, non unde natus sis reputa. Si tua re subita consilia torpent, at tu mea consilia sequere.« (4) Cum clamor impetusque multitudinis uix sustineri posset, ex superiore parte aedium per fenestras in Nouam uiam uersas – habitabat enim rex ad Iouis Statoris – populum Tanaquil adloquitur. (5) Iubet bono animo esse; sopitum fuisse regem subito ictu; ferrum

beide gleichzeitig und redeten um die Wette aufeinander ein; vom Liktor zurechtgewiesen und belehrt, sie sollten nacheinander reden, hören sie schließlich mit dem Widerreden auf; einer fing – wie verabredet – an, die Sache vorzutragen. (7) Als sich der König diesem ganz aufmerksam zuwandte, hob der andere sein Beil und hieb es ihm in den Kopf; die Waffe bleibt in der Wunde stecken und beide stürzen ins Freie.

41 (1) Den sterbenden Tarquinius fangen die Umstehenden auf, die flüchtenden Täter greifen die Liktoren. Nun Geschrei und Volksauflauf; man fragt verwundert, was es gäbe. Tanaquil läßt noch während des Tumults das Königshaus schließen und schickt die Zeugen hinaus. Gleichzeitig richtet sie alles, was zur Versorgung der Wunde nötig ist, emsig her, als wenn noch Hoffnung sei; trifft daneben aber auch für den Fall, daß die Hoffnung tröge, ihre Sicherheitsmaßnahmen: (2) Servius wird schnell herbeigeholt, und als sie ihm ihren schon fast ausgebluteten Mann gewiesen, ergreift sie seine Rechte und bittet ihn, den Tod des Schwiegervaters nicht ungerächt, die Schwiegermutter nicht zum Gespött der Feinde werden zu lassen.[179] (3) »Dein ist«, sagt sie, »die Königsherrschaft, wenn du ein Mann bist,[180] nicht jener, die durch fremde Hand diese überaus schlechte Tat vollbracht. Ermanne dich, folge der Führung der Götter, die einst durch die Umstrahlung deines Haupts mit göttlichem Feuer deinen Ruhm schon angekündigt haben! Jetzt wecke dich jene himmlische Flamme! Jetzt erwache in Wahrheit! Auch wir haben als Fremde die Herrschaft in Händen gehabt; erwäge also, wer du bist, nicht woher du stammst! Wenn dir die Überraschung deine Überlegung lähmt, dann folge der meinen!« (4) Als das Geschrei und der Andrang der Menge kaum mehr auszuhalten waren, redet Tanaquil von einem Fenster der Palastobergeschosse, die auf die Neue Straße gingen – der König wohnte ja beim Tempel Iuppiters des Haltenden –, das Volk an.[181] (5) Man solle guten Mutes sein,[182] befiehlt sie; nur betäubt worden sei der König durch

haud alte in corpus descendisse; iam ad se redisse; inspectum uolnus absterso cruore; omnia salubria esse; confidere propediem ipsum eos uisuros; interim Ser. Tullio iubere populum dicto audientem esse; eum iura redditurum obiturumque alia regis munia esse. (6) Seruius cum trabea et lictoribus prodit ac sede regia sedens alia decernit, de aliis consulturum se regem esse simulat. Itaque per aliquot dies cum iam exspirasset Tarquinius celata morte per speciem alienae fungendae uicis suas opes firmauit; tum demum palam factum est comploratione in regia orta. Seruius praesidio firmo munitus, primus iniussu populi, uoluntate patrum regnauit. (7) Anci liberi iam tum comprensis sceleris ministris ut uiuere regem et tantas esse opes Serui nuntiatum est, Suessam Pometiam exsulatum ierant.

42 (1) Nec iam publicis magis consiliis Seruius quam priuatis munire opes, et ne, qualis Anci liberum animus aduersus Tarquinium fuerat, talis aduersus se Tarquini liberum esset, duas filias iuuenibus regiis, Lucio atque Arrunti Tarquiniis iungit; (2) nec rupit tamen fati necessitatem humanis consiliis quin inuidia regni etiam inter domesticos infida omnia atque infesta faceret.

Peropportune ad praesentis quietem status bellum cum Veientibus — iam enim indutiae exierant — aliisque Etruscis sumptum. (3) In eo bello et uirtus et fortuna enituit Tulli; fusoque ingenti hostium exercitu haud dubius rex, seu

den plötzlichen Schlag; das Eisen sei nicht tief in den Körper eingedrungen; schon sei er wieder zu sich gekommen; man habe das Blut abgewaschen und die Wunde besehen; alles sei gesund; sie sei überzeugt, daß sie ihn in den nächsten Tagen selbst sehen könnten; unterdessen befehle er dem Volk, dem Servius Tullius Gehorsam zu leisten;[183] der werde Recht sprechen und die anderen Geschäfte des Königs versehen. (6) Servius tritt im Königsgewand[184] und mit den Liktoren auf und entscheidet auf dem Königsstuhl sitzend einige Fälle; wegen anderer, gab er vor, wolle er den König befragen. Und so festigte er in den paar Tagen, während derer der Tod des Königs verhehlt wurde – Tarquinius war ja schon längst gestorben –, seine Macht unter dem Schein, an Stelle eines anderen zu handeln; hierauf endlich wurde das Ereignis bekannt gemacht und im Königshaus die Klage angestimmt. Servius, gestützt von einer starken Mannschaft, herrschte so als erster ohne Kundgebung des Volkes nur nach dem Willen der Väter. (7) Die Söhne des Ancus waren schon zu dem Zeitpunkt, da man den Handlanger ihres Verbrechens ergriff und gemeldet wurde, der König lebe und Servius habe solche Macht, nach Suessa Pometia ins Exil gegangen.

42 (1) Jetzt aber suchte Servius weniger durch öffentliche als durch familiäre Unternehmungen seine Macht zu festigen; und damit die Gesinnung der Tarquiniussöhne nicht so wäre wie die der Söhne des Ancus gegenüber Tarquinius, vermählte er seine zwei Töchter den beiden Königssöhnen, den Tarquiniern Lucius und Arruntius; (2) doch vermochte er durch menschliches Planen das unabwendbare Geschick nicht zu brechen,[185] daß der Neid um die Herrschaft sogar unter Hausgenossen alles unsicher und unzuverlässig machte.

Als sehr gelegen für die Erhaltung der gegenwärtigen Ruhe wurde der Krieg mit den Veientern – die Waffenruhe war abgelaufen – und mit anderen Etruskern aufgenommen. (3) In diesem Krieg strahlten des Tullius Tapferkeit und Glück;[186] er schlug eine große feindliche Armee und kehrte unangefochten als König – mochte er es nun auf die Gesin-

patrum seu plebis animos periclitaretur, Romam rediit. (4) Adgrediturque inde ad pacis longe maximum opus, ut quemadmodum Numa diuini auctor iuris fuisset, ita Seruium conditorem omnis in ciuitate discriminis ordinumque quibus inter gradus dignitatis fortunaeque aliquid interlucet posteri fama ferrent. (5) Censum enim instituit, rem saluberrimam tanto futuro imperio, ex quo belli pacisque munia non uiritim, ut ante, sed pro habitu pecuniarum fierent; tum classes centuriasque et hunc ordinem ex censu discripsit, uel paci decorum uel bello.

43 (1) Ex iis qui centum milium aeris aut maiorem censum haberent octoginta confecit centurias, quadragenas seniorum ac iuniorum; (2) prima classis omnes appellati; seniores ad urbis custodiam ut praesto essent, iuuenes ut foris bella gererent; arma his imperata galea, clipeum, ocreae, lorica, omnia ex aere; haec ut tegumenta corporis essent: tela in hostem hastaque et gladius. (3) Additae huic classi duae fabrum centuriae quae sine armis stipendia facerent; datum munus ut machinas in bello ferrent. (4) Secunda classis intra centum usque ad quinque et septuaginta milium censum instituta, et ex iis, senioribus iunioribusque, uiginti conscriptae centuriae; arma imperata scutum pro clipeo et praeter loricam omnia eadem. (5) Tertiae classis in quinquaginta milium censum esse uoluit; totidem centuriae et hae eodemque discrimine aetatium factae; nec de armis quicquam mutatum, ocreae tantum ademptae. (6) In quarta classe census quinque et uiginti milium, totidem centuriae factae,

nung der Väter oder des niederen Volkes ankommen lassen – nach Rom zurück. (4) Jetzt schreitet er zum weitaus größten Friedenswerk, damit die Nachkommen – wie Numa der Stifter des göttlichen Rechts gewesen – in gleicher Weise den Servius als den Gründer der Gliederung innerhalb der Bürgerschaft und der auf Stufung von Verdienst und Vermögen beruhenden Stände rühmen sollten. (5) Er führte nämlich die Schätzung ein, eine für das künftige Großreich sehr nützliche Einrichtung, kraft deren im Krieg und im Frieden die Auflagen nicht wie vorher nach der Kopfzahl, sondern nach dem Vermögensstand festgesetzt werden sollten; dann schrieb er auf Grund der Schätzung Klassen und Hundertschaften und folgende für den Krieg wie für den Frieden passende Ordnung vor:[187]
43 (1) Aus denen, die 100 000 As[188] oder ein noch größeres Vermögen besaßen, stellte er 80[189] Hundertschaften zusammen, je 40 der älteren und der jüngeren; (2) alle zusammen hießen die erste Klasse; die älteren sollten für den Schutz der Stadt zur Verfügung stehen, die jüngeren sollten im Felde Kriegsdienst leisten; sie hatten an Rüstung zu stellen Helm, Rundschild, Beinschienen, Panzer – alles aus Bronze und dies zum Schutz des Leibes; als Waffen gegen den Feind Lanze und Schwert.[190] (3) Dieser Klasse wurden zwei Hundertschaften Werkmänner[191] beigestellt, die ohne Waffe dienen sollten; sie hatten die Aufgabe, im Krieg das Gerät zu betreuen.[192] (4) Die zweite Klasse wurde festgesetzt auf ein Vermögen zwischen 100 000 und 75 000 As, und aus ihnen – aus den älteren und jüngeren zusammen – wurden 20 Hundertschaften gebildet; an Waffen hatten sie zu stellen einen Langschild statt des runden und sonst außer dem Panzer alles gleich. (5) Die dritte Klasse sollte ein Vermögen bis zu 50 000 As haben; auch sie wurde in ebenso viele Hundertschaften und nach dem Unterscheidungsprinzip des Alters eingeteilt; an der Bewaffnung wurde nichts geändert, nur die Beinschienen fielen fort. (6) In der vierten Klasse befanden sich die Vermögen von 25 000 As; es wurden ebenso viele

arma mutata: nihil praeter hastam et uerutum datum. (7) Quinta classis aucta; centuriae triginta factae; fundas lapidesque missiles hi secum gerebant; in his accensi cornicines tubicinesque in duas centurias distributi; undecim milibus haec classis censebatur. (8) Hoc minor census reliquam multitudinem habuit; inde una centuria facta est, immunis militia. Ita pedestri exercitu ornato distributoque, equitum ex primoribus ciuitatis duodecim scripsit centurias; (9) sex item alias centurias, tribus ab Romulo institutis, sub iisdem quibus inauguratae erant nominibus fecit. Ad equos emendos dena milia aeris ex publico data, et, quibus equos alerent, uiduae attributae quae bina milia aeris in annos singulos penderent. Haec omnia in dites a pauperibus inclinata onera. (10) Deinde est honos additus. Non enim, ut ab Romulo traditum ceteri seruauerant reges, uiritim suffragium eadem ui eodemque iure promisce omnibus datum est; sed gradus facti, ut neque exclusus quisquam suffragio uideretur et uis omnis penes primores ciuitatis esset; (11) equites enim uocabantur primi, octoginta inde primae classis centuriae; ibi si uariaret – quod raro incidebat – secundae classis; nec fere unquam infra ita descenderunt ut ad infimos peruenirent. (12) Nec mirari oportet hunc ordinem qui nunc est post expletas quinque et triginta tribus, duplicato earum numero centuriis iuniorum seniorumque, ad institutam ab

Hundertschaften gebildet, aber die Bewaffnung geändert:[193] sie führten lediglich Lanze und Wurfspieß[194]. (7) Die fünfte Klasse war größer; man formierte sie in 30 Hundertschaften; sie führten Schleudern und Wurfsteine; ihnen wurden die Hornisten und Trompeter angegliedert, auf zwei Hundertschaften[195] verteilt; diese Klasse wurde auf 11 000 As eingeschätzt. (8) Eine noch geringere Einschätzung hatte die übrige Menge; aus ihr wurde eine Hundertschaft gebildet, die vom Kriegsdienst befreit war. Nachdem Tullius das Fußvolk auf diese Weise gerüstet und eingeteilt hatte, hob er aus den Vornehmeren der Bürgerschaft 12 Hundertschaften Reiter aus; (9) des weiteren formierte er aus den von Romulus gebildeten drei Hundertschaften sechs andere, unter Beibehaltung ihrer durch Vogelschau gestifteten Namen. Zum Ankauf von Pferden wurde jedem 10 000 As[196] aus der Staatskasse gegeben; bezüglich des Unterhalts der Pferde wurden sie an die Witwen verwiesen, die einem jeden 2000 As jährlich zahlen sollten.[197] Alle diese Lasten wurden von den Armen auf die Reichen abgewälzt. (10) Dafür erhielten diese mehr politische Rechte, denn es wurde nicht mehr – wie es von Romulus her überliefert war und wie es die nachfolgenden Könige beibehalten hatten – jedem Mann ohne Unterschied ein Stimmrecht von gleichem Gewicht und gleichem Rang verliehen, sondern es wurden Abstufungen gemacht derart, daß zwar keiner vom Recht auf Abstimmung ausgeschlossen erschien, jedoch die Einflußnahme gänzlich den Vornehmen der Bürgerschaft blieb: (11) Die Ritter nämlich wurden zuerst aufgerufen,[198] dann die 80 Hundertschaften der ersten Klasse; ergab sich hier Stimmungleichheit – was selten der Fall war –, dann die der zweiten Klasse; und fast nie mußten sie so weit hinuntergehen, daß sie zu den untersten Schichten kamen. (12) Man darf sich jedoch nicht wundern, daß die Ordnung, wie sie heute besteht, nach der Vermehrung der Stammeinheiten auf 35 und der Verdoppelung ihrer Zahl durch Hundertschaften der Älteren und Jüngeren mit der von Servius Tullius einge-

Ser. Tullio summam non conuenire. (13) Quadrifariam enim urbe diuisa regionibus collibus qui habitabantur, partes eas tribus appellauit, ut ego arbitror, ab tributo; nam eius quoque aequaliter ex censu conferendi ab eodem inita ratio est; neque eae tribus ad centuriarum distributionem numerumque quicquam pertinuere.

44 (1) Censu perfecto quem maturauerat metu legis de incensis latae cum uinculorum minis mortisque, edixit ut omnes ciues Romani, equites peditesque, in suis quisque centuriis, in campo Martio prima luce adessent. (2) Ibi instructum exercitum omnem suouetaurilibus lustrauit, idque conditum lustrum appellatum, quia is censendo finis factus est. Milia octoginta eo lustro ciuium censa dicuntur; adicit scriptorum antiquissimus Fabius Pictor, eorum qui arma ferre possent eum numerum fuisse. (3) Ad eam multitudinem urbs quoque amplificanda uisa est. Addit duos colles, Quirinalem Viminalemque; Viminalem inde deinceps auget Esquiliis; ibique ipse, ut loco dignitas fieret, habitat; aggere et fossis et muro circumdat urbem; ita pomerium profert. (4) Pomerium uerbi uim solam intuentes postmoerium interpretantur esse; est autem magis circamoerium, locus quem in condendis urbibus quondam Etrusci qua murum ducturi erant certis circa terminis inaugurato consecrabant, ut neque interiore parte aedificia moenibus continuarentur, quae nunc uolgo etiam coniungunt, et extrinsecus puri aliquid ab humano cultu pateret soli. (5) Hoc spatium quod neque habitari neque arari fas erat, non magis

setzten Zahl nicht mehr zusammenstimmt.[199] (13) Er teilte die Stadt nämlich nach den Bezirken und Hügeln, die bewohnt waren, in vier Teile und nannte diese Teile *tribus* – wie ich meine, nach dem Wort *tributum* [Steuer]; denn auch eine gleichbleibende Besteuerung nach dem Vermögen geschah auf seine Veranlassung, und diese Steuerbezirke hatten mit der Gliederung in Hundertschaften und mit deren zahlenmäßiger Stärke nichts mehr zu tun.[200]

44 (1) Nachdem die Veranlagung durchgeführt war – er hatte sie beschleunigt durch ein Gesetz über die Nichtveranlagten, das mit Gefängnis und Tod drohte –, sagte er an, alle römischen Bürger, Reiter und Fußvolk, jeder in seiner Hundertschaft, sollten bei Tagesanbruch auf dem Marsfeld antreten.[201] (2) Dort stellte er das ganze Heer in Ordnung auf und entsühnte es durch ein Eber-Widder-Stieropfer[202]; es wurde Gründungsopfer geheißen, weil damit die Veranlagung beendet wurde.[203] 80 000 Bürger sollen bei diesem Opfer gezählt worden sein;[204] Fabius Pictor, der älteste der Geschichtsschreiber, fügt hinzu, dies sei die Anzahl der waffenfähigen Bürger gewesen. (3) Im Hinblick auf diese Volksmenge erschien auch eine Stadterweiterung nötig. Er fügt ihr also noch zwei Hügel bei, den Quirinal und den Viminal; den Viminal vergrößert er dann sofort durch die Esquilien; dort wohnt er selbst, damit die Gegend Ansehen bekäme; mit Wall, Gräben und Mauer umzieht er die Stadt;[205] so schiebt er die Stadtgrenze[206] weiter hinaus. (4) Die lediglich auf die Bedeutung des Wortes *pomerium* sehen, deuten es als »Streifen hinter der Mauer«; es ist aber eher ein Streifen beiderseits der Mauer, den einst die Etrusker bei Stadtgründungen dort, wo sie die Mauer aufführen wollten, ringsum unter Vogelbefragung absteckten und weihten, damit im inneren Teil keine Häuser mit den Mauern in Berührung kamen – wie das jetzt gemeinhin geschieht – und damit auch außerhalb ein von menschlicher Hand unberührter Raum bliebe. (5) Diesen Streifen, der weder bebaut noch bepflügt werden durfte, nannten die Römer –

quod post murum esset quam quod murus post id, pomerium Romani appellarunt; et in urbis incremento semper quantum moenia processura erant tantum termini hi consecrati proferebantur.

45 (1) Aucta ciuitate magnitudine urbis, formatis omnibus domi et ad belli et ad pacis usus, ne semper armis opes adquirerentur, consilio augere imperium conatus est, simul et aliquod addere urbi decus. (2) Iam tum erat inclitum Dianae Ephesiae fanum; id communiter a ciuitatibus Asiae factum fama ferebat. Eum consensum deosque consociatos laudare mire Seruius inter proceres Latinorum, cum quibus publice priuatimque hospitia amicitiasque de industria iunxerat. Saepe iterando eadem perpulit tandem, ut Romae fanum Dianae populi Latini cum populo Romano facerent. (3) Ea erat confessio caput rerum Romam esse, de quo totiens armis certatum fuerat. Id quamquam omissum iam ex omnium cura Latinorum ob rem totiens infeliciter temptatam armis uidebatur, uni se ex Sabinis fors dare uisa est priuato consilio imperii reciperandi. (4) Bos in Sabinis nata cuidam patri familiae dicitur miranda magnitudine ac specie; fixa per multas aetates cornua in uestibulo templi Dianae monumentum ei fuere miraculo. (5) Habita, ut erat, res prodigii loco est, et cecinere uates cuius ciuitatis eam ciuis Dianae immolasset, ibi fore imperium; (6) idque carmen peruenerat ad antistitem fani Dianae Sabinusque ut prima

ebenso weil er hinter der Mauer wie auch weil die Mauer hinter ihm lag – *pomerium*; und beim Wachsen der Stadt wurden diese geweihten Grenzen immer so weit vorgeschoben, als die Mauern vorrücken sollten.

45 (1) Als die Bürgerschaft mit der Größe der Stadt angewachsen und im Innern alles für Kriegs- und Friedenszwecke geordnet war, versuchte Servius – damit nicht immer durch Waffengewalt Macht zugewonnen würde –, durch einen klugen Plan sein Gebiet zu mehren und zugleich der Stadt einiges Ansehen zu geben. (2) Schon damals war das Heiligtum der Ephesischen[207] Diana berühmt; es sei von den Stadtgemeinden Asiens gemeinsam erbaut worden, ging das Gerücht. Diese Übereinstimmung und Gemeinsamkeit im Götterdienste lobte Servius außerordentlich gegenüber den Vornehmen der Latiner, mit denen er öffentlich und privat intensiven geselligen Verkehr und Freundschaften angeknüpft hatte. Indem er den gleichen Gedanken öfters wieder vorbrachte, setzte er es schließlich durch, daß die Latinischen Völker gemeinsam mit dem römischen Volk in Rom ein Heiligtum der Diana errichteten.[208] (3) Das galt als Bestätigung dafür, daß Rom das Haupt der Welt war,[209] worüber so oft mit Waffengewalt gestritten worden war. Schien dieser Anspruch indessen – wurde nicht allzuoft erfolglos versucht, ihn mit dem Schwerte durchzusetzen? – nicht mehr im Blickfeld der Latiner insgesamt zu liegen, so schien jetzt einem aus den Sabinern[210] die Gelegenheit gegeben, aus eigenem Entschluß die Herrschaft wiederzugewinnen. (4) Im Sabinischen nämlich wurde einem Hausvater ein Rind von wunderlicher Größe und Schönheit geboren, sagt man; sein Gehörn, viele Generationen lang im Vorhof des Dianatempels angebracht, gab Zeugnis von jenem Wundergeschöpf. (5) Die Sache wurde mit Recht als sehr bedeutsam angesehen,[211] und die Seher raunten, dem Staat, aus dem ein Bürger diese Kuh der Diana opfere, winke die Herrschaft. (6) Dieser Spruch nun war bis zum Vorsteher des Dianatempels gedrungen. Der Sabiner nun trieb am ersten Tag, der für ein Opfer geeignet

apta dies sacrificio uisa est, bouem Romam actam deducit ad
fanum Dianae et ante aram statuit. Ibi antistes Romanus,
cum eum magnitudo uictimae celebrata fama mouisset,
memor responsi Sabinum ita adloquitur: »Quidnam tu,
hospes, paras?« inquit, »inceste sacrificium Dianae facere?
Quin tu ante uiuo perfunderis flumine? infima ualle praefluit
Tiberis.« (7) Religione tactus hospes, qui omnia, ut prodigio
responderet euentus, cuperet rite facta, extemplo descendit
ad Tiberim; interea Romanus immolat Dianae bouem. Id
mire gratum regi atque ciuitati fuit.

46 (1) Seruius quamquam iam usu haud dubie regnum pos-
sederat, tamen quia interdum iactari uoces a iuuene Tarquinio audiebat se iniussu populi regnare, conciliata prius
uoluntate plebis agro capto ex hostibus uiritim diuiso, ausus
est ferre ad populum uellent iuberentne se regnare; tantoque
consensu quanto haud quisquam alius ante rex est declaratus. (2) Neque ea res Tarquinio spem adfectandi regni
minuit; immo eo impensius quia de agro plebis aduersa
patrum uoluntate senserat agi, criminandi Serui apud patres
crescendique in curia sibi occasionem datam ratus est, et ipse
iuuenis ardentis animi et domi uxore Tullia inquietum animum stimulante. (3) Tulit enim et Romana regia sceleris
tragici exemplum, ut taedio regum maturior ueniret libertas
ultimumque regnum esset quod scelere partum foret. (4) Hic
L. Tarquinius – Prisci Tarquini regis filius neposne fuerit

schien, besagtes Rind nach Rom, führte es zum Dianaheiligtum und brachte es vor den Altar. Dort spricht der römische Vorsteher, da ihn die vom Gerücht gerühmte Mächtigkeit des Opfertiers aufmerksam gemacht hatte, des Spruches eingedenk, den Sabiner so an: »Was denn, Gastfreund? Was hast du vor? Unrein der Diana ein Opfer darbringen? Warum reinigst du dich nicht vorher im rinnenden Wasser? Da unten im Tal fließt der Tiber!« (7) Der von religiöser Scheu berührte Fremde, der alles richtig zu machen wünschte, damit das Ergebnis der Prophezeiung entspräche, steigt sogleich zum Tiber hinab; währenddessen opfert der Römer der Diana das Rind. Das ist dem König und der Bürgerschaft hochwillkommen gewesen.

46 (1) Servius hatte nun zwar die Königsherrschaft unangefochten durch Gewohnheit inne; weil er jedoch manchmal aus Äußerungen des jungen Tarquinius hörte, er regiere ohne Gutheißen des Volkes, so wagte er es denn, dem Volk die Frage vorzulegen, ob sie wollten und guthießen,[212] daß er König sei; zuvor hatte er allerdings die Geneigtheit des Volkes dadurch gewonnen, daß er das dem Feind abgenommene Ackerland Mann für Mann an sie verteilte. So wurde er denn mit einer Einstimmigkeit wie kein anderer vor ihm zum König erklärt. (2) Indessen minderte auch diese Tatsache dem Tarquinius die Hoffnung nicht, die Herrschaft zu gewinnen; er glaubte vielmehr, es sei ihm jetzt eine nur zu gute Gelegenheit geboten, den Servius bei den Vätern zu verdächtigen und selber im Rathaus Einfluß zu gewinnen, weil er der gegen den Willen der Väter erfolgten Landverteilung auf die Spur gekommen war ; er selbst war ein junger Mann mit brennendem Ehrgeiz, dessen unsteten Geist zu Haus seine Gattin Tullia noch anstachelte. (3) Denn auch das römische Königshaus bot ein Beispiel tragischen Verbrechens, damit aus Abscheu vor Königen die Freiheit früher anbräche und gerade die letzte Königsherrschaft aus Verbrechen geboren würde. (4) Dieser L. Tarquinius – ob er ein Sohn oder ein Enkel des alten Königs Tarquinius gewesen,

parum liquet; pluribus tamen auctoribus filium ediderim – fratrem habuerat Arruntem Tarquinium mitis ingenii iuuenem. (5) His duobus, ut ante dictum est, duae Tulliae regis filiae nupserant, et ipsae longe dispares moribus. Forte ita inciderat ne duo uiolenta ingenia matrimonio iungerentur fortuna, credo, populi Romani, quo diuturnius Serui regnum esset constituique ciuitatis mores possent. (6) Angebatur ferox Tullia nihil materiae in uiro neque ad cupiditatem neque ad audaciam esse; tota in alterum auersa Tarquinium eum mirari, eum uirum dicere ac regio sanguine ortum: spernere sororem, quod uirum nacta muliebri cessaret audacia. (7) Contrahit celeriter similitudo eos, ut fere fit: malum malo aptissimum; sed initium turbandi omnia a femina ortum est. Ea secretis uiri alieni adsuefacta sermonibus nullis uerborum contumeliis parcere de uiro ad fratrem, de sorore ad uirum; et se rectius uiduam et illum caelibem futurum fuisse contenderet, quam cum impari iungi ut elanguescendum aliena ignauia esset; (8) si sibi eum quo digna esset di dedissent uirum, domi se propediem uisuram regnum fuisse quod apud patrem uideat. (9) Celeriter adulescentem suae temeritatis implet; Arruns Tarquinius et Tullia minor prope continuatis funeribus cum domos uacuas nouo matrimonio fecissent, iunguntur nuptiis, magis non prohibente Seruio quam adprobante.

47 (1) Tum uero in dies infestior Tulli senectus, infestius coepit regnum esse; iam enim ab scelere ad aliud spectare

ist nicht ganz klar,²¹³ doch möchte ich ihn der Mehrzahl der Geschichtsschreiber folgend für seinen Sohn ausgeben – hatte einen Bruder Arruns Tarquinius, einen jungen Mann von sanftem Gemüt. (5) Diesen beiden waren die zwei Tullien, die Königstöchter, vermählt worden; und auch sie waren sich im Charakter völlig unähnlich. Durch Zufall war es dahin gekommen, daß nicht zwei gewalttätige Gemüter ehelich verbunden wurden, zum Segen für das römische Volk, glaube ich, damit die Herrschaft des Servius länger dauere und sich die Gewohnheiten des Staates festigen könnten. (6) Die ungestüme Tullia grämte sich, daß in ihrem Mann keine Anlage zu Ehrgeiz und Kühnheit war; sie wandte sich dem anderen Tarquinius zu, bewunderte ihn, nannte ihn einen Mann und aus königlichem Blut gezeugt; sie verachtete ihre Schwester, weil diese – obwohl im Besitz eines Mannes – es an weiblicher Keckheit fehlen lasse. (7) Rasch brachte ähnliche Veranlagung beide zusammen, wie das so zu gehen pflegt: Böses paßt zu Bösem ja am besten.²¹⁴ Indessen kam der Anstoß zur Wirrnis von der Frau: An heimliche Treffen mit dem Mann der anderen gewöhnt, sparte sie nicht mit Schmähungen über ihren Mann dessen Bruder gegenüber; sie versicherte, besser wäre sie gattenlos und jener unvermählt geblieben, als daß sie beide – mit ungleichen Partnern verbunden – durch die Lässigkeit anderer ebenfalls in Erschlaffung versänken; (8) wenn ihr die Götter den Mann gegeben hätten, dessen sie würdig sei, so würde sie demnächst die Königskrone, die sie beim Vater sähe, im eigenen Hause sehen. (9) Schnell steckte sie den jungen Mann mit ihrer Verwegenheit an; als Arruns Tarquinius und Tullia die Ältere durch ihren fast gleichzeitig erfolgten Tod die Häuser für neue Heirat freigemacht hatten, verbinden sie diese – mehr weil Servius es nicht hindern mochte, als weil er es billigte.²¹⁵

47 (1) Von nun an wurde jedenfalls des Tullius Alter von Tag zu Tag gefährdeter, gefährdeter seine Herrschaft, denn bereits schaute das Weib vom einen Frevel zum nächsten

mulier scelus. Nec nocte nec interdiu uirum conquiescere pati, ne gratuita praeterita parricidia essent: (2) non sibi defuisse cui nupta diceretur, nec cum quo tacita seruiret; defuisse qui se regno dignum putaret, qui meminisset se esse Prisci Tarquini filium, qui habere quam sperare regnum mallet. (3) »Si tu is es cui nuptam esse me arbitror, et uirum et regem appello; sin minus, eo nunc peius mutata res est quod istic cum ignauia est scelus. Quin accingeris? (4) Non tibi ab Corintho nec ab Tarquiniis, ut patri tuo, peregrina regna moliri necesse est: di te penates patriique et patris imago et domus regia et in domo regale solium et nomen Tarquinium creat uocatque regem. (5) Aut si ad haec parum est animi, quid frustraris ciuitatem? quid te ut regium iuuenem conspici sinis? Facesse hinc Tarquinios aut Corinthum; deuoluere retro ad stirpem, fratri similior quam patri.« (6) His aliisque increpando iuuenem instigat, nec conquiescere ipsa potest si, cum Tanaquil, peregrina mulier, tantum moliri potuisset animo ut duo continua regna uiro ac deinceps genero dedisset, ipsa regio semine orta nullum momentum in dando adimendoque regno faceret. (7) His muliebribus instinctus furiis Tarquinius circumire et prensare minorum maxime gentium patres; admonere paterni beneficii ac pro eo gratiam repetere; allicere donis iuuenes; cum de se ingentia pollicendo tum regis criminibus omnibus locis

aus.²¹⁶ Weder des Nachts noch tagsüber ließ sie ihren Mann in Ruhe, damit die geschehenen Geschwistermorde nicht vergeblich wären: (2) Es habe ihr nicht an einem Mann gefehlt, dessen Frau sie hieße, um in Schweigen und Knechtschaft bei ihm auszuharren; gefehlt habe ihr einer, der sich für würdig der Herrschaft hielte; der sich daran erinnerte, daß er des Tarquinius Priscus Sohn sei; der lieber die Herrschaft in Händen halten wollte, als sie zu erhoffen. (3) »Wenn du der bist, dessen Frau ich zu sein glaube, so nenne ich dich Mann und nenne dich König; wo nicht, ist die Sache nun dadurch schlimmer geworden, daß sich hier Verbrechen mit Tatenlosigkeit verbindet. Warum reißt du dich nicht zusammen? (4) Du hast es nicht nötig, wie dein Vater von Korinth oder von den Tarquiniern her einen fremden Thron zu erstreben: Dich bestimmen und berufen die Götter deines Hauses, deines Vaters Ahnenbild, der Königspalast und im Palast der königliche Thron, und dein Name Tarquinius zum König. (5) Wenn es dir dazu an Mut fehlt, warum täuschst du dann die Bürgerschaft? Weshalb läßt du dich als Königssohn ansehen? Heb dich weg von hier – zu den Tarquiniern oder nach Korinth; sinke in deinen Ursprung zurück, deinem Bruder ähnlicher als deinem Vater!« (6) Mit diesen und anderen Worten herrscht sie den jungen Mann an und reizt ihn auf und konnte sich selbst darüber nicht beruhigen, daß sie selber – obwohl königlichem Geblüt entsprossen – keinen Einfluß auf Geben und Ergreifen der Krone nehmen konnte, während Tanaquil, eine fremde Frau, durch ihren Mut so Großes habe bewirken können, daß sie unmittelbar hintereinander zwei Kronen vergeben konnte: erst an ihren Mann, dann an den Schwiegersohn. (7) Von diesen Rasereien eines Weibes angeregt, machte Tarquinius die Runde und sprach vor allem die Väter aus den jüngeren Geschlechtern an; er erinnerte sie an seines Vaters Wohltat und verlangte Dankbarkeit dafür; die jungen Männer lockte er durch Geschenke an; indem er einerseits Ungeheuerliches von sich aus versprach, andererseits wegen der

crescere. (8) Postremo ut iam agendae rei tempus uisum est, stipatus agmine armatorum in forum inrupit. Inde omnibus perculsis pauore, in regia sede pro curia sedens patres in curiam per praeconem ad regem Tarquinium citari iussit. (9) Conuenere extemplo, alii iam ante ad hoc praeparati, alii metu ne non uenisse fraudi esset, nouitate ac miraculo attoniti et iam de Seruio actum rati. (10) Ibi Tarquinius maledicta ab stirpe ultima orsus: seruum seruaque natum post mortem indignam parentis sui, non interregno, ut antea, inito, non comitiis habitis, non per suffragium populi, non auctoribus patribus, muliebri dono regnum occupasse. (11) ita natum, ita creatum regem, fautorem infimi generis hominum ex quo ipse sit, odio alienae honestatis ereptum primoribus agrum sordidissimo cuique diuisisse; (12) omnia onera quae communia quondam fuerint inclinasse in primores ciuitatis; instituisse censum ut insignis ad inuidiam locupletiorum fortuna esset et parata unde, ubi uellet, egentissimis largiretur.

48 (1) Huic orationi Seruius cum interuenisset trepido nuntio excitatus, extemplo a uestibulo curiae magna uoce »Quid hoc« inquit, »Tarquini, rei est? qua tu audacia me uiuo uocare ausus es patres aut in sede considere mea?« (2) Cum ille ferociter ad haec – se patris sui tenere sedem; multo quam seruum potiorem filium regis regni heredem; satis illum diu per licentiam eludentem insultasse dominis –,

Verbrechen des Königs, wuchs allenthalben sein Einfluß. (8) Als schließlich der Zeitpunkt zur Tat gekommen schien, fiel er, von einer Rotte Bewaffneter umgeben, in den Marktplatz ein. Dann – alles war von Furcht gelähmt – ließ er, auf dem Königsstuhl vor dem Rathaus sitzend, die Väter zum Rathaus und vor König Tarquinius rufen. (9) Sie kamen sogleich zusammen – die einen, weil sie vorher schon darauf vorbereitet waren, die andern aus Furcht, ein Nichterscheinen würde ihnen übel ausgelegt werden –, verblüfft durch die Neuheit und durch das Auffallende, und weil sie glaubten, es sei um Servius bereits geschehen. (10) Da begann Tarquinius die so überaus niedrige Abkunft des Servius zu schmähen: Ein Sklave und Sohn einer Sklavin, habe er nach dem unwürdigen Tod seines Vaters, ohne daß wie früher ein Zwischenkönigtum eingetreten, ohne Abhaltung von Wahlversammlungen, ohne Abstimmung durch das Volk, ohne Bestätigung durch die Väter, nur aus der Schenkung einer Frau die Königsherrschaft an sich gerissen. (11) So geboren, so zum König gemacht, ein Gönner der untersten Hefe des Volkes, aus der er selber stamme, habe er aus Haß gegen das Ansehen anderer den Vornehmen ihr Land entrissen und es an den Abschaum verteilt;[217] (12) all die Lasten, die ehemals gemeinsam waren, habe er auf die Vornehmen in der Bürgerschaft abgewälzt; er habe die Vermögensschätzung eingeführt, damit das Vermögen der Reicheren dem Neide kenntlich sei und er das kenntlich gemachte nach Belieben an die besonders Bedürftigen verteilen könne.

48 (1) Als sich Servius, von einem eilenden Boten aufgeschreckt, während dieser Rede eingefunden hatte, rief er schon vom Vorraum des Rathauses her mit lauter Stimme: »Was ist das, Tarquinius? Wie konntest du es wagen, noch zu meinen Lebzeiten die Väter zu berufen und auf meinem Stuhl Platz zu nehmen?« (2) Als jener darauf trotzig entgegnete, er habe nur seines Vaters Sitz eingenommen; mit mehr Recht als ein Sklave sei der Sohn des Königs Erbe der Herrschaft; lang genug habe jener sich frech aufgespielt und

clamor ab utriusque fautoribus oritur et concursus populi fiebat in curiam, apparebatque regnaturum qui uicisset. (3) Tum Tarquinius necessitate iam et ipsa cogente ultima audere, multo et aetate et uiribus ualidior, medium arripit Seruium elatumque e curia in inferiorem partem per gradus deiecit; inde ad cogendum senatum in curiam rediit. (4) Fit fuga regis apparitorum atque comitum; ipse prope exsanguis cum sine regio comitatu domum se reciperet ab iis qui missi ab Tarquinio fugientem consecuti erant interficitur. (5) Creditur, quia non abhorret a cetero scelere, admonitu Tulliae id factum. Carpento certe, id quod satis constat, in forum inuecta nec reuerita coetum uirorum euocauit uirum e curia regemque prima appellauit. (6) A quo facessere iussa ex tanto tumultu cum se domum reciperet peruenissetque ad summum Cyprium uicum, ubi Dianium nuper fuit, flectenti carpentum dextra in Vrbium cliuum ut in collem Esquiliarum eueheretur, restitit pauidus atque inhibuit frenos is qui iumenta agebat iacentemque dominae Seruium trucidatum ostendit. (7) Foedum inhumanumque inde traditur scelus monumentoque locus est – Sceleratum uicum uocant – quo amens, agitantibus furiis sororis ac uiri, Tullia per patris corpus carpentum egisse fertur, partemque sanguinis ac caedis paternae cruento uehiculo, contaminata ipsa respersa-

seine Herren verhöhnt – da erhebt sich Geschrei aus den Reihen der Anhänger beider, das Volk läuft beim Rathaus zusammen,[218] und es hatte den Anschein, es würde der König sein, der siege. (3) Da wagte Tarquinius – die Notwendigkeit zwang ihn dazu – das Äußerste, packte als der dem Alter und den Kräften nach weitaus Stärkere den Servius um die Mitte, trug ihn aus dem Rathaus und warf ihn die Stufen hinunter; dann kehrte er ins Rathaus zurück, um den Senat im Zaum zu halten. (4) Flucht der Begleiter des Königs und seines Gefolges; er selbst wird, als er sich bereits halbtot ohne seine königliche Begleitung nach Haus begab, von Leuten, die Tarquinius geschickt und die ihn auf seiner Flucht eingeholt hatten, niedergemacht. (5) Man nimmt an – weil es ja zur übrigen Freveltat sehr wohl paßt –, es sei auf Anraten der Tullia geschehen. Jedenfalls fuhr sie, was zur Genüge gesichert ist, mit ihrem Wagen auf den Platz, ohne Scheu vor der Männerversammlung, rief ihren Mann aus dem Rathaus heraus und begrüßte ihn als erste als König. (6) Während sie sich, von ihm aufgefordert, sich aus einem solchen Getümmel zu entfernen, nach Hause zurückbegab und bis ans Ende der Cyprischen Gasse gelangt war – an die Stelle, wo bis vor kurzem noch ein Dianaheiligtum gewesen – und den Wagen nach rechts in die Urbische Steige einbiegen ließ, um den Esquilinischen Hügel hinaufzufahren –, da verhielt der Mann, der die Zugtiere trieb, angstvoll, zog die Zügel an und wies seiner Herrin den dort liegenden niedergestreckten Servius. (7) Und nun wird eine gräßliche und unmenschliche Freveltat berichtet – die Örtlichkeit ist Zeugnis dafür, denn sie nennen sie die Frevelgasse: Dort habe Tullia, wird gesagt, von den Rachegöttinnen ihrer Schwester und ihres Mannes getrieben, gänzlich von Sinnen den Wagen über ihres Vaters Leichnam gelenkt und so ihren Anteil am blutigen Mord ihres Vaters, mit dem blutbesudelten Wagen und selbst befleckt und besprizt, zu ihren und ihres Mannes Hausgöttern heimgebracht; durch deren Zorn sollte dem

que, tulisse ad penates suos uirique sui, quibus iratis malo regni principio similes propediem exitus sequerentur.
(8) Ser. Tullius regnauit annos quattuor et quadraginta ita ut bono etiam moderatoque succedenti regi difficilis aemulatio esset; ceterum id quoque ad gloriam accessit quod cum illo simul iusta ac legitima regna occiderunt. (9) Id ipsum tam mite ac tam moderatum imperium tamen quia unius esset deponere eum in animo habuisse quidam auctores sunt, ni scelus intestinum liberandae patriae consilia agitanti interuenisset.

49 (1) Inde L. Tarquinius regnare occepit, cui Superbo cognomen facta indiderunt, quia socerum gener sepultura prohibuit, Romulum quoque insepultum perisse dictitans, (2) primoresque patrum, quos Serui rebus fauisse credebat, interfecit; conscius deinde male quaerendi regni ab se ipso aduersus se exemplum capi posse, armatis corpus circumsaepsit; (3) neque enim ad ius regni quicquam praeter uim habebat ut qui neque populi iussu neque auctoribus patribus regnaret. (4) Eo accedebat ut in caritate ciuium nihil spei reponenti metu regnum tutandum esset. Quem ut pluribus incuteret cognitiones capitalium rerum sine consiliis per se solus exercebat, (5) perque eam causam occidere, in exsilium agere, bonis multare poterat non suspectos modo aut inuisos sed unde nihil aliud quam praedam sperare posset. (6) Praecipue ita patrum numero imminuto statuit nullos in patres legere, quo contemptior paucitate ipsa ordo esset

üblen Beginn der Herrschaft sehr bald ein ähnliches Ende folgen.
(8) Servius Tullius hat 44 Jahre so regiert, daß es selbst für einen guten und gemäßigten Nachfolger hätte schwer sein müssen, ihm nachzueifern; im übrigen erhöhte seinen Ruhm noch der Umstand, daß mit ihm zugleich auch das recht- und gesetzmäßige Königtum dahinging. (9) Und selbst diese so mild und maßvoll ausgeübte Herrschaft soll er gewissen Schriftstellern zufolge niederzulegen im Sinn gehabt haben, weil sie die eines einzelnen sei – wenn ihm nicht das Verbrechen im eigenen Haus bei seinem Vorhaben, das Vaterland frei zu machen, in den Weg getreten wäre.[219]

49 (1) So übernahm denn L. Tarquinius die Regierung; seine Untaten verschafften ihm den Beinamen »der Hochfahrende«[220], weil er, der Tochtermann, seinem Schwiegervater das Begräbnis verweigerte mit den wiederholten Worten, auch Romulus sei unbegraben zugrunde gegangen;[221] (2) weil er die Vornehmsten der Väter, die er für Anhänger des Servius hielt, umbrachte; und weil er sich endlich – wohl wissend, man könnte sich an der üblen Weise, in der er sich der Herrschaft bemächtigt hatte, zu seinem Schaden ein Beispiel nehmen – zum Schutz seiner Person mit Bewaffneten umgab;[222] (3) er hatte nämlich keinen Rechtsanspruch auf den Thron außer Gewalt, weil er weder auf Geheiß des Volkes noch mit Bestätigung der Väter herrschte. (4) Hinzu kam, daß er seine Herrschaft durch Furcht sichern mußte, da er auf die Wertschätzung der Bürger keine Hoffnung setzen konnte.[223] Um diese Angst der Mehrzahl einzujagen, führte er die Untersuchungen von Kapitalverbrechen ganz allein selber und ohne Beiräte durch. (5) Aus diesem Grund konnte er morden, in die Verbannung treiben, am Vermögen strafen nicht nur Verdächtige und Verhaßte, sondern auch solche, von denen er nichts weiter als Beute erhoffen konnte. (6) Nachdem er so vor allem die Zahl der Väter verringert hatte, beschloß er, keine neuen Väter mehr zuzuwählen, damit ihr Stand an sich schon um so verächtlicher

minusque per se nihil agi indignarentur. (7) Hic enim regum primus traditum a prioribus morem de omnibus senatum consulendi soluit; domesticis consiliis rem publicam administrauit; bellum, pacem, foedera, societates per se ipse, cum quibus uoluit, iniussu populi ac senatus, fecit diremitque. (8) Latinorum sibi maxime gentem conciliabat ut peregrinis quoque opibus tutior inter ciues esset, neque hospitia modo cum primoribus eorum sed adfinitates quoque iungebat. (9) Octauio Mamilio Tusculano – is longe princeps Latini nominis erat, si famae credimus, ab Vlixe deaque Circa oriundus –, ei Mamilio filiam nuptum dat, perque eas nuptias multos sibi cognatos amicosque eius conciliat.
50 (1) Iam magna Tarquini auctoritas inter Latinorum proceres erat, cum in diem certam ut ad lucum Ferentinae conueniant indicit: esse, quae agere de rebus communibus uelit. (2) Conueniunt frequentes prima luce: ipse Tarquinius diem quidem seruauit, sed paulo ante quam sol occideret uenit. Multa ibi toto die in concilio uariis iactata sermonibus erant. (3) Turnus Herdonius ab Aricia ferociter in absentem Tarquinium erat inuectus: haud mirum esse Superbo inditum Romae cognomen. – Iam enim ita clam quidem mussitantes, uolgo tamen eum appellabant. – an quicquam superbius esse quam ludificari sic omne nomen Latinum? (4) longe ab domo excitis, ipsum, qui concilium indixerit, non adesse. temptari profecto patientiam ut, si iugum acceperint,

werde und sich weniger darüber entrüsten könne, daß er keinen Einfluß auf das Geschehen habe. (7) Als erster der Könige hob er die von den Vorfahren überkommene Gewohnheit auf, über alles den Senat zu befragen; er lenkte das Gemeinwesen nach den Ratschlägen seiner Umgebung; Krieg, Frieden, Verträge, Bündnisse schloß er aus eigener Machtvollkommenheit, mit wem er wollte, und löste sie wieder, ohne Auftrag des Volkes oder des Senats.²²⁴ (8) Besonders mit dem Stamm der Latiner freundete er sich an, um auch durch fremde Macht sicherer unter seinen Bürgern zu sein, und knüpfte mit ihrem Adel nicht nur Gastfreundschaften, sondern auch Verwandtschaften. (9) Dem Tusculaner Octavius Mamilius – er war der weitaus Vornehmste von allen, die sich Latiner nannten, und stammte, wenn wir der Sage Glauben schenken wollen, von Ulixes und der Göttin Circe ab –, diesem Mamilius gibt er seine Tochter zur Ehe und bindet durch diese Heirat dessen viele Verwandte und Freunde an sich.

50 (1) Das Ansehen des Tarquinius bei den Vornehmen der Latiner war schon groß, als er sie auf einen bestimmten Tag entbietet, beim Hain der Ferentina zusammenzukommen: Es sei an dem, daß er mit ihnen über gemeinsame Angelegenheiten reden wolle. (2) Sie kommen zahlreich beim ersten Morgenlicht; Tarquinius selbst hielt zwar den Tag ein, kam aber erst kurz vor Sonnenuntergang.²²⁵ Vielerlei ist dort den ganzen Tag über in der Versammlung mit wechselnden Reden besprochen worden. (3) Turnus Herdonius von Aricia hatte heftig wider den abwesenden Tarquinius gesprochen: Es könne nicht wundernehmen, daß ihm in Rom der Beiname »der Hochfahrende« zugelegt worden sei. So nannten sie ihn nämlich schon, zwar im geheimen und flüsternd, aber doch allgemein. – Oder gäbe es etwas Anmaßenderes, als das ganze Latinische Volk so zum Gespött zu machen? (4) Von weit her seien sie aus ihrer Heimat herbeigerufen worden, aber der die Versammlung angesetzt habe, sei selber nicht anwesend. Wahrhaftig, der stelle ihre Geduld auf

obnoxios premat. cui enim non apparere, adfectare eum imperium in Latinos? (5) quod si sui bene crediderint ciues, aut si creditum illud et non raptum parricidio sit, credere et Latinos quamquam ne sic quidem alienigenae debere: (6) sin suos eius paeniteat, quippe qui alii super alios trucidentur exsulatum eant bona amittant, quid spei melioris Latinis portendi? si se audiant, domum suam quemque inde abituros neque magis obseruaturos diem concilii quam ipse qui indixerit obseruet. (7) Haec atque alia eodem pertinentia seditiosus facinorosusque homo hisque artibus opes domi nactus cum maxime dissereret, interuenit Tarquinius. (8) Is finis orationi fuit; auersi omnes ad Tarquinium salutandum. Qui silentio facto monitus a proximis ut purgaret se quod id temporis uenisset, disceptatorem ait se sumptum inter patrem et filium cura reconciliandi eos in gratiam moratum esse, et quia ea res exemisset illum diem, postero die acturum quae constituisset. (9) Ne id quidem ab Turno tulisse tacitum ferunt; dixisse enim nullam breuiorem esse cognitionem quam inter patrem et filium paucisque transigi uerbis posse: ni pareat patri, habiturum infortunium esse.

51 (1) Haec Aricinus in regem Romanum increpans ex concilio abiit. Quam rem Tarquinius aliquanto quam uide-

die Probe, um sie, wenn sie das Joch auf sich genommen hätten, als Unterworfene niederzudrücken. Wem denn sei nicht klar, daß er die Herrschaft über die Latiner erstrebe? (5) Wenn seine eigenen Bürger ihm die Herrschaft nach dem Recht anvertraut hätten oder wenn sie ihm überhaupt anvertraut oder nicht vielmehr durch Verwandtenmord geraubt worden sei, dann sollten auch die Latiner sie ihm anvertrauen, obwohl sie ihm das als einem Fremdstämmigen keinesfalls schuldig seien. (6) Wenn seine eigenen Leute mit ihm unzufrieden seien, da sie ja einer nach dem andern niedergemacht würden, in die Verbannung gehen müßten und ihre Güter verlören – welche bessere Aussicht bestünde da für die Latiner? Wenn sie auf *ihn* hören wollten, gingen sie jetzt alle nach Haus und scherten sich um den Versammlungstag nicht mehr, als sich der darum schere, der ihn angesetzt habe. (7) Während der aufsässige und lasterhafte Mann, der in seiner Heimat vor allem durch solche Künste Einfluß erlangt hatte, dies und anderes der gleichen Richtung erörterte, trat Tarquinius unter sie. (8) Das setzte der Rede ein Ende: Alle wandten sich ab, um Tarquinius zu begrüßen. Dieser wurde, als Stille eingetreten war, von den Zunächststehenden aufgefordert, sich darüber zu rechtfertigen, weshalb er erst zu dieser Tageszeit erscheine; er sagte, er sei zum Schlichter zwischen einem Vater und dessen Sohn eingesetzt worden und habe sich verweilt bei den Bemühen, die beiden in Güte wieder zusammenzubringen, und weil diese Angelegenheit den Tag aufgebraucht habe, wolle er am nächsten Tag über das verhandeln, was er sich vorgenommen habe. (9) Das habe jedoch Turnus nicht schweigend hingenommen, berichten sie; er soll nämlich gesagt haben, nichts brauche weniger Zeit, als zwischen Vater und Sohn zu vermitteln, und das könne mit wenigen Worten getan werden: Wenn der Sohn dem Vater nicht gehorche, werde es ihm schlecht ergehen.

51 (1) Unter solchen Scheltworten ging der Ariciner aus der Versammlung weg. Tarquinius nahm dieses Vorkommnis

batur aegrius ferens confestim Turno necem machinatur, ut eundem terrorem quo ciuium animos domi oppresserat Latinis iniceret. (2) Et quia pro imperio palam interfici non poterat, oblato falso crimine insontem oppressit. Per aduersae factionis quosdam Aricinos seruum Turni auro corrupit, ut in deuersorium eius uim magnam gladiorum inferri clam sineret. (3) Ea cum una nocte perfecta essent, Tarquinius paulo ante lucem accitis ad se principibus Latinorum quasi re noua perturbatus, moram suam hesternam uelut deorum quadam prouidentia inlatam ait saluti sibi atque illis fuisse. (4) ab Turno dici sibi et primoribus populorum parari necem ut Latinorum solus imperium teneat. adgressurum fuisse hesterno die in concilio; dilatam rem esse, quod auctor concilii afuerit quem maxime peteret. (5) inde illam absentis insectationem esse natam quod morando spem destituerit. non dubitare, si uera deferantur, quin prima luce, ubi uentum in concilium sit, instructus cum coniuratorum manu armatusque uenturus sit. (6) dici gladiorum ingentem esse numerum ad eum conuectum. id uanum necne sit, extemplo sciri posse. rogare eos ut inde secum ad Turnum ueniant. (7) Suspectam fecit rem et ingenium Turni ferox et oratio hesterna et mora Tarquini, quod uidebatur ob eam differri

erheblich schwerer, als er sich den Anschein gab, und sinnt
sofort auf des Turnus Tod, um den gleichen Schrecken,
durch den er zu Hause die Bürger unterjocht hatte, auch den
Latinern einzujagen. (2) Und weil er den Schuldlosen nicht
kraft eines Herrschaftstitels öffentlich hinrichten lassen
konnte, brachte er ihn in Bedrängnis, indem er ihm fälschli-
cherweise ein Verbrechen anhängte: Durch Vermittlung
einiger Ariciner von der Gegenpartei bestach er einen Sklaven des Turnus mit Gold, damit der zuließ, daß heimlich
eine große Anzahl Schwerter in des Turnus Herberge
gebracht würde.[226] (3) Als dies in einer einzigen Nacht
bewerkstelligt worden war, berief Tarquinius kurz vor Tag
die Ersten der Latiner zu sich und sagte, als sei er über ein
unerwartetes Ereignis bestürzt, seine Verspätung am Tag
zuvor sei wie vom fürsorglichen Walten der Götter ins Werk
gesetzt worden und für ihn wie für sie zum Heile gewesen.
(4) Man spräche davon, daß durch Turnus gegen ihn und die
Häupter der Latiner ein Mordanschlag vorbereitet werde,
damit er allein die Herrschaft über die Latiner innehätte. Er
habe am gestrigen Tag schon angreifen wollen; die Sache sei
aber verschoben worden, weil der Veranlasser der Zusam-
menkunft, dem es vor allem gelte, nicht dagewesen sei. (5)
Aus diesem Grund sei es zu jener Schmähung des Abwesenden gekommen, weil er durch seine Verspätung den Plan
vereitelt habe. Er zweifle nicht daran – sofern man ihm die
Wahrheit berichte –, daß Turnus beim ersten Licht, sobald
man zur Versammlung gegangen sei, gerüstet und bewaffnet
mit einer Schar Verschworener kommen werde. (6) Man
sage, eine riesige Anzahl von Schwertern sei bei ihm zusam-
mengetragen worden. Ob das Lüge sei oder nicht, könne
man sogleich in Erfahrung bringen. Er verlange von ihnen,
daß sie vom Fleck weg mit ihm zu Turnus gingen. (7)
Verdächtig machten die Sache und die Gesinnung des Turnus sowohl dessen heftige Rede am Tag zuvor wie auch die
Verspätung des Tarquinius, weil es den Anschein hatte, als
sei möglicherweise die Mordtat deswegen aufgeschoben

caedes potuisse. Eunt inclinatis quidem ad credendum animis, tamen, nisi gladiis deprehensis, cetera uana existimaturi. (8) Vbi est eo uentum, Turnum ex somno excitatum circumsistunt custodes; comprehensisque seruis qui caritate domini uim parabant, cum gladii abditi ex omnibus locis deuerticuli protraherentur, enimuero manifesta res uisa iniectaeque Turno catenae; et confestim Latinorum concilium magno cum tumultu aduocatur. (9) Ibi tam atrox inuidia orta est gladiis in medio positis, ut indicta causa, nouo genere leti, deiectus ad caput aquae Ferentinae crate superne iniecta saxisque congestis mergeretur.

52 (1) Reuocatis deinde ad concilium Latinis Tarquinius conlaudatisque qui Turnum nouantem res pro manifesto parricidio merita poena adfecissent, ita uerba fecit: (2) posse quidem se uetusto iure agere, quod, cum omnes Latini ab Alba oriundi sint, in eo foedere teneantur, quo sub Tullo res omnis Albana cum colonis suis in Romanum cesserit imperium; (3) ceterum se utilitatis id magis omnium causa censere ut renouetur id foedus, secundaque potius fortuna populi Romani ut participes Latini fruantur quam urbium excidia uastationesque agrorum, quas Anco prius, patre deinde suo regnante perpessi sint, semper aut exspectent aut patiantur. (4) Haud difficulter persuasum Latinis, quamquam in eo foedere superior Romana res erat; ceterum et capita nominis Latini stare ac sentire cum rege uidebant, et Turnus sui cuique periculi, si aduersatus esset, recens erat documentum. (5) Ita renouatum foedus, indictumque iunioribus Latinorum ut ex foedere die certa ad lucum Ferentinae armati

worden. – Sie gehen also hin, zwar im Herzen geneigt, Glauben zu schenken, aber doch willens, falls die Schwerter sich nicht finden ließen, auch das übrige für Erfindung zu halten. (8) Sobald man dorthin gekommen, reißen sie den Turnus aus dem Schlaf, und Wachen umstellen ihn; die Sklaven, die sich aus Anhänglichkeit gegenüber ihrem Herrn zum Widerstand anschickten, werden ergriffen, und als die versteckten Schwerter aus allen möglichen Winkeln der Herberge hervorgezogen wurden, schien die Sache freilich klar, und Turnus wurde in Ketten gelegt. Und sofort wird unter großem Lärmen zur Versammlung der Latiner gerufen. (9) Dort entstand, als die Schwerter in der Mitte niedergelegt worden waren, eine so wilde Erbitterung, daß er ohne Verhandlung in einer neuen Art der Hinrichtung[227] in die Quelle des Ferentinabachs gestürzt, mit Flechtwerk zugedeckt und, mit Steinen beschwert, ertränkt wurde.

52 (1) Hierauf berief Tarquinius die Latiner erneut zur Versammlung ein, lobte sie insgesamt, weil sie den auf Umsturz sinnenden Turnus wegen seines offenkundigen Hochverrats nach Verdienst bestraft hätten, und hielt folgende Rede:[228] (2) Zwar könnte er nach einem alten Recht vorgehen, weil alle Latiner – als von Alba entsprossen – in jenen Vertrag einbezogen seien, nach dem unter Tullus das gesamte Albanische Gemeinwesen samt seinen Pflanzstätten unter römische Oberhoheit gekommen sei; (3) im übrigen stelle er um des Vorteils für alle willen den Antrag, daß jener Vertrag erneuert werden und die Latiner Anteil am Wohlergehen des römischen Volkes haben sollten, statt ständig die Zerstörung ihrer Städte und die Verwüstung ihrer Marken befürchten oder dulden zu müssen, wie sie das erst unter der Herrschaft des Ancus, dann seines Vaters erlitten hätten. (4) Ohne Mühe ließen sich die Latiner dies einreden, obwohl in einem solchen Vertrag der römische Staat die Oberhand hatte; im übrigen sahen sie die Häupter des Latinervolks auf seiten des Königs stehen und stimmen, und außerdem kündigte Turnus jedem, der sich etwa widersetze, persönliche

frequentes adessent. (6) Qui ubi ad edictum Romani regis ex omnibus populis conuenere, ne ducem suum neue secretum imperium propriaue signa haberent, miscuit manipulos ex Latinis Romanisque ut ex binis singulos faceret binosque ex singulis; ita geminatis manipulis centuriones imposuit.

53 (1) Nec ut iniustus in pace rex, ita dux belli prauus fuit; quin ea arte aequasset superiores reges ni degeneratum in aliis huic quoque decori offecisset. (2) Is primus Volscis bellum in ducentos amplius post suam aetatem annos mouit, Suessamque Pometiam ex iis ui cepit. (3) Vbi cum diuendita praeda quadraginta talenta argenti refecisset, concepit animo eam amplitudinem Iouis templi quae digna deum hominumque rege, quae Romano imperio, quae ipsius etiam loci maiestate esset; captiuam pecuniam in aedificationem eius templi seposuit.

(4) Excepit deinde lentius spe bellum, quo Gabios, propinquam urbem, nequiquam ui adortus, cum obsidendi quoque urbem spes pulso a moenibus adempta esset, postremo minime arte Romana, fraude ac dolo, adgressus est. (5) Nam cum uelut posito bello fundamentis templi iaciendis aliisque urbanis operibus intentum se esse simularet, Sextus filius eius, qui minimus ex tribus erat, transfugit ex composito

Gefahr an. (5) So wurde der Vertrag erneuert und der Jugend der Latiner bedeutet, sie sollten vertragsgemäß an einem bestimmten Tag im Hain der Ferentina zahlreich in Waffen erscheinen. (6) Als sie gemäß dem Befehl des römischen Königs aus allen Stämmen zusammengekommen waren, stellte er – damit sie keinen eigenen Führer, keine gesonderte Befehlsgewalt und keine eigenen Feldzeichen hätten – aus Latinern und Römern gemischte Kompanien zusammen derart, daß er aus je zweien eine und je zwei aus einer bildete; den so verdoppelten Kompanien setzte er Hundertschaftsführer an die Spitze.[229]

53 (1) War er also ein ungerechter König im Frieden, so doch kein ungeschickter Führer im Krieg; ja, er hätte in dieser Beziehung an die früheren Könige heranreichen können, wenn nicht seine Verderbtheit in anderen Bereichen auch diesem Vorzug entgegengestanden hätte. (2) Er begann den länger als 200 Jahre nach seiner Zeit noch dauernden Krieg mit den Volskern und nahm ihnen Suessa Pometia mit Gewalt ab. (3) Als er dort aus dem Verkauf der Beute 40 Talente Silber erlöste, faßte er den Entschluß zum Bau eines Iuppitertempels von einer Ansehnlichkeit, die des Königs der Götter und Menschen, des römischen Reiches und auch der Erhabenheit der Stätte würdig sein sollte; das erbeutete Geld legte er für den Bau dieses Tempels zurück.

(4) Dann unternahm er einen Krieg, der langwieriger war, als zu hoffen gewesen, und in dem er Gabii, eine benachbarte Stadt, erst erfolglos mit Macht berannte und dann, als ihm – erfolglos von den Mauern zurückgeschlagen – auch die Hoffnung auf eine Belagerung genommen war, schließlich durch eine ganz und gar nicht römische Kunst, nämlich durch Betrug und List, zu gewinnen suchte. (5) Denn während er so tat, als habe er den Krieg aufgegeben und sei mit der Grundlegung des Tempels und anderen städtischen Unternehmungen beschäftigt, ging sein Sohn Sextus – er war der jüngste von dreien[230] – auf Verabredung nach Gabii über und klagte dort über die unerträgliche Strenge seines Vaters

Gabios, patris in se saeuitiam intolerabilem conquerens: (6) iam ab alienis in suos uertisse superbiam et liberorum quoque eum frequentiae taedere, ut quam in curia solitudinem fecerit domi quoque faciat, ne quam stirpem, ne quem heredem regni relinquat. (7) se quidem inter tela et gladios patris elapsum nihil usquam sibi tutum nisi apud hostes L. Tarquini credidisse. nam ne errarent, manere iis bellum quod positum simuletur, et per occasionem eum incautos inuasurum. (8) quod si apud eos supplicibus locus non sit, pererraturum se omne Latium, Volscosque se inde et Aequos et Hernicos petiturum donec ad eos perueniat qui a patrum crudelibus atque impiis suppliciis tegere liberos sciant. (9) forsitan etiam ardoris aliquid ad bellum armaque se aduersus superbissimum regem ac ferocissimum populum inuenturum. (10) Cum si nihil moraretur infensus ira porro inde abiturus uideretur, benigne ab Gabinis excipitur. Vetant mirari si, qualis in ciues, qualis in socios, talis ad ultimum in liberos esset; (11) in se ipsum postremo saeuiturum, si alia desint. sibi uero gratum aduentum eius esse, futurumque credere breui ut illo adiuuante a portis Gabinis sub Romana moenia bellum transferatur.

54 (1) Inde in consilia publica adhiberi. Vbi cum de aliis rebus adsentire se ueteribus Gabinis diceret quibus eae notiores essent, ipse identidem belli auctor esse et in eo sibi praecipuam prudentiam adsumere quod utriusque populi uires nosset, sciretque inuisam profecto superbiam regiam

gegen ihn: (6) Schon habe dieser sein grausames Wüten von Fremden ab und gegen die Seinigen gewendet; auch verdrieße ihn die Zahl seiner Kinder, um, wie er das Rathaus öd gemacht, das auch in seinem Hause zu tun, damit er keinen Nachkommen, keinen Thronerben übriglasse. (7) Er selbst jedenfalls habe sich, den Pfeilen und Schwertern des Vaters entronnen, nirgendwo sicherer geglaubt als bei den Feinden des L. Tarquinius. Sie sollten sich nur nicht täuschen: Für sie daure der Krieg an, den jener nur zum Schein aufgegeben, und bei günstiger Gelegenheit werde er sie überfallen, wenn sie nicht auf der Hut wären. (8) Gäbe es bei ihnen für Schutzflehende keine Stätte, so wolle er ganz Latium durchirren, dann zu den Volskern, den Aequern, den Hernikern gehen, bis er zu Leuten käme, welche Söhne vor den grausamen und ruchlosen Mordanschlägen ihrer Väter zu schützen wüßten. (9) Vielleicht träfe er auch auf glühende Begeisterung für Krieg und Waffentat gegen den hochfahrendsten König und das wildeste Volk. (10) Da es den Anschein hatte, als würde er von da sofort zornentflammt weitergehen, falls man ihn nicht aufhalte, wird er von den Gabiniern wohlwollend aufgenommen. Er solle sich nicht wundern, meinen sie, daß sich Tarquinius wie gegen die Bürger, wie gegen die Bundesgenossen, so auch schließlich gegen seine Kinder verhielte; (11) zuletzt werde er, wenn nichts anderes mehr übrig sei, noch gegen sich selbst wüten. Ihnen aber sei seine Ankunft willkommen, und sie glaubten fest daran, daß mit seiner Hilfe der Krieg in Kürze von den Toren Gabiis unter die Mauern von Rom getragen werden könne.

54 (1) Von jetzt an wird er zu den öffentlichen Beratungen zugezogen. Dort stimmte er in anderen Dingen den älteren Gabiniern bei, indem er sagte, sie seien damit vertrauter; selbst aber riet er wiederholt zum Krieg und nimmt in dieser Frage besondere Einsicht für sich in Anspruch, weil er die Streitkräfte beider Völker kenne und auch wisse, daß die hochfahrende Art des Königs, die nicht einmal seine

ciuibus esse quam ferre ne liberi quidem potuissent. (2) Ita
cum sensim ad rebellandum primores Gabinorum incitaret,
ipse cum promptissimis iuuenum praedatum atque in expe-
ditiones iret et dictis factisque omnibus ad fallendum
instructis uana adcresceret fides, dux ad ultimum belli legi-
tur. (3) Ibi cum, inscia multitudine quid ageretur, proelia
parua inter Romam Gabiosque fierent quibus plerumque
Gabina res superior esset, tum certatim summi infimique
Gabinorum Sex. Tarquinium dono deum sibi missum ducem
credere. (4) Apud milites uero obeundo pericula ac labores
pariter, praedam munifice largiendo tanta caritate esse ut
non pater Tarquinius potentior Romae quam filius Gabiis
esset. (5) Itaque postquam satis uirium conlectum ad omnes
conatus uidebat, tum ex suis unum sciscitatum Romam ad
patrem mittit quidnam se facere uellet, quando quidem ut
omnia unus Gabiis posset ei di dedissent. (6) Huic nuntio,
quia, credo, dubiae fidei uidebatur, nihil uoce responsum
est; rex uelut deliberabundus in hortum aedium transit
sequente nuntio filii; ibi inambulans tacitus summa
papauerum capita dicitur baculo decussisse. (7) Interro-
gando exspectandoque responsum nuntius fessus, ut re
imperfecta, redit Gabios; quae dixerit ipse quaeque uiderit
refert; seu ira seu odio seu superbia insita ingenio nullam
eum uocem emisisse. (8) Sexto ubi quid uellet parens quidue
praeciperet tacitis ambagibus patuit, primores ciuitatis cri-
minando alios apud populum, alios sua ipsos inuidia oppor-

Kinder hätten ertragen können, den Bürgern in der Tat verhaßt sei. (2) Indem er so die Vornehmen der Gabinier allmählich zur Wiederaufnahme des Krieges aufreizte, mit besonders entschlossenen Jungmännern selber zu Beutestreifzügen ausrückte und ihm durch seine Worte und Taten, die allesamt auf Täuschung zielten, ein unbegründetes Vertrauen zuwuchs, wird er zuletzt zum Kriegsfeldherrn gewählt. (3) Als nun – ohne daß die große Menge wußte, was gespielt wurde – zwischen Rom und Gabii kleine Gefechte ausgetragen wurden, in denen die Gabinische Seite meist die Oberhand behielt, da glaubte zu Gabii hoch und nieder um die Wette, Sextus Tarquinius sei ihnen als Geschenk der Götter zum Führer gesandt. (4) Bei den Kämpfern war er dadurch, daß er Gefahr und Mühe wie sie selbst auf sich nahm und ihnen großzügig die Beute überließ, so beliebt, daß der Vater Tarquinius in Rom nicht mächtiger war als zu Gabii der Sohn. (5) Nachdem er genügend Streitkräfte zu jedem Wagnis gesammelt zu haben glaubte, schickt er einen seiner Leute nach Rom zum Vater mit der Frage, was er tun solle, da ihm nun einmal die Götter verliehen hätten, daß er als einziger zu Gabii alles beherrsche.[231] (6) Diesem Boten wurde, weil er von zweifelhafter Verläßlichkeit schien, glaube ich, keine mündliche Antwort gegeben; der König ging, wie um nachzudenken, in den Garten des Palastes, und der Bote seines Sohnes folgte ihm; dort soll Tarquinius schweigend im Auf- und Abgehen mit einem Stecken Mohnköpfe abgeschlagen haben. (7) Des Fragens und Harrens auf Antwort müde, kehrte der Bote wie ohne Ergebnis nach Gabii zurück; er berichtet, was er selbst gesagt und was er gesehen; aus Zorn oder Haß oder aus in seinem Wesen liegendem Hochmut habe jener kein Wort geäußert. (8) Als dem Sextus klar wurde, was sein Vater wünschte und was er ihm mit seinen wortlosen Andeutungen vorschreiben wollte, schaffte er die Vornehmen der Bürgerschaft beiseite, indem er die einen beim Volk verdächtigte, die anderen, da sie durch selbst zugezogenen Haß dafür reif waren.

tunos interemit. Multi palam, quidam in quibus minus speciosa criminatio erat futura clam interfecti. (9) Patuit quibusdam uolentibus fuga, aut in exsilium acti sunt, absentiumque bona iuxta atque interemptorum diuisui fuere. (10) Largitiones inde praedaeque; et dulcedine priuati commodi sensus malorum publicorum adimi, donec orba consilio auxilioque Gabina res regi Romano sine ulla dimicatione in manum traditur.

55 (1) Gabiis receptis Tarquinius pacem cum Aequorum gente fecit, foedus cum Tuscis renouauit. Inde ad negotia urbana animum conuertit; quorum erat primum ut Iouis templum in monte Tarpeio monumentum regni sui nominisque relinqueret: Tarquinios reges ambos patrem uouisse, filium perfecisse. (2) Et ut libera a ceteris religionibus area esset tota Iouis templique eius quod inaedificaretur, exaugurare fana sacellaque statuit quae aliquot ibi, a Tatio rege primum in ipso discrimine aduersus Romulum pugnae uota, consecrata inaugurataque postea fuerant. (3) Inter principia condendi huius operis mouisse numen ad indicandam tanti imperii molem traditur deos; nam cum omnium sacellorum exaugurationes admitterent aues, in Termini fano non addixere; (4) idque omen auguriumque ita acceptum est non motam Termini sedem unamque eum deorum non euocatum sacratis sibi finibus firma stabiliaque cuncta portendere. (5) Hoc perpetuitatis auspicio accepto, secutum aliud magnitudinem imperii portendens prodigium est: caput humanum

Viele wurden öffentlich niedergemacht – manche, deren Anschuldigung weniger beweiskräftig zu werden drohte, auch heimlich. (9) Manchen, die es wollten, ließ man frei zu fliehen, oder sie wurden in die Verbannung getrieben; die Güter der Abwesenden wurden wie die der Hingerichteten verteilt. (10) Die Beute wurde aufgeteilt; durch die Annehmlichkeit persönlichen Vorteils wird der Sinn für das Unglück der gemeinsamen Sache zerstört, bis die Stadt Gabii rat- und hilflos dem römischen König ohne Kampf in die Hände gespielt wird.[232]

55 (1) Nach der Einnahme von Gabii schloß Tarquinius Frieden mit dem Stamm der Aequer und erneuerte den Vertrag mit den Tuskern. Dann richtete er seine Aufmerksamkeit auf städtische Angelegenheiten; deren erste war, auf dem Tarpeischen Berg den Iuppitertempel als Denkmal seiner Herrschaft und seines Namens zu hinterlassen: Zwei Tarquinier, Könige beide, hätten ihn errichtet: der Vater ihn versprochen, der Sohn vollendet.[233] (2) Und damit der Platz von den übrigen Gottesdiensten frei sei und ganz dem Iuppiter und seinem Tempel gehöre, der darauf erbaut werden sollte, beschloß er, durch Vogelorakel einige heilige Stätten und Kapellen dort zu entwidmen, die von König Tatius auf dem Höhepunkt des Kampfes gegen Romulus erst gelobt, später geheiligt und die unter Anstellen der Vogelschau eingeweiht worden waren.[234] (3) Schon bei Beginn der Gründung dieses Bauwerks sollen die Götter, so wird überliefert, einen Wink gegeben haben, um die Riesengröße des Reiches anzukünden: Während die Vögel nämlich die Entwidmung aller Kapellen zuließen, stimmten sie beim Heiligtum des Terminus [Grenzgottes] nicht zu; (4) dieses Vogelvorzeichen wurde so ausgelegt: Daß der Grenzgott seinen Sitz nicht habe verlegen und sich als einziger der Götter nicht aus dem ihm geweihten Bezirk habe herausrufen lassen, verheiße allem Sicherheit und Bestand. (5) Als man diese Voraussagen ewigen Bestehens vernommen hatte, folgte eine zweite, die die Größe des Reiches ankündigte: Es soll,

integra facie aperientibus fundamenta templi dicitur apparuisse. (6) Quae uisa species haud per ambages arcem eam imperii caputque rerum fore portendebat; idque ita cecinere uates quique in urbe erant quosque ad eam rem consultandam ex Etruria acciuerant.

(7) Augebatur ad impensas regis animus; itaque Pometinae manubiae, quae perducendo ad culmen operi destinatae erant, uix in fundamenta suppeditauere. (8) Eo magis Fabio, praeterquam quod antiquior est, crediderim quadraginta ea sola talenta fuisse, quam Pisoni, (9) qui quadraginta milia pondo argenti seposita in eam rem scribit, summam pecuniae neque ex unius tum urbis praeda sperandam et nullius ne horum quidem operum fundamenta non exsuperaturam.

56 (1) Intentus perficiendo templo, fabris undique ex Etruria accitis, non pecunia solum ad id publica est usus sed operis etiam ex plebe. Qui cum haud paruus et ipse militiae adderetur labor, minus tamen plebs grauabatur se templa deum exaedificare manibus suis (2) quam postquam et ad alia, ut specie minora, sic laboris aliquanto maioris traducebantur opera, foros in circo faciendos cloacamque maximam, receptaculum omnium purgamentorum urbis, sub terra agendam; quibus duobus operibus uix noua haec magnificentia quicquam adaequare potuit. (3) His laboribus exercita plebe, quia et urbi multitudinem, ubi usus non esset, oneri rebatur esse et colonis mittendis occupari latius

als sie die Fundamente für den Tempel aushoben, ein menschlicher Kopf mit unversehrtem Antlitz zum Vorschein gekommen sein.²³⁵ (6) Diese Erscheinung kündete ganz unzweideutig an, daß hier die Burg des Reiches und das Haupt der Welt sein werde; so nämlich prophezeiten die Seher, sowohl die in der Stadt wie die, die sie zur Beratung über jene Angelegenheit aus Etrurien berufen hatten.

(7) Der König wurde in seinem Vorhaben bestärkt, keine Ausgaben zu scheuen, und so reichte die Beute aus Pometia, die zur Aufführung des Baues bis zum First bestimmt war, kaum für die Fundamente. (8) Um so mehr möchte ich eher dem Fabius glauben – außerdem, weil er älter ist –, sie habe nur 40 Talente betragen,²³⁶ als dem Piso; (9) der schreibt, es seien 40 000 Pfund Silber zum besagten Zweck zurückgelegt worden – eine Geldsumme, die als Beute damals aus einer einzigen Stadt nicht zu erwarten war und die auch die Kosten für die Grundmauern keines der heutigen Gebäude nicht überstiegen hätte.

56 (1) Auf die Vollendung des Tempels bedacht, berief er Werkleute aus allen Ecken Etruriens²³⁷ und setzte nicht nur die öffentlichen Gelder ein, sondern auch das niedere Volk zum Frondienst. Obwohl diese gar nicht leichte Arbeit noch zum Felddienst hinzukam, beschwerte sich das Volk dennoch weniger darüber, daß es mit eigenen Händen die Tempel der Götter erbauen mußte, (2) als später deshalb, daß es auch zu anderen, anscheinend geringeren, aber doch mit größerer Arbeit verbundenen Vorhaben herangezogen wurde, nämlich Sitze im Zirkus zu errichten und den großen Abzugskanal,²³⁸ den Sammler allen Unrats der Stadt, in den Boden zu legen – zwei Unternehmen, mit denen sich nicht einmal unsere neueren Prunkbauten vergleichen können.²³⁹ (3) Als das niedere Volk mit solchen Arbeiten völlig beschäftigt war, schickte er – weil er glaubte, die unbeschäftigte Volksmenge werde der Stadt nur zur Last sein, und weil er wollte, daß durch Entsendung von Siedlern die Grenzen des Herrschaftsbereichs weiter vorgeschoben wür-

imperii fines uolebat, Signiam Circeiosque colonos misit, praesidia urbi futura terra marique.

(4) Haec agenti portentum terribile uisum: anguis ex columna lignea elapsus cum terrorem fugamque in regia fecisset, ipsius regis non tam subito pauore perculit pectus quam anxiis impleuit curis. (5) Itaque cum ad publica prodigia Etrusci tantum uates adhiberentur, hoc uelut domestico exterritus uisu Delphos ad maxime inclitum in terris oraculum mittere statuit. (6) Neque responsa sortium ulli alii committere ausus, duos filios per ignotas ea tempestate terras, ignotiora maria in Graeciam misit. (7) Titus et Arruns profecti; comes iis additus L. Iunius Brutus, Tarquinia, sorore regis, natus, iuuenis longe alius ingenii quam cuius simulationem induerat. Is cum primores ciuitatis, in quibus fratrem suum, ab auunculo interfectum audisset, neque in animo suo quicquam regi timendum neque in fortuna concupiscendum relinquere statuit contemptuque tutus esse ubi in iure parum praesidii esset. (8) Ergo ex industria factus ad imitationem stultitiae, cum se suaque praedae esse regi sineret, Bruti quoque haud abnuit cognomen ut sub eius obtentu cognominis liberator ille populi Romani animus latens opperiretur tempora sua. (9) Is tum ab Tarquiniis ductus Delphos, ludibrium uerius quam comes, aureum baculum inclusum corneo cauato ad id baculo tulisse donum Apollini

den, Siedler nach Signia und Circei als den künftigen Bedeckungen für die Stadt nach der Land- und der Seeseite hin.
(4) Während er mit diesen Dingen beschäftigt war, zeigte sich ein schreckliches Vorzeichen: Als aus einer hölzernen Säule eine Schlange[240] geschlüpft war und Schrecken und fluchtartige Unruhe im Königspalast erregt hatte, versetzte das den König weniger in Furcht, sondern erfüllte ihn vielmehr mit beengender Sorge. (5) Daher beschloß er – nur bei Vorzeichen, die das Gemeinwesen betrafen, wurden etruskische Seher zugezogen[241] –, erschreckt von der doch wohl seinem Haus geltenden Erscheinung, nach Delphi als dem berühmtesten Orakel der Welt zu schicken. (6) Und weil er nicht wagte, die Antworten auf die Vorzeichen irgendeinem andern anzuvertrauen, schickte er zwei seiner Söhne durch damals noch unbekannte Länder und noch weniger bekannte Meere nach Griechenland. (7) Titus und Arruns reisten ab; als Begleiter war ihnen L. Iunius Brutus beigegeben, ein Sohn der Tarquinia, der Schwester des Königs, ein junger Mann von ganz anderer Einstellung, als zu zeigen er sich angelegen sein ließ. Als dieser gehört hatte, daß die Vornehmen der Bürgerschaft, unter ihnen auch sein Bruder, von seinem Oheim umgebracht worden waren, beschloß er, dem König weder von seinem Verstand her etwas zu fürchten zu geben noch seiner Habsucht etwas an Vermögen anzubieten, sondern in der Verachtung sicher zu sein, wo das Recht keinen Schutz gewährte. (8) Deshalb machte er sich mit Fleiß zum Ebenbild eines Blödsinnigen, indem er sich und sein Vermögen dem König als Beute überließ, sich den Beinamen »der Dumme« gefallen ließ, damit unter dem Schutz dieses Übernamens der Geist, der das römische Volk befreien würde, in Verborgenheit seine Zeit abwarten könne. (9) Dieser Mann, von den Tarquiniern mehr zum Zeitvertreib denn als Begleiter nach Delphi mitgenommen, soll einen in einem ausgehöhlten Kirschbaumast verborgenen goldenen Stab[242] als Geschenk für Apollo mitgebracht

dicitur, per ambages effigiem ingenii sui. (10) Quo postquam uentum est, perfectis patris mandatis cupido incessit animos iuuenum sciscitandi ad quem eorum regnum Romanum esset uenturum. Ex infimo specu uocem redditam ferunt: imperium summum Romae habebit qui uestrum primus, o iuuenes, osculum matri tulerit. (11) Tarquinii ut Sextus, qui Romae relictus fuerat, ignarus responsi expersque imperii esset, rem summa ope taceri iubent; ipsi inter se uter prior, cum Romam redisset, matri osculum daret, sorti permittunt. (12) Brutus alio ratus spectare Pythicam uocem, uelut si prolapsus cecidisset, terram osculo contigit, scilicet quod ea communis mater omnium mortalium esset. (13) Reditum inde Romam, ubi aduersus Rutulos bellum summa ui parabatur.

57 (1) Ardeam Rutuli habebant, gens, ut in ea regione atque in ea aetate, diuitiis praepollens; eaque ipsa causa belli fuit, quod rex Romanus cum ipse ditari, exhaustus magnificentia publicorum operum, tum praeda delenire popularium animos studebat, (2) praeter aliam superbiam regno infestos etiam quod se in fabrorum ministeriis ac seruili tam diu habitos opere ab rege indignabantur. (3) Temptata res est, si primo impetu capi Ardea posset: ubi id parum processit, obsidione munitionibusque coepti premi hostes. (4) In his statiuis, ut fit longo magis quam acri bello, satis liberi commeatus erant, primoribus tamen magis quam militibus; (5) regii quidem iuuenes interdum otium conuiuiis comisa-

haben, als verstecktes Gleichnis für seine Gesinnung. (10) Als man nach Delphi gekommen und als die Aufträge des Vaters ausgeführt waren, kam die jungen Leute die Lust an, in Erfahrung zu bringen, an wen von ihnen wohl die Königsherrschaft über Rom fallen werde. Da soll aus der Tiefe der Höhle eine Stimme gekommen sein: Die oberste Gewalt in Rom wird der haben, der als erster von euch jungen Männern der Mutter einen Kuß geben wird. (11) Die Tarquinier befehlen strengstes Stillschweigen über die Sache, damit Sextus, der in Rom zurückgelassen worden war, von der Antwort nichts erfahre und von der Herrschaft ausgeschlossen sei; wer von ihnen beiden, wenn er nach Rom zurückgekehrt sei, der Mutter zuerst den Kuß geben solle, überlassen sie dem Los. (12) Brutus aber, überzeugt davon, daß der Spruch der Pythia in andere Richtung ziele, berührt – als sei er ausgeglitten und hingefallen – die Erde mit einem Kuß, weil sie ja die gemeinsame Mutter der Sterblichen sei.[243] (13) Von da kehrte man nach Rom zurück, wo man mit aller Kraft für den Krieg gegen die Rutuler rüstete.
57 (1) Ardea hielten die Rutuler, ein Stamm, der in jenen Breiten und jenem Zeitalter durch Reichtum hervorragte, und eben das war der Anlaß zum Krieg; denn der römische König, erschöpft durch die öffentlichen Prunkbauten, strebte danach, sich einmal selbst zu bereichern, dann aber auch durch Beute die Gemüter seiner Untertanen zu besänftigen, (2) die seiner Herrschaft nicht nur wegen seines hochfahrenden Wesens feind waren, sondern sich auch darüber entrüsteten, daß sie so lange schon vom König zu Werkmannsarbeiten und zu Sklavendienst mißbraucht worden seien. (3) Man versuchte Ardea im Sturm zu nehmen; als das nicht gelang, begann man die Feinde durch Belagerungswerke zu bedrängen. (4) Im Standlager dort gab es – wie das in einem mehr langen als heftigen Krieg zu sein pflegt – viel freien Verkehr, jedoch mehr für die Vornehmen als für die Mannschaft; (5) die jungen Prinzen vertrieben sich bisweilen die Langeweile gemeinsam bei Gastereien und mit Her-

tionibusque inter se terebant. (6) Forte potantibus his apud
Sex. Tarquinium, ubi et Collatinus cenabat Tarquinius,
Egeri filius, incidit de uxoribus mentio. Suam quisque laudare miris modis; (7) inde certamine accenso Collatinus
negat uerbis opus esse: paucis id quidem horis posse sciri
quantum ceteris praestet Lucretia sua. »Quin, si uigor
iuuentae inest, conscendimus equos inuisimusque praesentes
nostrarum ingenia? id cuique spectatissimum sit quod neco-
pinato uiri aduentu occurrerit oculis.« (8) Incaluerant uino;
»Age sane« omnes; citatis equis auolant Romam. Quo cum
primis se intendentibus tenebris peruenissent, pergunt inde
Collatiam, (9) ubi Lucretiam haudquaquam ut regias nurus,
quas in conuiuio luxuque cum aequalibus uiderant tempus
terentes sed nocte sera deditam lanae inter lucubrantes ancil-
las in medio aedium sedentem inueniunt. Muliebris certaminis laus penes Lucretiam fuit. (10) Adueniens uir Tarquinii-
que excepti benigne; uictor maritus comiter inuitat regios
iuuenes. Ibi Sex. Tarquinium mala libido Lucretiae per uim
stuprandae capit; cum forma tum spectata castitas incitat.
(11) Et tum quidem ab nocturno iuuenali ludo in castra
redeunt.

58 (1) Paucis interiectis diebus Sex. Tarquinius inscio Collatino cum comite uno Collatiam uenit. (2) Vbi exceptus
benigne ab ignaris consilii cum post cenam in hospitale
cubiculum deductus esset, amore ardens, postquam satis
tuta circa sopitique omnes uidebantur, stricto gladio ad
dormientem Lucretiam uenit sinistraque manu mulieris pec-

umschwärmen. (6) Als sie einmal bei Sextus Tarquinius zechten, wo auch der Collatiner Tarquinius speiste, des Egerius Sohn, kommt die Rede auch auf die Frauen. Jeder lobt die seine über die Maßen; (7) als sich darüber ein Streit erhebt, sagt der Collatiner, es bedürfe da keiner Worte: In wenigen Stunden könne man in Erfahrung bringen, wie sehr seine Lucretia die übrigen übertreffe: »Wenn wir die Kraft der Jugend in uns haben, weshalb steigen wir nicht zu Pferd und prüfen die Gesinnung unserer Frauen an Ort und Stelle? Für einen jeden soll ausschlaggebend sein, was ihm als Ehemann bei seiner unvermuteten Ankunft vor Augen kommt!« (8) Sie hatten sich am Wein erhitzt: »Auf denn, gut!« riefen alle, und im Galopp jagen sie nach Rom. Als sie gleich nach Anbruch der Dunkelheit dort angekommen waren, reiten sie weiter nach Collatia, (9) wo sie die Lucretia durchaus nicht wie die Schwiegertöchter des Königs vorfinden, die sie bei üppigem Mahl sich mit ihren Standesgenossinnen hatten die Zeit vertreiben sehen, sondern noch zu später Nachtzeit mit Wolle beschäftigt, unter ihren noch bei Licht arbeitenden Mägden, inmitten des Hauses.[244] (10) Im Wettstreit der Frauen fiel Lucretia der Preis zu. Der ankommende Ehemann und die Tarquinier wurden freundlich aufgenommen; der siegreiche Gatte lädt die königlichen Prinzen höflich ein. Da erfaßt den Sextus Tarquinius die schändliche Lust, Lucretia mit Gewalt zu schänden; ihre Schönheit reizt ihn ebenso dazu wie ihre bewährte Keuschheit. (11) Für diesmal freilich kehren sie von ihrem nächtlichen Jungmännerabenteuer ins Lager zurück.

58 (1) Wenige Tage später kommt Sextus Tarquinius ohne Wissen des Collatiners mit einem Gefährten nach Collatia. (2) Als er dort von den Leuten, die von seinem Plan nichts ahnten, freundlich aufgenommen und nach dem abendlichen Mahl in ein Gastzimmer geführt worden war, drang er glühend vor Liebesverlangen, sobald es ihm ringsum genügend sicher und alle eingeschlafen schienen, mit gezücktem Schwert zu der schlafenden Lucretia vor, drückt seine

tore oppresso »Tace, Lucretia« inquit; »Sex. Tarquinius sum; ferrum in manu est; moriere, si emiseris uocem.« (3) Cum pauida ex somno mulier nullam opem, prope mortem imminentem uideret, tum Tarquinius fateri amorem, orare, miscere precibus minas, uersare in omnes partes muliebrem animum. (4) Vbi obstinatam uidebat et ne mortis quidem metu inclinari, addit ad metum dedecus: cum mortua iugulatum seruum nudum positurum ait, ut in sordido adulterio necata dicatur. (5) Quo terrore cum uicisset obstinatam pudicitiam uelut ui uictrix libido, profectusque inde Tarquinius ferox expugnato decore muliebri esset, Lucretia maesta tanto malo nuntium Romam eundem ad patrem Ardeamque ad uirum mittit, ut cum singulis fidelibus amicis ueniant; ita facto maturatoque opus esse; rem atrocem incidisse. (6) Sp. Lucretius cum P. Valerio Volesi filio, Collatinus cum L. Iunio Bruto uenit, cum quo forte Romam rediens ab nuntio uxoris erat conuentus. (7) Lucretiam sedentem maestam in cubiculo inueniunt. Aduentu suorum lacrimae obortae, quaerentique uiro »Satin salue?« »Minime« inquit; »quid enim salui est mulieri amissa pudicitia? Vestigia uiri alieni, Collatine, in lecto sunt tuo; ceterum corpus est tantum uiolatum, animus insons; mors testis erit. Sed date dexteras fidemque haud impune adultero fore. (8) Sex. est Tarquinius qui hostis pro hospite priore nocte ui armatus mihi sibique, si uos uiri estis, pestiferum hinc abstulit gaudium.« (9) Dant

Linke der Frau auf die Brust und sagt: »Sei still, Lucretia! Ich bin Sextus Tarquinius; in meiner Hand ist ein Schwert; du stirbst, wenn du einen Laut von dir gibst!« (3) Als die Frau, erschreckt aus dem Schlaf auffahrend, nirgendwo Hilfe, aber den Tod ganz nah drohen sieht, da gesteht ihr Tarquinius seine Liebe, bittet, mischt Drohungen mit Bitten und setzt dem Gemüt der Frau von allen Seiten zu. (4) Als er sie hartnäckig sah und nicht einmal durch Todesangst zu beugen, fügt er zur Angst noch die Schande hinzu; er werde, wenn sie tot sei, einem Sklaven die Kehle durchschneiden und ihn nackt neben sie legen, damit man sagen würde, sie sei bei schimpflichem Ehebruch getötet worden. (5) Als durch solche gewaltsame Einschüchterung die Brunst über beharrliche Keuschheit sozusagen gesiegt[245] hatte und Tarquinius abgereist war, stolz auf die Eroberung weiblicher Ehre, schickt Lucretia, tiefbetrübt über diese Schurkentat, einen und denselben Boten nach Rom zum Vater und nach Ardea zum Gatten, sie sollten mit je einem treuen Freund kommen; es sei nötig, dies zu tun und sich zu eilen; Schreckliches sei vorgefallen. (6) Es kamen Sp. Lucretius mit P. Valerius, dem Sohn des Volesus, der Collatiner mit L. Iunius Brutus, mit dem er zufällig auf dem Rückweg nach Rom war, als er von dem Boten seiner Gattin erreicht wurde. (7) Sie finden Lucretia tiefbetrübt in ihrem Schlafgemach sitzen. Bei der Ankunft der Ihren bricht sie in Tränen aus und auf die Frage ihres Mannes »Steht alles gut?«[246] antwortet sie: »Keineswegs. Wie könnte es auch gut stehen um eine Frau, die ihre Ehrbarkeit verloren hat! Die Spuren eines fremden Manns sind in deinem Bett, Collatiner; doch ist mir nur der Leib entehrt, das Herz ist schuldlos; mein Tod wird dafür Zeugnis ablegen! Doch gebt mir Hand und Wort,[247] daß der Schänder nicht straflos ausgehen wird! (8) Sextus Tarquinius ist es, der sich als Feind und nicht als Gast letzte Nacht mit Gewalt und bewaffnet hier eine mir und – wenn ihr Männer seid – auch ihm Verderben bringende Freude genommen hat.« (9) Sie alle geben ihr der

ordine omnes fidem; consolantur aegram animi auertendo
noxam ab coacta in auctorem delicti: mentem peccare, non
corpus, et unde consilium afuerit culpam abesse. (10) »Vos«
inquit »uideritis quid illi debeatur: ego me etsi peccato
absoluo, supplicio non libero; nec ulla deinde impudica
Lucretiae exemplo uiuet.« (11) Cultrum, quem sub ueste
abditum habebat, eum in corde defigit, prolapsaque in uolnus moribunda cecidit. (12) Conclamat uir paterque; **59** (1)
Brutus illis luctu occupatis cultrum ex uolnere Lucretiae
extractum, manantem cruore prae se tenens, »Per hunc«
inquit »castissimum ante regiam iniuriam sanguinem iuro,
uosque, di, testes facio me L. Tarquinium Superbum cum
scelerata coniuge et omni liberorum stirpe ferro igni quacumque dehinc ui possim exsecuturum, nec illos nec alium
quemquam regnare Romae passurum.« (2) Cultrum deinde
Collatino tradit, inde Lucretio ac Valerio, stupentibus miraculo rei, unde nouum in Bruti pectore ingenium. Vt prae-
ceptum erat iurant; totique ab luctu uersi in iram, Brutum
iam inde ad expugnandum regnum uocantem sequuntur
ducem.

(3) Elatum domo Lucretiae corpus in forum deferunt, con-
cientque miraculo, ut fit, rei nouae atque indignitate homines. Pro se quisque scelus regium ac uim queruntur. (4)
Mouet cum patris maestitia, tum Brutus castigator lacri-
marum atque inertium querellarum auctorque quod uiros,
quod Romanos deceret, arma capiendi aduersus hostilia
ausos. (5) Ferocissimus quisque iuuenum cum armis uolun-

Reihe nach ihr Wort; sie trösten sie in Ihrem Herzeleid und wälzen die Schuld von der Genötigten auf den Urheber des Verbrechens ab: Der Geist sündige, nicht der Leib,[248] und wo die Absicht gefehlt habe, sei auch keine Schuld. (10) »Ihr«, sagt sie, »mögt darauf sehen, was jenem gebührt; ich aber befreie mich, auch wenn ich mich von Schuld freispreche, nicht von der Strafe; es soll künftig keine Schamlose unter Berufung auf Lucretia leben dürfen!« (11) Und sie stößt sich das Messer, das sie unter dem Gewand verborgen gehabt, ins Herz, fällt nach vorn auf die Wunde hin und sank sterbend nieder. (12) Gemeinsam erheben Gatte und Vater die Klage. **59** (1) Brutus aber zog, indes sie sich der Trauer hingaben, das Messer aus Lucretias Wunde, hielt es bluttriefend vor sich hin und sprach: »Bei diesem vor der königlichen Freveltat keuschesten Blut schwöre ich[249] und rufe euch, ihr Götter, zum Zeugen dafür an, daß ich L. Tarquinius den Hochfahrenden samt seinem verbrecherischen Weib und seiner ganzen Kinderbrut mit Schwert, Feuer und welcher Macht ich immer kann, verfolgen und nicht zulassen werde, daß jene oder irgendein anderer als König zu Rom herrscht!« (2) Er übergibt das Messer dem Collatiner, dann dem Lucretius und dem Valerius, die über das Wunder staunten, woher dieser neue Geist in des Brutus Brust komme. Wie er ihnen vorgesprochen, schwören sie; und von der Trauer ganz und gar zu Rachezorn übergehend, folgen sie dem Brutus, der sie aufruft, jetzt gleich das Königtum niederzukämpfen, als ihrem Führer.

(3) Sie tragen Lucretias Leichnam aus dem Haus und bringen ihn auf den Marktplatz und rufen die Leute, wie es zu gehen pflegt, durch das Auffallende und Empörende der Neuigkeit zusammen. Jeder klagt je nach seiner Einstellung über das Verbrechen des Königs und über die Gewalttat. (4) Es rührt die Trauer des Vaters ebenso wie die des Brutus, der den Tränen und unnützen Klagen wehrt und auffordert, nach Männer- und Römerweise die Waffen gegen die zu ergreifen, die die Feindseligkeiten gewagt hätten. (5) Die tat-

tarius adest; sequitur et cetera iuuentus. Inde patre praeside relicto Collatiae ad portas custodibusque datis ne quis eum motum regibus nuntiaret, ceteri armati duce Bruto Romam profecti. (6) Vbi eo uentum est, quacumque incedit armata multitudo, pauorem ac tumultum facit; rursus ubi anteire primores ciuitatis uident, quidquid sit haud temere esse rentur. (7) Nec minorem motum animorum Romae tam atrox res facit quam Collatiae fecerat; ergo ex omnibus locis urbis in forum curritur. Quo simul uentum est, praeco ad tribunum celerum, in quo tum magistratu forte Brutus erat, populum aduocauit. (8) Ibi oratio habita nequaquam eius pectoris ingeniique quod simulatum ad eam diem fuerat, de ui ac libidine Sex. Tarquini, de stupro infando Lucretiae et miserabili caede, de orbitate Tricipitini cui morte filiae causa mortis indignior ac miserabilior esset. (9) Addita superbia ipsius regis miseriaeque et labores plebis in fossas cloacasque exhauriendas demersae; Romanos homines, uictores omnium circa populorum, opifices ac lapicidas pro bellatoribus factos. (10) Indigna Ser. Tulli regis memorata caedes et inuecta corpori patris nefando uehiculo filia, inuocatique ultores parentum di. (11) His atrocioribusque, credo, aliis, quae praesens rerum indignitas haudquaquam relatu scriptoribus facilia subicit, memoratis incensam multitudinem perpulit ut imperium regi abrogaret exsulesque esse iuberet L.

kräftigsten der jungen Männer stellen sich mit ihren Waffen freiwillig ein; die übrige Jungmannschaft folgt. Dann wurde unter der Führung des Vaters zu Collatia eine Schutzmannschaft zurückgelassen und Wachen für die Tore bestellt, damit den Königen niemand den Aufruhr melden könne; die übrigen Wehrhaften marschierten unter Führung des Brutus nach Rom. (6) Als sie dort ankommen, bewirkt die Menge Bewaffneter, wo sie auch auftritt, Schrecken und Tumult; andererseits glauben sie, da sie die Vornehmen der Bürgerschaft voranschreiten sehen, es geschähe nichts ohne Grund. (7) In Rom löste das schändliche Vorkommnis keine geringere Bewegung aus, als es das in Collatia getan hatte; also lief man von allen Enden der Stadt auf den Marktplatz. Sobald alles dort zusammengekommen war, rief der Herold das Volk vor den Oberst der Reiterei; dieses Amt hatte damals Brutus gerade inne.[250] (8) Er hielt dort eine Rede – und zwar keineswegs von jener Gestimmtheit und in jenem Geiste, die er bis zu diesem Tag vorgetäuscht hatte – über die Gewalttat und Lüsternheit des Sex. Tarquinius, über die unerhörte Schändung und den beklagenswerten Tod der Lucretia, über die Kinderlosigkeit des Tricipitinus, für den noch schimpflicher und bejammernswerter als der Tod seiner Tochter die Ursache dieses Todes sei. (9) Er erwähnte weiter das hochfahrende Wesen des Königs selbst sowie die Leiden und Mühsal der Menge, die unter die Erde getrieben wurde, um Gräben und Abwasserkanäle auszuheben; römische Männer, Sieger über alle Völker ringsum, seien aus Kriegern zu Handarbeitern und Steinbrechern gemacht worden. (10) Er erinnerte auch an den schändlichen Mord an König Ser. Tullius und an die Tochter, die mit ihrem verruchten Wagen über die Leiche des Vaters gefahren sei, und rief als Rächer der Eltern die Götter auf.[251] (11) Durch Erwähnung solcher und, glaube ich, anderer noch üblerer Dinge, welche die Entrüstung des Augenblicks eingibt – wobei es für die Geschichtsschreibung gar nicht leicht ist, sie wiederzugeben –, brachte er die erregte Menge dazu,

Tarquinium cum coniuge ac liberis. (12) Ipse iunioribus qui ultro nomina dabant lectis armatisque, ad concitandum inde aduersus regem exercitum Ardeam in castra est profectus: imperium in urbe Lucretio, praefecto urbis iam ante ab rege instituto, relinquit. (13) Inter hunc tumultum Tullia domo profugit exsecrantibus quacumque incedebat inuocantibusque parentum furias uiris mulieribusque.

60 (1) Harum rerum nuntiis in castra perlatis cum re noua trepidus rex pergeret Romam ad comprimendos motus, flexit uiam Brutus – senserat enim aduentum – ne obuius fieret; eodemque fere tempore, diuersis itineribus, Brutus Ardeam, Tarquinius Romam uenerunt. (2) Tarquinio clausae portae exsiliumque indictum: liberatorem urbis laeta castra accepere, exactique inde liberi regis. Duo patrem secuti sunt qui exsulatum Caere in Etruscos ierunt. Sex. Tarquinius Gabios tamquam in suum regnum profectus ab ultoribus ueterum simultatium, quas sibi ipse caedibus rapinisque concierat, est interfectus.

(3) L. Tarquinius Superbus regnauit annos quinque et uiginti. Regnatum Romae ab condita urbe ad liberatam annos ducentos quadraginta quattuor. (4) Duo consules inde comitiis centuriatis a praefecto urbis ex commentariis Ser. Tulli creati sunt, L. Iunius Brutus et L. Tarquinius Collatinus.

dem König die Herrschaft abzusprechen und den L. Tarquinius samt Frau und Kindern zu verbannen.²⁵² (12) Er selbst wählte jüngere Männer aus, die sich freiwillig stellten, bewaffnete sie und begab sich nach Ardea ins Lager, um das Heer gegen den König aufzuwiegeln; die Befehlsgewalt in der Stadt überläßt er dem Lucretius, der schon früher vom König zum Stadtkommandanten eingesetzt worden war.²⁵³ (13) Während dieses Tumults flieht Tullia aus dem Haus, und wohin sie kam, verfluchten sie Männer und Frauen und riefen die Rachegeister der Eltern an.

60 (1) Als Nachrichten über diese Ereignisse ins Lager gelangt waren und der König, besorgt über die Revolte, nach Rom eilte, um die Bewegung zu unterdrücken, wechselte Brutus – er hatte dessen Annäherung bemerkt – seine Marschrichtung, um nicht mit ihm zusammenzustoßen; zu ungefähr gleicher Zeit kamen sie auf verschiedenen Wegen an: Brutus in Ardea, Tarquinius in Rom. (2) Für den Tarquinius blieben die Tore geschlossen, und es wurde ihm Verbannung angesagt. Den Befreier der Hauptstadt empfing das Lager freudig; die Söhne des Königs aber wurden daraus vertrieben. Zwei folgten dem Vater und gingen nach Caere zu den Etruskern ins Exil. Sex. Tarquinius ging nach Gabii als seinem Königreich und ist von Rächern aus alter Feindschaft, die er sich selbst durch Mordtaten und Räubereien zugezogen hatte, umgebracht worden.

(3) L. Tarquinius der Hochfahrende hat 25 Jahre lang regiert. Die Königsherrschaft in Rom dauerte von der Gründung bis zur Befreiung der Stadt 244 Jahre. (4) Jetzt wurden in einer Volksversammlung nach Hundertschaften durch den Stadtkommandanten gemäß den Vorschriften des Ser. Tullius zwei Konsuln²⁵⁴ gewählt: L. Iunius Brutus und L. Tarquinius Collatinus.

Anmerkungen

1 Einem historischen Werk eine Vorrede (*praefatio, prooimion*) vorauszuschicken, war seit Hekataios üblich und wurde auch von Herodot und Thukydides so geübt. Livius hatte an Sallust einen unmittelbaren Vorgänger, dessen ideologische Fixierung er jedoch ablehnt. Wie weit ein Historiker vom Klischee abweicht, um individuelle Intentionen vorzutragen, bestimmt den Grad seiner Eigenständigkeit.
2 Der Textbeginn stellt den Anfang eines Hexameters dar, eine offenbar bewußte stilistische Form, die, wiewohl sonst in Prosa unüblich, nicht einmal von Quintilian (inst. 9,4,74) getadelt wurde.
3 Vgl. Herod. 1,1.
4 Gemeint sind: Q. Fabius Pictor, L. Cincius Alimentus, A. Postumius Albinus, M. Porcius Cato, L. Calpurnius Piso, L. Coelius Antipater, L. Cassius Hemina, Valerius Antias, Q. Aelius Tubero.
5 Die genannten Schriftsteller waren in der Mehrzahl Inhaber hoher Staatsämter.
6 Betonung der kritischen Haltung gegenüber legendärer Darstellung der römischen Frühzeit.
7 Die zeitgenössischen Leser als drittes Schwierigkeitselement.
8 Vgl. Thuk. 1,22,4.
9 Vgl. Hekat. 1 F 1; Thuk. 1,22,2; Sall. hist. fr. 6 M; Sall. Cat. 4,2; Tac. ann. 1,1.
10 Livius meint nicht nur die historischen Vorgänge vor der Gründung Roms, sondern auch die vom Fatum gesteuerte Teleologie bzw. das vorbestimmte Ineinandergreifen der Abläufe.
11 Vgl. Thuk. 1,1,3.
12 Vgl. Cic. inv. 1,23.
13 Vgl. Enn. ann. 500 V: *Moribus antiquis res stat Romana virisque.*
14 Livius hebt hier auf die großen Einzelpersönlichkeiten ab, die den Staat groß machten; vgl. das Enniuszitat Anm. 13.
15 Den gleichen Gedanken spricht in ähnlicher Form Sallust aus (hist. 16 M). Gemeint ist der moralische wie der politische Verfall.
16 Vgl. Hor. carm. 3,24 und 3,6; dazu Plut. Cato min. 20.
17 Vgl. Sall. Catil. 7–12; bell. Iug. 41,2. Der Einbruch des morali-

schen Verfalls in politischer wie in privater Hinsicht wird verschieden angesetzt: Sallust verlegt ihn ins Jahr 146 v. Chr. (Zerstörung Karthagos), Piso ins Jahr 154 v. Chr. (Plin. nat. hist. 17,244), Polybius ins Jahr 168 (31,25,3; 6,57,5). Die Gegenüberstellung von *avaritia-luxuria* und *parsimonia-paupertas* gehört zum Formelbestand der zeitgenössischen Rhetorik.
18 Vgl. die Prooemien bei Homer, Theognis, Ennius, Vergil. Bei vorherigen Historikern war eine Götteranrufung nicht üblich. Ogilvie (1970, S. 29) führt ihre Übernahme hier darauf zurück, daß sich Livius als »a creative artist« fühlte, »as a poet rather than a researcher«.
19 Unüblicher Anfang eines römischen Geschichtswerks. Ging ein Anfangssatz verloren? (F. C. Wex, *Neue Jahrbücher für Philologie* 71, 1855, S. 123–125.) Sprachlich auch bei Livius nicht als Kapitelanfang zu finden. Indessen stellt die Wendung den Übergang von den allgemeinen Betrachtungen der *praefatio* zur historiographischen Darstellung dar.
20 Antenor hatte Menelaus und Odysseus in Troia aufgenommen und zur Rückgabe Helenas geraten (Il. 3,207; 7,347; Hor. epist. 1,2,9).
21 Alte Überlieferung. Die makedonische Stadt Rakelos änderte ihren Namen in Aenea (Aineia) und prägte Münzen mit dem Bild des den Anchises tragenden Aeneas. Ogilvie (1970, S. 38) vermutet, daß Vorfahren der Aeneassippe vom Balkan nach Troia gekommen seien.
22 Hat historische Wahrscheinlichkeit. Die Elymer (Städte: Eryx, Segesta) werden von Thukydides (6,2,3) als Flüchtlinge aus Troia bezeichnet und Elymus von Hellanikos (FGrHist 4 F 31) als Waffengefährte des Aeneas.
23 Die Aborigines treten zuerst bei Kallias (FGrHist 564 F 5 a,b) auf. Vgl. Verzeichnis der Eigennamen.
24 Die erste Version verletzt den römischen Stolz durch Eingeständnis der latinischen Niederlage und stempelt Aeneas zum Eindringling (eine Spitze gegen die Iulische Ideologie), die zweite verschleiert die Gegensätze und ist zu Livius' Zeit die offizielle (vgl. Verg. Aen. 7,170 ff.).
25 Die Tradition spricht für Lavinium als erste Gründung des Aeneas auf latinischem Boden; auch Kulte (Penates, Aeneas Indiges) sprechen dafür. Vgl. Ogilvie (1970) S. 39 f.
26 Daß sich hier eine Kultstätte des Aeneas befand, ist durch einen

dort gefundenen Cippus mit der Inschrift LARE AINEIA D(onom) nachgewiesen (M. Guarducci, *Bulletino della Commissione archaeologica comunale di Roma*, Suppl., 1956–58, S. 1–13).
27 Für Livius typisches Ausweichen vor entschiedener Stellungnahme in quellenkritischen Fragen.
28 Vgl. Verg. Aen. 3,392 f., wo die näheren Umstände der Gründung von Alba Longa doch sehr mit denen der Gründung von Lavinium konform gehen, wie diese bei Dion. Hal. 1,56 und Strabon 5,229 berichtet werden.
29 Vgl. das Verzeichnis der Eigennamen: Prisci Latini. – W. Weissenborn nimmt in seiner Textausgabe (^{12}1966, S. 59) Prisci als Volksname (wie Osci, Vulsci) und prätendiert eine asyndetische Verbindung mit Latini.
30 Der Beiname könnte auf den Landschaftscharakter des frühen Latiums hinweisen (so Ogilvie, 1970, S. 45).
31 Die Sage ist bezüglich Tiberinus so divergent, daß keine Profilierung außer der eines eponymen Helden möglich ist. Weissenborn (^{12}1966, S. 59) will den Flußnamen für früher halten und aus oskischer Wurzel ableiten, mit ähnlicher Bedeutung wie Albula (Bergfluß).
32 Von einem Meteoriten? Auf dem Aventin wurde ein solcher verehrt.
33 Die Vestalinnen wurden vom Pontifex maximus gewählt, hatten ihre Jungfräulichkeit zu bewahren; deren Verlust wurde bestraft durch Lebendigbegraben oder Sturz vom Tarpeischen Felsen. Sie versahen den Vestakult. Ihre Aufgaben waren das Hüten des Feuers, das Wasserholen. Sie wurden praktisch als Opfer bei schlimmen Prodigien bereitgehalten, wobei als Grund der Verlust der Jungfräulichkeit herhalten mußte.
34 *Fatum* oder *Fata* (von *fari*), Spruch bzw. Festsetzungen einer neben oder über den Göttern stehenden Macht, gleichzusetzen mit der griechischen Moira. Für Livius sind Synonyme für diesen Willen des Schicksals: *numen, fors, fortuna*. Er sieht Gründung und Wachstum Roms als prädestiniert an, eine sich mit Lehren der Stoa berührende geschichtsphilosophische, aber auch politisch-propagandistisch gemeinte Auffassung, die das ganze Geschichtswerk des Livius beherrscht.
35 *incerta* deutet auf die Unsicherheit, wer als Vater anzunehmen war. Livius legt auch sonst häufig natürliche und übernatürliche Erklärungen nebeneinander vor.

36 *Fors* ist »ein in Rücksicht auf Grund und Ursprung dem Menschen nicht erkennbares Ereignis, das aber durch eine höhere Macht geordnet sein kann« (Weissenborn, ^{12}1966, S. 61). Vgl. Anm. 34.
37 Die Deutung des Wortes ist umstritten; etymologische und ätiologische Möglichkeiten halten sich die Waage. Vgl. Verzeichnis der Eigennamen.
38 Die Deutungen gehen auf das Gracchische Zeitalter zurück und sind sehr komplex. Vgl. Ogilvie (1970) S. 49 f.
39 Altes Hirtenfest am 15. Februar. Vermutlich eine Selbstfeier der Hirten als Wolfabwehrer (Luperci), dann zum Fruchtbarkeitsritus umgedeutet. Beziehungen zum Kult des Zeus Lykaios?
40 Livius hat keine klare Vorstellung von den Größen- und Machtverhältnissen der Städte, die er nennt.
41 *Auguria* sind (meist erbetene, aber auch unerbetene) Zeichen, durch welche die Götter ihre Zustimmung zu geplanten Handlungen geben. Die Befrager und Deuter sind die *augures* (ursprünglich jeder Hausvater, dann bestellte, später zu einem Kollegium zusammengefaßte Körperschaft). Art, Örtlichkeit und Richtung des Zeichens sind gleichermaßen wichtig, das Vorgehen streng ritualisiert. Die Zeichen aus dem Vogelflug (erbetene Zeichen) sind am ehesten sozusagen experimentell zu gewinnen, die aus Blitzen z. B. nicht; daher ist die Zeichengewinnung aus dem Vogelflug eher üblich.
42 Zu den Ortsnamen s. das Verzeichnis der Eigennamen. Der Befragungsort des Remus (Remoria) wurde als Unheilsort angesehen.
43 Die Wertung der doppelten Anzahl der Vögel als Zeichen ist etruskisch; die Episode dürfte eine Erfindung aus späterer Zeit im Zusammenhang mit den dem Bestand Roms vorausgesagten 12 *saecula* sein (Cens. 17).
44 Der Verquickung italischer mit griechischen Mythologemen fügt Livius eine ätiologisch gemeinte kultische bei. Jedoch ist ein staatlicher Herculeskult erst für 399 v. Chr. belegt. Livius wie auch Vergil folgen hier wohl Ennius. Die Erneuerung des Herculeskults durch Augustus soll diesen als zweiten Romulus ausweisen.
45 Jenseits des von Livius als frühgeschichtlich angenommenen Mythologems ist die Gottheit Cacus-Caca wie andere römische Gottheiten zweigeschlechtlich und uralten chthonischen Erscheinungen zuzurechnen.

46 Die sonst nur dichterisch benutzte Wendung betont den märchenhaften Charakter des Vorgangs.
47 Auch das Verb *vadere* gehört der dichterischen Sphäre an.
48 Tacitus (ann. 11,14) läßt Euander das lateinische Alphabet einführen. Indessen zeigen frühe Inschriften, daß das lateinische Alphabet nicht unbesehen von den Griechen übernommen, sondern vom Etruskischen überformt wurde.
49 Als Göttin schon von den Aboriginern verehrt, gleichgesetzt mit Themis oder Moira. Ihre Sprüche sind sowohl magischer wie prophetischer Natur.
50 Livius benützt das Adjektiv *augustus* nur im Zusammenhang mit Hercules, Romulus, Decius und Heiligtümern. Die Absicht, diese Personen und Dinge mit Augustus in Zusammenhang zu bringen, ist offensichtlich.
51 Entspricht der Formel Homers (Od. 1,170).
52 Die Rede des Euander hat in Wortwahl und Stilistik den Charakter einer rituellen Formel (Wiederholung, passiver Infinitiv Futur, *veridicus*, Vokativ *Hercules* statt *Hercule*, *cecinit*).
53 Die Verwendung des Verbums *augere* suggeriert einen nicht nur etymologischen Zusammenhang mit dem Namen Augustus, sondern auch einen ideologischen.
54 Die Ableitung der Namen (Potitii von *potiri*, Pinarii von griech. πεινᾶν) ist ein Produkt der Volksetymologie und keineswegs zwingend.
55 Die Liktoren begleiteten Magistrate bei Dienstgängen, nahmen Verhaftungen vor und wirkten im Opferdienst mit. Ihr Abzeichen: Rutenbündel mit Doppelaxt (Richtbeil), dessen Herkunft nach Silius Italicus (8,484), Macrobius (Sat. 1,6,7), Diodor (5,40) etruskisch ist.
56 Die *sella curulis* war ursprünglich der Sitz der italischen und etruskischen Könige auf ihrem Wagen bei der Rechtsprechung (Name von *currus*). Später der Amtssitz der höheren römischen Beamten, ein verzierter Klappsitz ohne Lehnen. Auf etruskischen Wandmalereien dargestellt.
57 Das klassische Gewandstück der Römer bei offiziellen Anlässen, ein segmentförmig geschnittenes Tuchstück aus Wolle, wurde von Knaben und Magistraten und kurulischen Beamten mit einem Purpurstreifen verziert getragen.
58 Das Asyl lag am Osthang des Kapitols. Ursprünglich eine griechische Einrichtung im Zusammenhang mit dem Niederlassungsrecht und dem Schutz von Fremden, angelegt im Schutze

eines Heiligtums. Zur politischen Begründung der Einrichtung in Rom vgl. Cic. div. 2,40; Vell. Pat. 1,8,5.
59 Es ist unklar, ob die *patres* der Königszeit die Häupter der *gentes* waren oder die Führer der Aristokratie. Zum Namen ihrer Abkömmlinge (*patricii*) vgl. Cic. rep. 2,73.
60 Ogilvie (1970, S. 64 ff.) weist für die Kap. 9 bis 13 darauf hin, daß Livius »use the Sabine women like a Greek chorus as a constant background to each episode and ... allow their emotions gradually to change with circumstances«. Vgl. zur Sabiner-Episode: Cic. rep. 2,12; Dion. Hal. 2,30,1; Plut. Rom.
61 *Consualia* hießen zwei Feste (21. August und 15. Dezember), an denen der Gott der geborgenen Feldfrucht, Consus, verehrt wurde und Pferde- und Wagenrennen stattfanden (Dion. Hal. 2,31,2). Mit dem Plan (*consilium*) des Romulus, wie Paulus Diaconus (41) will, hat das Fest nichts zu tun.
62 Siehe Verzeichnis der Eigennamen.
63 Eine alte Rechtsformel, in der *per* im Sinne von »gegen, wider« benutzt wird. Vgl. Plaut. Most. 500; Cic. S. Rosc. 110, 116; inv. 1,71.
64 In den Argumenten des Romulus sieht Ogilvie (1970, S. 70) griechische literarische Quellen wirksam: Eur. Med. 475 ff.; Soph. Ai. 490 f.; 415–419; Eur. Tr. 665 f.; Hom. Il. 6,429.
65 Die von einem römischen Führer dem feindlichen Führer abgenommene Rüstung wurde *spolia opima* (Plut. Rom. 16,6) oder *spolia prima* genannt.
66 Die *spolia opima* wurde dem Iuppiter Feretrius geweiht (Erklärung des Beinamens s. Verzeichnis der Eigennamen), die *spolia secunda* bzw. *tertia* dem Mars bzw. dem Ianus Quirinus.
67 Nämlich von A. Cornelius Cossus (Liv. 4,20) und von M. Claudius Marcellus im Jahr 222 v. Chr. (Gallier). Dem M. Licinius Crassus, der als Prokonsul von Makedonien den Bastarnerführer Delton tötete, wurde die *spolia opima*-Weihung von Octavian verweigert, da er als Prokonsul nicht volles *imperium* innegehabt habe; Octavian sah seine prätendierte Stellung als neuer Romulus in Frage gestellt (Ogilvie 1970, S. 73).
68 Offenbar gehörte sie zu den Vestalinnen, denen unter anderem tägliches Wasserholen zu kultischen Zwecken oblag und die jungfräulich zu leben hatten. Vgl. das Verzeichnis der Eigennamen: Vesta.
69 *pugnam ciere* ist dichterische Wendung, bei Livius häufig. Vgl.

Verg. Aen. 1,541; 5,585; 9,766; 12,158; Sil. Ital. 5,335; 7,605.
70 Gemeint ist die Porta Mugionia an der Nordseite des Palatin. Die Siedlungen auf den einzelnen Hügeln waren je für sich befestigt.
71 Die durch betonte Stilisierung (Alliteration, Chiasmus) ins Rituelle erhöhte Anrede dient zur Erklärung des Iuppiterbeinamens Stator. Spätere Zeit bezog ihn auf die Erhaltung des Staates überhaupt (Cic. Catil. 1,33; Sen. ben. 4,7,1).
72 Zu den Objekten, aus denen die Episoden von Kap. 12f. ätiologisch herausgesponnen wurden (Tarpeischer Felsen, Iuppiter-Stator-Tempel), gehört auch der Lacus Curtius. Vgl. Verzeichnis der Eigennamen.
73 Die Wendungen *crinibus passis* usw. wiederholen sich bei Livius (7,40,12; 26,9,7) und gehören dem Bildgut des Epos an (Verg. Aen. 1,480; 2,404), vermutlich auch die *tela volantia*.
74 Daß die Bezeichnung Quirites mit Cures in Verbindung gebracht wurde, könnte davon herrühren, daß diese sabinische Stadt als Geburtsort von Numa angesehen wurde. Vgl. das Verzeichnis der Eigennamen.
75 Vgl. Plaut. Curc. 477; Plin. nat. hist. 15,78; Suet. Aug. 57; Galba 20.
76 *Curiae*: Die Bezeichnung dürfte von *co-viria* (Nachbarschaft) abzuleiten sein. Die Kurien waren die Basis der alten Heereseinteilung und sanken mit Einführung der Centurienordnung zu bloßen Kultgemeinschaften ab.
77 Vgl. Serv. ad Aen. 5,560 sowie das Verzeichnis der Eigennamen.
78 Der Textüberlieferung und dem sprachlichen Verständnis nach eine der schwierigsten Liviusstellen. Vgl. Weissenborn ([12]1966) S. 85 und Ogilvie (1970) S. 82.
79 Vgl. Frontin. strat. 2,5.
80 Die *Celeres* werden einmal erklärt als *equites* des Heeres unter Romulus, zum andern als Leibwache.
81 Aus dem griechischen Bereich übernommenes Schema der Apotheosis eines Heroen, der für spätere Zeit noch gültig sein sollte. Es wird von Livius benutzt, um die Iulier seiner Zeit zu glorifizieren. Romulus selbst zu verklären, wagt Livius nicht, weil sich über das Ende des Gründers von Rom eine gegenläufige Tradition gebildet hatte, nach der der Brudermörder und Gewalttäter Romulus (nach Fabius Pictor?) anläßlich jener Musterung von seinen Feinden buchstäblich in Stücke gerissen

Anmerkungen   189

worden sei. Die Situation wurde nach der Ermordung Caesars 44 v. Chr. aus propagandistischen Gründen mit dieser in Beziehung gesetzt. Vgl. Dion. Hal. 2,56,5; Plut. Rom. 27; Val. Max. 5,3,1.

82 Romulus wird hier in kultisch-dichterischer Form als Vater Roms angesprochen (vgl. Verg. Aen. 5,80; Cato agr. 134).

83 Die Rede des Proculus ist der Stilistik nach dichterisch und dem Gehalt nach eine romantisierende Übernahme griechischer Vorbilder (vgl. Hom. Il. 24,121; Hom. Od. 1,102; Verg. Aen. 8,423).

84 Die Korrektur von Graevius *ad singulos* ist allein haltbar.

85 Die rituelle Gebetsformel für öffentlichen wie für privaten Bereich. Vgl. Cic. divin. 1,102.

86 Numa ist das königspriesterliche Gegenstück zu dem kriegerisch-gewalttätigen König Romulus. Der Name könnte mit griech. νόμος zusammenhängen. Livius versucht hier auch, primitiv-religiöse Tendenzen mit griechischen, sowohl religionsphilosophischen wie religiös-praktischen Erscheinungen von philosophischer Basis (Pythagoräer) zu verknüpfen bzw. die urtümlichen religiösen Erscheinungen der Frühzeit Roms durch Aufzeigen von Verbindungslinien mit der als größer anerkannten griechischen Vergangenheit zu untermauern.

87 Livius erweitert oder ändert eine Ritusformel zur Episode. Zur Formel vgl. Varro ling. 7,8. Das Ritual selbst ist östlicher Herkunft und muß von den Etruskern übernommen sein, d. h. es ist zu diesem Zeitpunkt anachronistisch.

88 Vgl. Verg. Aen. 6,810 f.; Sen. apocol. 10,2.

89 Vgl. Ov. fast. 1,258; Sen. apocol. 9,2; Dio Cass. 83,13. Die erste Schließung nach Numa geschah 235 v. Chr. (bzw. 241), die zweite durch Augustus 29 v. Chr.; anachronistisch ist die Benennung des Augustus als Caesar Augustus: sie galt erst ab 27 v. Chr.

90 Siehe das Verzeichnis der Eigennamen.

91 Eine offensichtlich augusteische Wendung; vgl. *Res gestae* 13; Suet. Aug. 22.

92 Vgl. Horaz (Epode 7), wo das römische Waffenwerk als Fluch angesehen wird; zur Illustration diene Tac. hist. 3,25.

93 Die Handhabung frommer Täuschung (*pia fraus*) gehörte zu Numas volkspädagogischer Taktik; vgl. Polyb. 6,56,9. Plato (rep. 414 B) spricht sich bereits für die Richtigkeit eines solchen Verfahrens aus.

94 Vor Numa war das Romulische Jahr mit 10 Monaten (304 Tage) in Gebrauch gewesen. Die Einfügung der Schaltmonate sollte das Sonnenjahr mit dem Mondjahr in Einklang bringen.
95 Es gab 15 *flamines*, d. h. Priester für bestimmte Kulte; die Etymologie der Bezeichnung *flamen* ist umstritten. Die *flamines* des Iuppiter, Quirinus und Mars wurden *flamines maiores* genannt. Die Fiktion dabei ist, daß der König als höchste sakrale Instanz alle Opfer vollziehen, diese Gewalt aber an einzelne delegieren kann.
96 Quirinus tritt nur hier als einzelner auf; der Name verbindet sich sonst mit Iuppiter, Ianus und Mars. Etymologisch ist ein Substantiv *co-uiri-no* (Gott der Männerversammlung) anzusetzen (Ogilvie, 1970, S. 84). Weissenborn ([12]1966, S. 98) sieht in Quirinus den angestammten Gott der Sabiner, in Mars den der Ramnes, in Iuppiter den des römischen Gesamtstaates. Vgl. auch das Verzeichnis der Eigennamen.
97 Livius vermerkt hier ausdrücklich die Herkunft des Vestakultes aus Alba Longa bzw. aus dem Umkreis des Romulus; Numa ist nur der Neuordner des Kults. Vgl. das Verzeichnis der Eigennamen: Vesta.
98 Die Etymologie von Gradivus ist strittig. Varro (ling. 5,85) bringt den Beinamen in Zusammenhang mit *gradi* bzw. mit den Tanzschritten der Salii (s. Anm. 99); da es sich dort um Fechterschritte bzw. um einen Waffentanz handelt, dürfte eine Übersetzung »Voranschreiter, Vorkämpfer« gerechtfertigt sein.
99 Es gab zwei Kollegien von Salii (Tanz- oder Springpriester), die Palatini und die Collini, mit je 12 Mitgliedern, im Dienst des Mars bzw. des Quirinus. Sie traten in altertümlicher Tracht und Bewaffnung (Bronzezeit) auf, hielten zweimal im Jahr ihren Umzug und führten einen eigentümlichen Waffentanz oder Waffenreigen auf, der zweifellos Fecht- und Kampfbewegungen rhythmisierte und ritualisierte. Schlagen der Schilde des Mars (*ancilia*) und Absingen des *carmen Saliare* gehörten neben den Tanzschritten zu der urtümlichen Zeremonie.
100 Langrunde, auf beiden Seiten eingeschnittene Schilde, wie sie in der ältesten bekannten italischen Waffenrüstung, aber davor schon in mykenischer Zeit abgebildet vorkamen; auch Homer kennt diese Schildform, die in die Bronzezeit zurückweist. Die Sage hat zwei Versionen: Es soll nur ein Schild vom Himmel gefallen und die anderen elf auf Numas Anordnung ihm nach-

gebildet worden sein – oder es sollen alle zwölf himmlischen Ursprungs sein. Die von den Salii durchgeführten Zeremonien *ancilia movere* im März und des *ancilia condere* bezeichnen Beginn und Ende der zur Kriegführung geeigneten Zeit.

101 Pontifex maximus hieß der Vorsteher der Pontifices, des Priesterkollegiums von Rom. Er hatte die Oberaufsicht über das Sakralwesen und übte das Disziplinarrecht über die Pontifices sowie speziell über die Vestalinnen aus, deren Kultdienst und Lebensführung er selbst überwachte. Die Würde hatte über den kultischen Bereich hinaus auch politische Bedeutung: Bei der formalistischen Starrheit der alle staatlichen Bereiche durchdringenden römischen Religion konnte starker Einfluß auf das politische Leben ausgeübt werden.

102 Der Beiname Elicius wird verschieden gedeutet: einmal vom Herablocken Iuppiters (Ov. fast. 3,285 ff.; Plut. Num. 15) oder vom Provozieren himmlischer Weisungen in Blitzen o. ä. (vgl. Plin. nat. hist. 2,140). Eine dritte Deutung bringt ihn mit Regenbeschwörung und der Zeremonie des Aquaelicium in Verbindung.

103 Vgl. Varro ling. 7,28 und Verg. Aen. 7,763; Ov. fast. 3,261. Siehe auch das Verzeichnis der Eigennamen.

104 Vgl. Plut. Num. 16,1. Die Zuweisung des Fideskults an Numa geschah vermutlich in Verwechslung des Dius-Fidius-Kults, der in die Frühzeit hinabreicht. Ein Fidestempel wurde erst gegen Mitte des 3. Jh.s v. Chr. errichtet (Cic. nat. deor. 2,61).

105 In einer am 14. Mai stattfindenden Sühnezeremonie wurden *argei* genannte Strohpuppen in den Tiber geworfen. Über Ursprung und nähere Deutung des Argiver-Komplexes gehen die Meinungen weit auseinander. Nicht einmal der sprachliche Zusammenhang mit Argivi = Griechen scheint sicher.

106 Der Name hängt mit *cluere* (griech. κλύζειν = *purgare*) zusammen, so daß Niebuhrs Annahme, es handle sich um einen Entwässerungsgraben, sehr viel für sich hat (1,110); Name und Existenz des Königs Cluilius wären dann ätiologische Fiktion. Vgl. Plin. nat. hist. 15,119; Strab. 5,230.

107 Der Ausdruck *infit* findet sich dreimal bei Livius; er stammt aus der dichterischen Sprache vor Apuleius und macht auf die unmittelbar folgenden Kernpunkte einer Rede aufmerksam (Ogilvie, 1970, S. 108).

108 Den Gegebenheiten nach ist hier statt Volscis Tuscis einzusetzen. Die Volsker erscheinen erst etwa 130 Jahre später als

Konkurrenten der Römer. Tuscus ist oft synonym mit Etruscus bei Livius verwendet.
109 Die Fetiales (Vertragspriester, Zeremonienpriester) regelten Bündnisschluß und Kriegserklärung und gaben Gutachten über den Rechtsverkehr zwischen Völkern ab.
110 Die albanischen Völker hatten eine den römischen Fetialen vergleichbare Einrichtung. Der Wortführer hieß *pater patratus* (von *patrare*, durchführen, vollstrecken), also gleichbedeutend mit *patrator*.
111 Der Burgbezirk galt insgesamt als heilig. Das Gras mußte mit anhaftender Erde gebracht werden (Plin. nat. hist. 22,5).
112 Die Formeln sind zum Teil anachronistisch, z. T. künstlich-dichterisch.
113 Die Lokalisierung der Gräber ist nicht möglich. Nach Martial (3,47,3) soll ein Erbbegräbnis der Horatii bei der Porta Capena gelegen haben.
114 Die Verhüllung des Haupts symbolisiert die Weihung des Verurteilten an die unterirdischen Götter; ihnen waren auch die *infelices arbores* (Schandbäume) zugehörig.
115 Das Gesetz sah Verurteilung vor. Doch war Berufung (*provocatio*) an das Volk möglich.
116 Stellten die Zweimänner das Vergehen fest, so hatte das Volk über Schuld oder Unschuld zu entscheiden.
117 *Pila* kann als Plural (Speere) oder als Singular (Pfeiler) aufgefaßt werden. Die Bezeichnung ist augusteisch.
118 Die Etymologie scheint falsch: In der Nähe des *tigillum sororium* war ein Doppelaltar des Ianus Curiatius und der Iuno Sororia, der Göttin der jungen Mädchen. Vgl. Ogilvie (1970) S. 117.
119 Das Grabmal ist unbekannt.
120 *Pallor* und *pavor* sind identisch mit den Homerischen Deimos und Phobos (Hom. Il. 11,37; Hes. theog. 933).
121 Die Livianische Erklärung ist unverständlich.
122 Die *lustratio exercitus* konnte vor oder nach einer Schlacht vorgenommen werden.
123 Die Hinrichtungsart des Mettius ist in der römischen Geschichte einmalig; nicht wegen ihrer Grausamkeit, sondern wegen des Verfahrens. Ogilvie (1970, S. 120) weist darauf hin, daß germanische Völker diese Hinrichtungsart kannten und daß sie im römischen Bereich aus der Wanderungszeit vor der Seßhaftwerdung ebenfalls bekanent gewesen sein dürfte.

124 Livius weist im Bestreben, die Greueltat zu bagatellisieren und die Frühzeit Roms weniger barbarisch erscheinen zu lassen, auf die Einmaligkeit dieser Exekution hin und behauptet schlicht eine besondere Humanität der Römer in der Bestrafung.
125 Impressionistisch-psychologisierende Schilderung in dichterischem Stil, die gängigen Schilderungen vom Fall Troias entspricht (vgl. z. B. Verg. Aen. 2). Eine Beziehung zu Ennius kann nicht ausgeschlossen werden.
126 Der *Lar familiaris* war die Schutzgottheit einer jeden Familie; wurde am Herde verehrt, auch von den Unfreien. Vgl. Plin. nat. hist. 28,27; Cato agr. 143,2; Tib. 1,3,34; Prop. 4,3,53 f. – Im Plural *Lares* ländliche Gottheiten.
127 Die *Penates dei* (nur im Plural auftretend) sind Hausgötter. Der Name leitet sich von *penus* (Vorrat für den Hausherrn) ab. Sie stehen in engem Zusammenhang mit dem *pater familias* als *civis Romanus*. Aeneas soll seine Penaten von Troia nach Lavinium gebracht haben (Naev. frg. 3 M;). Die in Lavinium (Liv. 1,14,2) vom *populus Romanus* abgehaltenen Opfer gelten den *Dei Penates* des Aeneas, die sich der Sage nach nicht nach Rom verbringen ließen.
128 Die gleiche Zeit von 400 Jahren setzt auch Justin (43,1,13) für das Bestehen von Alba Longa an. Vergil (Aen. 1,272) kommt insgesamt ebenfalls auf 400 Jahre, wenn zu den 300 Jahren Alba Longas vor der Gründung Roms noch 100 Jahre seit Roms Bestehen bis zum Fall von Alba Longa zugerechnet werden. Dion. Hal. (1,74,2 nach Cato) nimmt einen längeren Zeitraum an, nämlich 532 Jahre. Die kürzere Zeitspanne wurde von den Epikern angenommen, die längere von den Historikern errechnet. Wo die längere Spanne als Grundlage diente, mußte zur Überbrückung der Lücke die albanische Königsliste eingesetzt werden. Livius scheint hier den dichterischen Darstellungen zu folgen.
129 Jeder König wird mit bestimmten einbezogenen Gebieten der Stadt Rom in Verbindung gebracht bzw. wohnte dort. Im Widerspruch dazu (Cic. rep. 2,18) wurde der Caelius erst von Ancus eingemeindet; nach Cicero (rep. 2,31) wohnte Tullus auf der Velia.
130 Die *curia Hostilia* lag nördlich vom Comitium auf dem Volcanal, wurde vermutlich von einem späteren Mitglied der *gens Hostilia* errichtet – wiewohl dem Tullus allgemein zugeschrieben (Cic. rep. 2,31); sie brannte 52 v. Chr. ab.

131 Siehe das Verzeichnis der Eigennamen.
132 Vgl. Liv. 1,15,5. Die Waffenruhe war nach Livius schon früher gebrochen worden (Liv. 1,15,5).
133 Die mythisch-dichterische Schilderung wird durch Alliteration unterstrichen. Sachlich dürfte es sich um den Ausbruch eines Vulkans (Vesuv?, Albanergebirge?) mit Lapilliregen gehandelt haben.
134 Die von Rom übernommenen albanischen Kulte waren für die Albaner unzugänglich, nur die ins römische Staatsgefüge übernommenen Albaner hatten daran teil.
135 Neuntägige Reinigungsriten waren auch öffentlich üblich geworden im Anschluß an die privaten neuntägigen Riten nach einer Beerdigung.
136 Der Bericht über die – nach den natürlichen Umständen der des Romulus ähnliche – Todesart des Tullus weist darauf hin, daß jetzt ein kritischeres Denken Platz gegriffen hat. Eine natürliche Todesart mußte nicht mehr mythisch verbrämt werden (vgl. Plin. nat. hist. 28,14).
137 Zu den stereotypen Überzeugungen gehörte, daß Numa die Vorschriften für den Kultus erlassen, Servius Tullius die Verfassung eingerichtet und Tullus Hostilius sich um die völkerrechtlichen Beziehungen bemüht habe.
138 Die phraseologische Wendung ist alt und begegnet schon bei Ennius (ann. 273). Vgl. auch Anm. 109.
139 Die Einzahl *legatus* ist ungewöhnlich, neben dem *pater patratus* treten drei *fetiales* auf. Die im folgenden beschriebenen Formeln des Fetialrituals zur Kriegserklärung zeigen eine Dreigliederung: 1. *denuntiatio* oder *rerum repetitio*; 2. *testatio deorum*; 3. *indictio belli*. Das Fetialrecht war im 2. Jh. v. Chr. außer Übung gekommen, aber durch Octavian auf Grund antiquarischer Überlieferungen bewußt wieder aufgenommen worden; auf diese Weise war 32 v. Chr. der Krieg gegen Kleopatra erklärt worden (Dio Cass. 50,4,4f.).
140 Die Verhüllung des Haupts ist Hauptstück des Rituals.
141 Der Wolle wird im Ritualbereich magische Kraft zugemessen, zumal wenn sie von Opfertieren gewonnen wurde. Vgl. J. Pley, *De lanae in antiquorum ritibus usu capita duo*, Diss. Münster 1911.
142 Eine dreifache Anrufung der Schutz- und Zeugemächte ist in vielen Riten üblich, jedoch in früher Zeit nicht die Anrufung eines *fas*; Ogilvie (1970, S. 130) sieht hier eine späte, griechisch beeinflußte Formulierung.

Anmerkungen 195

143 *compotem patriae* ist eine Verwünschungsformel; vgl. Plaut. Capt. 622; Cic. Att. 3,15,4.
144 Die als üblich angenommene Frist; Dion. Hal. (2,72) spricht von 30 Tagen.
145 Die eigentliche *testatio*. Die beiden wichtigsten Götter werden einzeln angesprochen, die restlichen zusammenfassend (vgl. Liv. 6,16,2).
146 Wie eingangs von 1,11 wieder eine Triplizität; *oportuit* bezieht sich auf die Bündnisverpflichtungen.
147 Vgl. Cic. Att. 7,1,4. Die formelle Frage an den um Stellungnahme gebetenen Senator. Livius ritualisiert durch eine erneute Triplizität die Antwort. Ogilvie (1970, S. 134) macht darauf aufmerksam, daß in der frühen Latinität *purus* auf die magische Kraft des Gegenstandes zielt und nicht auf den Vorgang.
148 Livius vereinfacht hier die Abstimmungsprozedur; vgl. Th. Mommsen, *Römisches Staatsrecht*, Bd. 3, Leipzig 1887/88, S. 980, Anm. 5. Livius war nie Mitglied des Senats und kannte sie nicht aus eigener Anschauung. Außerdem unterschlägt er die Befragung des Volks.
149 Die Lanze war nach Turnebus, *Adversaria* 8,23 (1599) aus dem Holz der Kornelkirsche gefertigt (vgl. Verg. Aen. 3,23), die zu den *arbores infelices* (Macr. Sat. 3,20,3) gehörte.
150 Vgl. Anm. 148. Hier wird der Volksbeschluß voran- und als wichtiger hingestellt, während dort von ihm nicht die Rede war.
151 Vgl. Plut. Num. 9; Plin. nat. hist. 36,100. Die Holzbrücke bildete einen sehr alten Tiberübergang nördlich vom Aventin, der mit dem Salztransport von Ostia her zusammenhängen könnte. Außerdem wurde dieser Tiberübergang Roms von den Etruskern nicht kontrolliert.
152 Bei Dion. Hal. 2,39,3 n werden zwar Wall und Graben um den Aventin erwähnt, von Ancus ausgeführt – doch wird auch die *Cloaca maxima* mit dem Namen *fossae Quiritium* bezeichnet (Plut. de vir. ill. 8,3). Der von Festus (304 L.) erwähnte *Quiritium fossa* bei Ostia dürfte mit der Befestigung am Aventin nichts zu tun haben.
153 Am Fuß des Kapitols, zwischen Concordiatempel und Curia, ursprünglich ein Quellenhaus (unter San Pietro) mit zwei übereinander liegenden Gewölben, wovon das untere nach seinem Erbauer Servius Tullius (Varro ling. 5,151) den Namen Tullianum hatte.

154 Die römischen Salzwerke beiderseits des Tiber bei Ostia dürften lange vor dem 4. Jh. v. Chr. in Betrieb gewesen sein und einen wichtigen Faktor der Handelsbeziehungen mit den Nachbarn gebildet haben; Zeugnisse bei Ogilvie (1970) S. 140.
155 Siehe das Verzeichnis der Eigennamen.
156 Livius zeigt sich auch hier, bis in die Formulierung hinein, von Sallust beeinflußt; vgl. Sall. Iug. 85,17.
157 Der Adler, der Vogel des Zeus, bezeichnet stets einen Mann von königlichen Ambitionen. Das Motiv ist alt; vgl. Dion. Hal. 3,47,3 ff.; Cic. leg. 1,4.
158 Eine spitze Filzhaube etruskischer Herkunft, getragen von *pontifices* und *flamines*.
159 Daß Frauen im römischen und etrurischen Bereich als Seher auftreten, ist ungewöhnlich; die griechischen Vorbilder sind spürbar.
160 Die rechtlichen Verhältnisse sind unklar. Vgl. *Tabulae duodecim* 5,7; 4,9,6 n. Das Zwölftafelgesetz aus dem 5. Jh. v. Chr. war für die nächsten 1000 Jahre *die* Gesamtkodifikation des geltenden römischen Rechts.
161 Das anekdotische Motiv findet sich vorgebildet bei Herodot (1,37 ff.) in der Erzählung von Atys, dem Sohn des Kroisos.
162 Vgl. Liv. 1,18, wo die Zahl der Senatoren mit 200 angegeben ist, die jetzt um 100 aufgestockt wird. Das Ergebnis ist die Vermehrung der sog. *gentes minores*. Die Abgrenzung zu den *gentes maiores* ist schwierig. Vgl. Ogilvie (1970) S. 147 ff.
163 Vgl. Anm. 162. Zweifellos richtig ist, daß die Zugewählten die Partei des neuen Königs stärkten.
164 Die Tradition über die Einführung der Spiele divergiert. Die Trockenlegung des Platzes wird erst Liv. 1,38 erwähnt.
165 Offenbar waren die erhöhten Sitze nur jeweils für die anstehenden Spiele aufgestellt.
166 Vgl. Tac. ann. 14,21.
167 Anachronistische Darstellung.
168 Zu Livius' Zeiten vielleicht schon verschwunden. Vgl. Plin. nat. hist. 34,21 und Dion. Hal. 3,71,5.
169 Die Angaben sind ungenau; vgl. Weissenborn (^{12}1966) S. 137; Ogilvie (1970) S. 152.
170 Gemeint ist eine Brücke der Sabiner über den Anio.
171 Eine *deditio* bedeutete bedingungslose Übergabe. Vgl. Polyb. 20,9,10 ff., aber auch Plaut. Amph. 258 f.

Anmerkungen 197

172 *legatus* bezeichnet den völkerrechtlichen Status, *orator* die Ausführung des Auftrags.
173 Zu den Namen siehe das Verzeichnis der Eigennamen.
174 Die Dränierung des Forums war eine Voraussetzung für die Bebauung des Kapitols. Unter *fundamenta* versteht Weissenborn hier Stützmauern um den kapitolinischen Hügel (^{12}1966, S. 140) und nicht die Tempelfundamente, die Livius (1,53,5) dem Tarquinius Superbus zuschreibt (vgl. auch Liv. 1,55,5).
175 Dergleichen Feuererscheinungen treten in der römischen Legende bei den Königen der Frühzeit häufig auf, wie überhaupt die Verbindung mit Feuer den alten Königen eigen ist: Romulus und Remus sind nach Plutarch (Rom. 2) Söhne einer Sklavin und eines Feuerpriesters, Caeculus wurde durch einen Funken gezeugt, Lavinia (Verg. Aen. 7,71–77) und Ascanius (Verg. Aen. 2,680 ff.) wurden durch Lichterscheinungen um den Kopf als Herrschaftsträger ausgewiesen.
176 Livius kennt die ätiologische Deutung des Vornamens Servius, verwirft bzw. modifiziert sie aber dahin, daß des Servius Mutter Ocrisia durch Kriegsgefangenschaft in die Sklavinnenrolle gedrängt worden sei.
177 Tarquinius war Halbgrieche und Halbetrusker. Vgl. das Verzeichnis der Eigennamen.
178 »... nach der angenommenen Chronologie würden seit Romulus' Tode 137 Jahre verflossen sein« (Weissenborn, ^{12}1966, S. 143).
179 Tanaquils Rede an Servius erinnert an ihre Reden gegenüber Tarquinius (vgl. Liv. 1,34,6 ff.); bei beiden Anlässen stellt Livius ihren Ehrgeiz heraus.
180 Als spöttische, aufreizende Wendung in der griechischen wie in der lateinischen Literatur häufig.
181 Die Vorstellung von zweistöckigen Häusern in dieser Zeit ist anachronistisch.
182 Im Gegensatz zu der Rede an Servius spricht Tanaquil zur Menge kühl, sachlich und beruhigend, dabei skrupellos.
183 Die Wendung (s. a. Liv. 5,3,8; 29,20,11) projiziert die Delegierung des Servius als *praefectus urbi* in die Frühzeit zurück, um die staatsrechtliche Fragwürdigkeit des Machtwechsels zu verschleiern.
184 Die *trabea*, ursprünglich ein aus Etrurien stammender Soldatenmantel, von einer Fibel gehalten, dann die rituelle Tracht der

etruskischen Könige, nach deren Vertreibung die Tracht für Magistrate und Priester mit quasiköniglicher Hoheit.

185 Vgl. Verg. Aen. 6,882 f.; Lucr. 2,254. Einflüsse der stoischen Lehre auf die römische Historiographie sind auch sonst zu bemerken.
186 Eine sowohl bei Livius wie auch bei Tacitus noch gängige Verbindung von Lebensqualitäten; ihre Wertschätzung bei Livius resultiert aus der augusteischen Rückbesinnung auf altrömische Werte.
187 Zur Gesamtbeurteilung der Servianischen Verfassung bes. in der modernen Forschung s. Ogilvie (1970) S. 166 ff.
188 Die Censussummen bedeuteten den Gegenwert in Grundbesitz. Diese Einschätzung stammt wohl aus dem 2. Jh. v. Chr.
189 Vgl. Cic. rep. 2,39, wo 70 Hundertschaften angegeben werden.
190 Der Schild aus Bronze war rund, die Beinschienen sind erst seit dem Ende des 2. Jh.s v. Chr. geläufig. *Gladius* ist eine relativ kurze Stoßblankwaffe, *hasta* ein über mehrere Glieder der Phalanx reichender Speer.
191 Die Einordnung der *fabri* in die Klassen ist nicht eindeutig.
192 Vgl. Dion. Hal. 4,17,3.
193 Vgl. Dion. Hal. 4,18,1. Die vierte Klasse zeigte also ein entschiedenes Leichterwerden der Bewaffnung für den Einsatz als Plänkler.
194 *verutum*: ein Wurfspieß mit eiserner Spitze, kleiner als die *hasta*.
195 Die Mss. haben *tres centurias*; *duas* nach Dion. Hal. 4,17,3 f. (Sigonius) hat mehr Wahrscheinlichkeit.
196 Unter *nominibus* sind zu verstehen: *Ramnenses, Titienses, Luceres*. Die zum Ankauf des Pferdes bestimmte einmalige Summe hieß *aes equestre*, das Pferd danach *equus publicus*.
197 Diese Zahlung hieß *aes hordearium* (Gerstengeld).
198 Sie hießen deshalb *centuriae praerogativae*.
199 Die Deutung der Stelle ist kontrovers. Vgl. Weissenborn ([12]1966) S. 151 f. und Ogilvie (1970) S. 174 f.
200 Die vier städtischen *tribus* (Steuerbezirke) waren: Suburana, Esquilina, Collatina, Palatina. *Tributum* stellte eine nicht regelmäßig, sondern den Bedürfnissen des Staates entsprechend eingeforderte Abgabe dar.
201 Andere Strafen nennen Dion. Hal. 4,15,6; Cic. Caecin. 99 u. a.; zu Marsfeld s. das Verzeichnis der Eigennamen.
202 Diese Art Opfer aus drei, meist männlichen, entweder jungen

oder erwachsenen Tieren wurde bei der Lustration des Heeres dem Mars dargebracht; vor der Opferung wurden die Tiere in Prozession herumgeführt. Vgl. auch Varro rust. 2,1,10; Val. Max. 4,1,10; Tac. ann. 6,37,2.
203 Livius zieht hier zwei Arten von *lustratio* zusammen: die des Heeres und die zur Beendigung der Veranlagung.
204 Die Kopfzahl wird von Dionysios von Halikarnaß (4,22,2) mit 84 700 und von Eutropius (1,7) mit 83 000 angegeben. Vermutlich gehen alle Zahlenangaben auf den von Livius zitierten Q. Fabius Pictor zurück; sie meinen alle, wie Livius ausdrücklich sagt, die waffenfähigen, also die männlichen Bürger.
205 Der Wall wird auch von Varro (ling. 5,48) erwähnt; die »Servianische« Mauer stammt erst aus dem 4. Jh.
206 Jenseits aller etymologischen Bedenken gegen des Livius Erklärung des Wortes *pomerium* – es ist etruskischen Ursprungs, das Ritual geht vielleicht sogar auf die Sumerer zurück – spricht für Livius die praktische Bedeutung des Streifens vor und hinter der Grenzlinie als Vorfeld und Verteidigungsraum. Wie die Römer alles Praktische, soweit es ihnen nützlich war, mit religiösem Nimbus umgaben, so taten sie es auch hier in diesem elementar wichtigen fortifikatorischen Bereich (vgl. den in der Volkskunde lawinengefährdeter Alpenlandschaften vorkommenden Begriff »Bannwald«).
207 Vgl. das Verzeichnis der Eigennamen.
208 Ogilvie (1970, S. 181) vermutet, die Panionische Liga und das Artemision von Ephesus hätten als Vorbild für einen kultisch abgesicherten Bund latinischer Gemeinden gedient. Vielleicht vermischte sich der ältere Kult der Aricia mit dem der Diana. Vgl. Dion. Hal. 4,26 (Säule mit Bestimmungen des Bundes).
209 Die Wendung und Meinung von Rom als dem Haupt der Welt ist augusteische Propaganda. Vgl. Liv. 5,54,7; Ov. met. 15,736; Tac. hist. 2,32. Livius projiziert das politische Selbstbewußtsein des Rom seiner Zeit in die Vergangenheit zurück, hierin Vergil ähnlich.
210 Nach Plutarch (mor. 4, quaest. Roman. 4 [264 c]), der sich auf Juba und Varro bezieht, hieß der Sabiner Antron Coratius (Cur-(i)-atius).
211 Die Wundersüchtigkeit der Italiker, auch heute noch bekannt, schlug sich in der Antike in den Ritualen der Vogelschauer und des gesamten römischen Kults nieder.
212 Unter *populus* ist das Gesamtvolk zu verstehen. Die Aus-

drucksweise des Livius, auf einer alten Formel beruhend, versucht Verfassungsmäßigkeit des Vorgangs zu suggerieren.
213 L. Piso hat den L. Tarquinius nach Dion. Hal. 4,7 auf Grund chronologischer Berechnungen für den Enkel des Tarquinius Priscus gehalten.
214 Vgl. Cic. inv. 2,14.
215 Die Mss. haben Arruns Tarquinius und Tullia minor. Überlebend sind L. T. und Tullia minor. Nimmt man an – auch Weissenborn (^{12}1966, S. 159) läßt diese Möglichkeit offen –, daß die Subjekte zu *fecissent* Arruns und Tullia (welche?), die Subjekte zu *iunguntur* die *domus* sind, so wird durch Änderung des *minor* in *maior* (so schon Sabellicus) die Stelle sinnvoll. Andernfalls muß Arruns in L. (Lucius) geändert und übersetzt werden: »Als L. Tarquinius und Tullia die jüngere durch fast gleichzeitig erfolgte Morde die Häuser ..., verbinden sie sich ...« Nach Dion. Hal. 4,28,30 dürfte die ältere Tullia mit dem älteren Tarquinius vermählt gewesen sein.
216 Die pointierte Stellung des zweimal gebrauchten Wortes *scelus* schafft die Atmosphäre für den emphatischen Monolog.
217 Vgl. Dion. Hal. 4,38, wo Livius anscheinend die Motive für diese Rede fand.
218 Vgl. mit dieser typischen Kampfbeschreibung etwa Cic. Att. 1,16,1; Plaut. Amph. 228; Hor. sat. 1,9,77 f.; Sall. Catil. 45,3; Verg. georg. 4,75 ff.
219 Vgl. zu den *quidam auctores*: Hellmann, *Livius-Interpretationen*, S. 13; die Livianische Wendung *imperium deponere* ist aus späterer, republikanischer Zeit genommen und für den König Servius Tullius anachronistisch – sie ist späte republikanische Propaganda.
220 Vgl. Cic. rep. 2,26; Dion. Hal. 4,41.
221 Anspielung auf das Verschwinden des Romulus, s. Liv. 1,16,4. Die Verweigerung bezieht sich auf eine öffentliche Leichenfeier; vgl. Dion. Hal. 4,40.
222 Die Leibwache gehört zum Bild des griechischen Tyrannen; vgl. Plat. rep. 567e; Xen. Hier. 5,3.
223 Auch die Gegenüberstellung von *caritas* und *metus* ist für die Schilderung von Tyrannen typisch; vgl. Aristot. Pol. 1314^{b}21.
224 Ogilvie (1970, S. 198) bezeichnet die verfassungsrechtliche Theorie, daß der Senat von den Königen über Kriegserklärung, Friedens- und Vertragsschluß befragt worden sei, als eine »Erfindung des zweiten Jahrhunderts« und verweist auf den als

Gegenmodell zum Tyrannenverhalten evozierten Verzicht des Augustus auf die genannten Rechte.
225 Die auf die Tageszeiten gehenden Ausdrücke sind den Termini des Senatsbetriebs zu Livius' Zeit entnommen. Vgl. Gell. 14,7,8; Plaut. Mil. 594; Cic. Verr. 4,87; 5,41.
226 Vgl. zum Vorgang Cic. Catil. 3,8; ansonsten weisen Ungereimtheiten auf späte Legende hin.
227 Nach Plautus (Poen. 1025 f.) eine punische, nach Tacitus (Germ. 12,1) eine germanische Hinrichtungsart; oder eine allgemeine bei Völkern von geringer Kulturstufe?
228 Der Terminus *verba facere* stammt aus der Senatsterminologie der Liviuszeit.
229 Livius hat von früher Militärorganisation recht anachronistische Vorstellungen. Vgl. Mommsen, *Römisches Staatsrecht* III, S. 618, Nr. 4.
230 Die Aufeinanderfolge ist in der Tradition unsicher. Vgl. nur Dion. Hal. 4,55,63 ff. und Cic. rep. 2,46; mit Livius übereinstimmend aber Ov. fast. 2,691.
231 Die aus den Mss. entstehenden Schwierigkeiten wegen des strittigen Kürzels p̄ sind sachlich irrelevant und werden in der Übersetzung übergangen.
232 Entgegen den Bedenken von Ogilvie (1970, S. 209) erscheinen die Vorgänge glaubwürdig. Es fällt überhaupt auf, daß dem brutalen Vorgehen Roms gegen seine Nachbarn zuviel Entschuldigungen entgegengebracht werden.
233 Vgl. zu den im folgenden genannten Bauten des Tarquinius Dion. Hal. 4,44; 59; 61; Plin. nat. hist. 36,15; Tac. hist. 3,72. Die Formulierung dieser Stelle (Liv. 1,55,1) erinnert an den Stil von Weiheinschriften.
234 Die Urheberschaft des Tatius an den kleinen Heiligtümern auf dem Kapitol ist willkürlich; sie gehörten vermutlich den alten Geschlechtern und mußten jetzt dem Iuppitertempel als der Verkörperung eines umfassenderen Staatskultes weichen. Vgl. Cato fr. 24 P; Serv. ad Aen. 9,446; Augustin. civ. 5,21. Weihung und Entweihung geschahen durch Zeremonien des (der) Priester und durch Sprechen ritueller Worte (*fando consecrare*; vgl. Paul. Diac. p. 93).
235 Die Sage, wonach das gefundene Haupt das eines sagenhaften Königs Olus gewesen sei, will das Wort Capitolium ätiologisch erklären (aus: *caput Oli*); vgl. Varro ling. 5,41. Die propagandistisch-imperialistische Umdeutung – das Kapitol als *caput re-*

rum, d. h. Machtmittelpunkt der Welt, zu sehen, kommt erst im 3. Jh. auf.
236 Weder die kleinere Summe bei Fabius noch die zehnfache bei Piso (vgl. zu beiden Namen das Verzeichnis der Eigennamen) hat einen nachprüfbaren historischen Hintergrund; allenfalls kann mit Ogilvie (1970, S. 212) ein Zusammenhang mit den bei Thukydides (2,13,5) angegebenen 40 Talenten für die Athenastatue des Phidias auf der Akropolis vermutet werden: Was der Athenatempel bzw. Athena für Athen war, sollte der Iuppitertempel auf dem Kapitol bzw. Iuppiter für Rom sein.
237 Der Tempel war nach den Beschreibungen (Dion. Hal. 4,61,3; Vitr. 3,3,5) im etruskisch-dorischen Stil erbaut, 55 auf 50 m groß und mit Terrakotten verziert (vgl. A. Andrén, *Architectural Terracottas from Etrusco-Italic Temples*, Lund 1940, S. 335f.; P. J. Riis, *An Introduction to Etruscan Art*, Kopenhagen 1953, S. 120f.). Die Bau- und die Sakralkunst war bei den Etruskern hochentwickelt (vgl. die Ableitung ihres griechischen Namens Tyrsenoi von τύρσις (Turm, Festung).
238 Vgl. das Verzeichnis der Eigennamen. Dieser Hauptkanal leitete das Wasser des Esquilin, Viminal und Quirinal vom Argiletum an durch das Forum, war ursprünglich ein offener Graben (Plaut. Curc. 476), der erst im 3. Jh. geschlossen wurde. Der archäologische Befund läßt an eine Erstdränage zwischen etwa 620 bis 570 v. Chr. denken, zu einer Zeit, als das Forum als Begräbnisstätte aufgegeben war. Vgl. Ogilvie (1970) S. 214.
239 Der Vergleich bezieht sich nur auf Circus und Hauptkanal bzw. die Fora, nicht auf die architektonische Gesamtgestalt der Stadt: An den Abwassersystemen, besonders an der *Cloaca maxima*, waren (durch Agrippa) zu Livius' Zeit umfangreiche Erneuerungen vorgenommen worden (Dion. Hal. 49,43; Plin. nat. hist. 36,104; Strab. 5,235); der 31 v. Chr. durch Brand beschädigte Circus war (durch Augustus) mit einem Pulvinar (Kaiserloge) geschmückt worden (*Res gestae* 19; Cassiod. var. 3,51,4).
240 Die Schlange spielt als Ankündigerin von gewaltsamem Tod in griechischen Legenden eine große Rolle.
241 Einerseits konnte das Vorzeichen auch auf das Gemeinwesen bezogen werden, da es sich im Königspalast ereignet hatte, andererseits wurden Haruspices auch zur Deutung privater Vorzeichen beigezogen.
242 Ein im griechischen Bereich bekanntes Legendenmotiv.

243 Ebenfalls ein Legendentopos (vgl. Suet. Caes. 7), wohl aber auch übliche Geste des zu Schiff Heimgekehrten. Vgl. Hom. Od. 13,354.
244 Livius zeichnet ein Genrebild der idealen Römerin, wie es auch die Augusteische Erneuerung propagierte und wie es die griechisch-römische Literatur kannte. Der Schauplatz der Szene ist das inmitten des römischen Hauses gelegene Atrium, der Hauptaufenthaltsraum.
245 *velut* ist schwierig; es soll die Relativierung des Sieges ausdrücken.
246 Alte und altertümliche Grußformel, zu *salve* (adverbial) ist *agis* zu ergänzen. Beispiele in den Komödien: vgl. nur Plaut. Trin. 1177; Plaut. Men. 776.
247 Vgl. zu dieser häufig benutzten Wendung auch den sachlichen Bezug in Verg. Aen. 4,597.
248 Vgl. Publil. Syr. 640; Sen. Phaedr. 735. Der Gedanke rührt wohl mehr aus philosophischen Überlegungen als aus dem römischen Recht her.
249 Ein Schwur *per sanguinem* war bei den Römern ungewohnt; sie schworen bei den *di inferi* oder *superi*, allenfalls ein literarischer Held bei den *ossa patris*. Livius suggeriert hier Urtümliches.
250 Livius bleibt die Erklärung dafür schuldig, wie ein Schwachsinniger oder sich als solcher Gebärdender das Amt eines *tribunus celerum* innehaben konnte. Cicero (rep. 2,47) bezeichnet Brutus als Privatmann, doch konnte er als solcher kaum eine Volksversammlung durch den *praeco* einberufen lassen. Livius bemüht sich hier darum, die alte Sage von der Verknüpfung der Lucretia-Episode mit dem Fall des Königtums in Verbindung zu bringen und das Geschehen zugleich dramatisch zuzuspitzen; historische Fakten, wenn es solche gab, waren ihm zweitrangig.
251 Vgl. damit die *parentum furias* von Liv. 1,59,13 sowie die *penates irati* von Liv. 1,48,7. *Penates*, *die parentes* und verstorbene Vorfahren sind oft gleichgesetzt.
252 Daß Livius hier die spätere, einem Magistrat das *imperium* absprechende Formel verwendet, läßt auf seine Absicht schließen, die Ablösung des Königtums durch die Konsuln als oberste Staatsmacht als kontinuierlich darzustellen.
253 Der *praefectus urbis* (*urbi*) der Frühzeit war in Abwesenheit des Königs bzw. des obersten Magistrats Leiter der Staatsgeschäfte. Vgl. auch Liv. 3,6; Tac. ann. 6,11; Dion. Hal. 5,75. Das Amt

geriet im 4. Jh. in Vergessenheit und wurde von Augustus wieder zu Ehren gebracht. Hier könnte auch das Amt des *interrex* gemeint sein. Verwechslung mit Sp. Larcius (cos. 506 und 490) wegen Namensähnlichkeit möglich.

254 Die von Livius hier eingeführte Bezeichnung *consules* wurde erst später gebraucht; die obersten Magistrate hießen damals *praetores*. Es ist umstritten, ob der Machtübergang von den Königen auf die Doppelmagistrate so überging, wie es Livius schildert. Zu den Namen vgl. das Verzeichnis der Eigennamen. Die Konsuln hatten die Oberleitung der Staatsgeschäfte (Militär- und Zivilverwaltung, Gerichtshoheit, Senatorenernennung, Einberufung des Senats und der Volksversammlung, Leitung der Versammlungen, Stellung von Gesetzesanträgen, Abhaltung von Wahlen).

Literaturhinweise

Der lateinische Text folgt der Ausgabe: Titi Livi Ab urbe condita. Rec. et adnot. crit. instr. R. M. Ogilvie. T. 1. Oxford: Oxford University Press, 1974. – Die Karten S. 238 und 239 sind der Ausgabe entnommen: Titi Livi Ab urbe condita. Rec. et adnot. crit. instr. R. S. Conway et C. F. Walters et S. K. Johnson. T. 1. Ebd. 1955.

Textausgaben und Übersetzungen

T. Livius: Römische Geschichte. Übers. von C. F. Klaiber. Bd. 1. Stuttgart ³1827.
Livy: Book I. Ed. J. R. Seeley. Oxford ³1881.
Titi Livi Ab urbe condita. Libri I et II praemissis eorundem librorum periochis. Ed. E. Meyer. Zürich 1944.
Titi Livi Ab urbe condita. Rec. et adnot. crit. instr. R. S. Conway et C. F. Walters et S. K. Johnson. T. 1: Libri I–V. Oxford 1955.
T. Livi Ab urbe condita. I. Introd. et comm. de G. Vallet. Paris ²²1966.
Titi Livi Ab urbe condita libri. Bearb. von W. Weissenborn und H. J. Müller. Bd. 1: Buch 1. 2. Erkl. von W. Weissenborn. Berlin ¹²1966.
Livy in 14 volumes. With an Engl. translat. by B. O. Foster and others. Vol. 1: Books 1 and 2. London 1967.
Tite-Live: Histoire romaine. T. 1 ff. Texte latin et trad. franç. par J. Bayet et G. Baillet. Livre I–VI. Paris 1968.
T. Livi Ab urbe condita. Liber I. Ed., introd. et comment. de J. Heurgon. Paris ²1970.
T. Livi Ab urbe condita I. Ed. by P. G. Walsh. London ²¹1973.
Titi Livi Ab urbe condita. Rec. et adnot. crit. instr. R. M. Ogilvie. T. 1 ff. Oxford 1974 ff.
T. Livius: Römische Geschichte seit Gründung der Stadt. Übers. von H. Dittrich. Bd. 1: 1.–5. Buch. Berlin 1978.

Sekundärliteratur

Baroni, A: Tito Livio nel rinascimento. Pavia 1889.
Bernardi, A.: Nomen Latinum. Pavia 1973.
Bloch. R.: Tite-Live et les premiers siècles de Rome. Paris 1965.

Bouche-Leclercq, A.: Histoire de la divination dans l'antiquité. T. 1–4. Paris 1879–82. Nachdr. Aalen 1978.
Burck, E.: Die Erzählkunst des Livius. Berlin ²1964.
A Concordance to Livy I–IV. Compiled by D. W. Packard. 4 vols. Oxford 1968.
Dumézil, G.: La religion romaine archaique. Paris ²1974.
Ernesti, A. W. / Schaefer, G. H.: Glossarium Livianum sive Index latinitatis exquisitioris. Leipzig 1827.
Fabian, K.-D.: Aspekte einer Entwicklungsgeschichte der römisch-lateinischen Göttin Iuno. Diss. Berlin 1977.
Fügner, F.: Lexicon Livianum. Leipzig 1897.
Gagé, J.: La chute des Tarquins et les débuts de la république romaine. Paris 1976.
Geldner, H. N.: Lucretia und Verginia. Studien zur virtus der Frau in der römischen und griechischen Literatur. Diss. Mainz 1977.
Heinze, R.: Die Augusteische Kultur. Hrsg. von A. Körte. Leipzig ³1929.
Hellmann, F.: Livius-Interpretationen. Berlin 1939.
Hoch, H.: Die Darstellung der politischen Sendung Roms bei Livius. Frankfurt a. M. 1951.
Kerényi, K.: Antike Religion. München 1978.
Klingner, F.: Livius. In: Die Antike 1 (1925) S. 86–100.
Kroymann, J.: Römische Kriegführung im Geschichtswerk des Livius. In: Gymnasium 56 (1949) S. 121–134.
Kühnast, L. Ch. F.: Die Hauptpunkte der Livianischen Syntax. Berlin 1872.
Latte, K.: Römische Religionsgeschichte. München 1960. (Handbuch der Altertumswissenschaft. Abt. 5. Bd. 4.)
Livy. Ed. by T. A. Dorey. London 1971.
Machiavelli, N.: I discorsi sopra la prima deca di Tito Livio. Novell. emend. Palermo 1584.
Münzer, F.: Cacus der Rinderdieb. Basel 1911.
Niebuhr, B. G.: Vorträge über römische Geschichte. Bd. 1–3. Berlin 1846–48. (Historische und politische Vorträge. Abt. 1. Bd. 1–3.)
Nissen, H.: Italische Landeskunde. Bd. 1, 2. Berlin 1883–1902.
Ogilvie, R. M.: A commentary on Livy. Books 1–5. (Repr. with correct.) Oxford 1970.
Onomasticon Livianum rebus notabilibus inclusis. Post superior. editor. emend. et aux. I et L. Maschietto. Venedig 1972.

Pallotino, M.: Saggi di antichità. Bd. 1–3. Rom 1979.
Paratore, E.: Romanae litterae. Rom 1976.
Peruzzi, E.: Aspetti culturali del Latio primitivo. Firenze 1978.
Rieche, A.: Das antike Italien aus der Luft. Mit 58 Ktn. und Pl. von U. Hess. Bergisch Gladbach 1978.
Römertum. Ausgewählte Aufsätze und Arbeiten aus den Jahren 1921–1961. Hrsg. von H. Oppermann. Darmstadt ⁴1976. (Wege der Forschung Bd. 18.)
Römische Wertbegriffe. Hrsg. von H. Oppermann. Darmstadt ²1974. (Wege der Forschung. Bd. 34.)
Soltau, W.: Livius' Geschichtswerk. Leipzig 1897.
Stübler, G.: Die Religiosität des Livius. Stuttgart 1941. (Tübinger Beiträge zur Altertumswissenschaft. Bd. 35.)
Taine, H.: Essai sur Tite-Live. Paris 1856.
Thomasinus, J. Ph.: Titus Livius Patavinus. Amstelodami 1670.
Vogt, J.: Die römische Republik. Freiburg i. Br. ²1951.
Walsh, P. G.: Livy. His historical aimes and methods. Cambridge 1961.
Wege zu Livius. Hrsg. von E. Burck. 2., erw. Aufl. Darmstadt 1977.

Weitere Literaturangaben finden sich in den Ausgaben der folgenden Bücher II bis V (Reclams Universal-Bibliothek Nr. 2032, 2033, 2034, 2035). Als neuere Titel sind zu nennen:

Miles, G. B.: Livy: Reconstructing early Rome. Ithaca / New York / London 1995.
Forsythe, G.: Livy and early Rome. A study in historical method and judgment. Stuttgart 1999. (Historia Einzelschriften. 132.)
Luce, T. J.: Livy: The rise of Rome. Books 1–5. Oxford / New York 1998.
Sehlmeyer, M.: Livius und seine annalistischen Quellen für das frühe Rom. In: Gymnasium 105 (1998) S. 553–561.
Vasaly, A.: The structure of Livy's first pentad and the Augustan Poetry Book. In: D. S. Levene / D. P. Nelis (Hrsg.): Clio and the poets. Augustan poetry and the traditions of ancient historiography. Leiden/Boston/Köln 2002. (Mnemosyne. Suppl. 224.) S. 275–289.

Verzeichnis der Eigennamen

Aborigines: Ureinwohner von Latium zur Zeit der Troianerlandung, aus dem Gebiet von Reate stammend. Die Deutung des Namens ist strittig.

Acca Larentia: Die Sage von A. L. ist zweiläufig. Hier ist A. L. die Frau des Faustulus und Adoptivmutter des Romulus und Remus. Beiname Lupa (Dirne); sie wird gleichgesetzt mit der die aufgefundenen Zwillinge säugenden Wölfin, dem Totemtier des Mars. Ihr Grab ist am Velabrum, ihr Totenfest sind die Larentalia.

Achivi (Achaei): ursprünglich nur die Bewohner der Nordküste der Peloponnes, dann Sammelname für die Griechen überhaupt; hier: die vor Troia kämpfenden Griechen.

Actium: am Golf von Ambrakia gelegenes Vorgebirge von Akarnanien. 31 v. Chr. Schauplatz des Seesieges Octavians über Antonius und Kleopatra.

Aeneas (griech. Aineias): nach der *Ilias* Sohn des Anchises und der Aphrodite, Haupt einer Nebenlinie der Priamiden. Erstes Zeugnis für die Westfahrt des A. bei Stesichoros. Die vor allem von Vergil ausgebildete Sage läßt A. nach Makedonien, Sizilien und Italien kommen, wo er nach Kämpfen Lavinium gründet. Der nicht nur als tapfer, sondern auch als *pius* geschilderte Aeneas bedeutete für das römische Bewußtsein die legitimierende Gründer- und Vaterfigur.

Aeneas Silvius: s. Silvii.

Aequi: altes italisches Volk im Osten von Rom, vom oberen Anio her gegen Rom vordringend.

Aequicoli: abgesprengt wohnender Teil der Aequi, möglicherweise auch der Osci oder Falisci.

Agrippa (Silvius): das einzige unter den Praenomina der Silvii, das auch in historischer Zeit als Praenomen bzw. Cognomen vorkommt. Ableitung aus dem belegten Akrota, das mit *arx* in Zusammenhang zu bringen ist (wie Capetys mit *capitolium*) zwecks Ehrung von M. Vipsanius Agrippa, dem Parteigänger des Augustus (62–12 v. Chr.). (Nach Ogilvie, 1970.)

Alba Longa: italische Stadt, der Sage nach gegründet von Ascanius, dem Sohn des Aeneas, am Albaner See südöstlich von Rom, zerstört von Tullus Hostilius; Umsiedlung der Einwohner nach Rom. Aus den patrizischen *gentes* kamen nach Rom: Die Coelii,

Curiatii, Geganii, Iulii, Metilii, Quinctilii, Servilii. Heute Castelgandolfo.
Alba Silvius: s. Silvii.
Albanus lacus: Kratersee im Albanergebirge.
Albanus mons: 940 m hoher Berg bzw. Bergmassiv südöstlich von Rom, heute Monte Cavo (Cavi), Stätte des Latinerfestes und der Iuppiterverehrung (später eines Iuppitertempels).
Albula: mehrfach vorkommender Flußname (Bedeutung: Bergfluß), vgl. das deutsche Wort »Alb« oder Weißer Fluß; früherer Name für den Tiber.
Alpes: die Alpen, das höchste Gebirge Europas, schon vorgeschichtlich erschlossen, in der römischen Antike wichtig für die Beherrschung der imperialistisch zusammengefaßten Großräume des Reiches.
Ameriola: latinische Stadt von nicht genau auszumachender Lage im Nordosten von Rom, südlich des Tiber.
Amulius: Sohn des Königs von Alba Longa, Procas, verdrängt seinen älteren Bruder Numitor, bringt dessen Sohn um und macht dessen Tochter Rea Silvia zur Vestalin; von Romulus getötet. Vgl. auch: Silvii.
Anchises: Troerfürst, Vetter des Priamus, Vater des Aeneas, von diesem als Gelähmter aus dem brennenden Troia getragen.
Ancus: s. Marcius (Ancus Marcius).
Anio: linker Nebenfluß des Tiber (Quelle am Monte Viglio), fließt an Tibur vorbei (Wasserfälle) und mündet bei Antemnae (7 km oberhalb von Rom) in den Tiber.
Antemnates: Bewohner der Stadt Antemnae, einer an der Aniomündung gelegenen Stadt mit höherem Alter als Rom.
Antenor: nach der *Ilias* vornehmer Troianer von betonter Friedensbereitschaft, soll mit Menelaos und Helena nach Kyrene gekommen sein. Die römische Tradition läßt ihn zusammen mit den Enetern Patavium gründen.
Apiolae: westlich des Albanergebirges gelegene latinische, von Tarquinius Priscus zerstörte Stadt.
Arcadica, Arcadia: Arkadien, das zentrale Hochland der Peloponnes, in seinen höchsten Gebirgszügen bis 2376 m hoch. Urtümliche staatliche und religiöse Zustände erhielten sich sehr lang; Stadtstaaten, darunter im Osten Pallantion (Pallanteum).
Ardea: südlich von Rom gelegene Stadt der Rutuler, angeblich gegründet von dem Sohn des Odysseus und der Kirke (bzw. Danae) unter König Turnus; heute Ardea.

Verzeichnis der Eigennamen

Argiletum: Gegend der Stadt Rom nordöstlich vom Forum.
Aricia: latinischer Ort südöstlich von Rom, angeblich von dem Sikuler Archilochos gegründet; heute Aricia an der Via Appia.
Ar(r)uns, Arruntius: Vorname etruskischer Herkunft, in der *gens Tarquinia* häufig.
Artemis: s. Diana.
Ascanius: Die Überlieferung ist widerspruchsvoll. Sohn des Aeneas und der Eurydike bzw. der Kreusa oder der Lavinia, herrscht nach Troias Fall in Kleinasien bzw. fährt nach Westen. Nach des Aeneas Tod König in Latium, Gründer von Alba Longa. Von den Römern auch Ilus oder Iulus genannt und als Stammvater der *gens Iulia* angesehen.
Athena (griech. Athene): griechische Göttin, Tochter des Zeus, aus seinem Haupt entsprungen. Züge kräftigen und kühl-klugen Mädchentums – A. schlägt Schlachten und beschützt Städte – mischen sich mit solchen mütterlicher und geburtshelfender Prägung. Stadtgöttin vor allem Athens. Deutung des Namens umstritten.
Attus Navius: einflußreicher Vogelschauer unter L. Tarquinius Priscus, weihte den Tempel auf dem Kapitol; Statue auf dem Comitium.
Atys (Silvius): s. Silvii.
Aventinus mons: einer der sieben Hügel Roms, im Süden des Stadtbezirks, mit zwei Gipfeln. Begräbnisort des Aventinus Silvius (namengebend?), des Remus und des Titus Tatius. Schon in der Frühzeit mit verschiedenen Kulten und religiösen Riten verbunden.
Cacus: Die ätiologische Sage wird von Livius und Dionysios von Halikarnaß prosaisch berichtet und von Ovid und Vergil dichterisch ausgeschmückt. Es gab in Rom neben einem Atrium Caci die Scalae Caci zwischen dem Palatin und dem Forum Boarium, wo sich Altar und Tempel des Hercules befanden.
Caelius mons: einer der sieben Hügel Roms, im Südosten, etwa 50 m hoch, erst im 4. Jh. v. Chr. in die Stadt einbezogen.
Caenina (Caeninenses): im Norden Roms nah gelegene Stadt latinischer Bevölkerung, deren Andenken nur noch in den nach Rom verpflanzten Kulten – von *sacerdotes Caeninenses* – weiterlebte.
Caere: Stadt westlich von Rom in Etrurien, schon im 10. Jh. v. Chr. etruskisch; legendärer König Mezentius. Aufnahme der Tarquinier nach deren Vertreibung. Ausgedehnte Nekropole, heute Cervetri.

Caesar Augustus: C. Octavius (63 v. –14 n. Chr.), von C. Iulius Caesar adoptiert, setzte sich als politischer Erbe Caesars durch (Mutina, Actium) und ordnete das Reich neu. Versuchte altrömische Grundsätze und Lebenshaltung zu propagieren. Berühmt sein Tatenbericht (Rom, Ancyra).

Camenae: schon in römischer Frühzeit verehrte Quellnymphen, später – wohl über die von den Musen bevorzugte Quelle Hippokrene – mit Quellnymphen gleichgesetzt. Aus dem Hain der C. (nahe der Porta Capena) holten die Vestalinnen das Wasser für den Tempeldienst.

Cameria: Kolonie Alba Longas im Nordosten von Rom, genaue Lage unsicher. Das Cognomen »Camerinus« der Sulpicier rührt von C. her.

Capetus (Silvius): s. Silvii.

Capitolium: Südspitze des *Capitolinus mons*, des zentralen unter den sieben Hügeln Roms. Wichtigste Kultstätte der Stadt (Iuppiter, Iuno, Minerva). Der Tempel des Iuppiter Capitolinus wurde der Mittelpunkt für den staatlichen Kult der Stadt Rom.

Caprae palus: versumpfte Senke im Marsfeld (s. *Martius campus*).

Capys (Silvius): s. Silvii.

Carmenta: ursprünglich wohl Geburtsgöttin mit eigenem *flamen*, von prophetischer Begabung (Name bedeutet: voll von Wahrsprüchen); später mit der Mutter des Euander gleichgesetzt. Ihr Grab beim Kapitol gab der Porta Carmentalis den Namen.

Carmentalis porta: s. Carmenta.

Circe (Kirke): Tochter des Helios und der Perseis, zaubermächtige Göttin auf der Insel Aiaia (Lage unbekannt); Odysseus (s. Ulixes) kommt auf seinen Irrfahrten auf die Insel, C. verwandelt seine Gefährten auf Zeit in Schweine. Odysseus lebt ein Jahr lang bei C. und hat Söhne von ihr. Die *Mamilia gens* betonte ihre Abstammung von C. und Odysseus.

Circei: Stadt am *Circeius mons*, an der Küste von Latium, westlich von Terracina, auf einem ins Meer vorspringenden Felsrücken (heute: San Felice Circeio). Der Name wird mit Circe (s. d.) in Verbindung gebracht.

Cloaca maxima: der Hauptkanal des stadtrömischen unterirdischen Abwassersystems, aus Tuffquadern gewölbt, 190 m lang, 4 m breit, mit großer Bogenöffnung in den Tiber mündend. Galt immer als außerordentliches Bauwerk und ist noch erhalten.

Cloelii: eine Adelsfamilie aus Alba Longa, führte ihren Ursprung auf

212 Verzeichnis der Eigennamen

einen Gefährten des Aeneas zurück; in Rom als *Cloelia gens* bekannt.

Cluilia fossa: Graben um das Lager der Albaner, benannt nach dem Albanerkönig Cluilius.

Caius Cluilius: König von Alba Longa, Heerführer gegen Rom, errichtet ein grabengesichertes (*Cluilia fossa*) Lager auf römischem Gebiet, stirbt dort.

Collatia: Stadt in Latium, östlich von Rom; durch die Via Collatina mit Rom verbunden.

Comitium: Ort der Volksversammlungen in Rom, unmittelbar östlich an den *Capitolinus mons* anschließend, von den Straßen Argiletum und Clivus Argentarius sowie vom Forum aus erreichbar. Im Norden des Platzes das alte Rathaus (Curia Hostilia), in seiner Südostecke die Rostra.

Corniculum: Stadt im Nordosten von Rom; etwa doppelt so weit entfernt wie Ficulea.

Creusa: Tochter des Priamus und der Hecuba, Gattin des Aeneas, verscholl auf der Flucht.

Croton: griechische Stadt an der Ostküste von Bruttium. Politisches Aufstreben zur Zeit der Ankunft des Pythagoras (s. d.); später Vertreibung der Pythagoräer.

Crustumerium: s. Crustumini.

Crustumini: Bewohner der Stadt Crustumerium im Norden Roms; ob etruskisch oder zu den Prisci Latini (s. d.) gehörend, ist ungewiß.

Cures: sabinische Stadt im Norden Roms. Wohnsitz des Königs T. Tatius. Verlegung der Gemeinde nach Rom auf den Quirinal.

Curia Hostilia: s. Hostilius (Tullus Hostilius).

Curiatii: Die *gens*, vom Namen her italisch, ist später in Rom sowohl als patrizisch wie plebeisch anzutreffen.

Curtius lacus: versumpfte Niederung in der Mitte des Forum Romanum. Die Erklärung des Namens wird nicht nur bei Mettius Curtius, sondern auch bei C. Curtius und M. Curtius gesucht.

Mettius Curtius: sabinischer Heerführer. Eine der drei Versionen, die den Namen des *Curtius lacus* erklären wollen, nennt ihn als namengebend.

Cyprius (Ciprius) vicus: vom Argiletum in Richtung Esquilin ziehender Weg, der sich im oberen Teil nach rechts wandte (heute Via del Cerdello und Via del Colloseo).

Delphi (Delphoi): phokische Stadt am Südhang des Parnaß; das

berühmte griechische Orakel, wo Apollo durch die Priesterin Pythia Antwort auf vorgelegte Fragen gab.

Demaratus: Angehöriger der Bacchiadenaristokratie, mit Familie und Handwerkern um 665 v. Chr. aus Korinth geflohen, von Cypselus vertrieben.

Diana: italische Göttin der Jagd und der Frauen, in Latium früh an vielen Orten verehrt. Beziehung zum Mond, Gleichsetzung mit der griechischen Artemis. Direkte Beziehung zur Diana von Ephesus fraglich.

Diana Aventina: nach dem Heiligtum der italischen Diana auf dem Aventin; vielleicht als Kultmittelpunkt von Aricia hierher verlegt.

Diana Nemorensis: italische Göttin (s. Diana) mit Kultzentrum am Lacus Nemorensis südöstlich von Rom. Der Dianahain (*nemus Dianae*) scheint eine Freistatt für entlaufene Sklaven gewesen zu sein.

Egeria: Quellgöttin im Dianahain bei Aricia. Verbindung zu Numa unklar. Auch als Geburtsgöttin verehrt, in Rom zusammen mit den Camenae (s. dort).

Egerius: Sohn des Ar(r)uns, nach dessen Tod geboren; nachdem sein Bruder Lucumo (s. d.) (L. Tarquinius Priscus) König geworden war, regierte E. das eroberte Collatia (daher Cognomen: Collatinus). Vater des L. Tarquinius Collatinus, des Gatten der Lucretia.

Eneti: Volk an der Südküste des Pontus Euxinus, soll nach dem Fall Troias nach dem östlichen Oberitalien gekommen sein (s. Veneti).

Ephesus (Ephesos): Stadt an der Küste von Karien, früh gegründet, im 11. oder 12. Jh. v. Chr. von Ioniern besetzt. Besaß einen berühmten Tempel der Artemis, der 356 v. Chr. von Herostrat in Brand gesteckt wurde.

Esquiliae: Sammelname für die römischen Hügel Oppius und Cispius, im Osten Roms, zum Anio hin auslaufend.

Esquilinus mons: s. Esquiliae.

Etruria: Landschaft in Mittelitalien, begrenzt im Westen vom Tyrrhenischen Meer, im Norden vom Apennin, im Osten und Süden vom Tiber; Land der Etrusker (s. d.), die heutige Toscana. Hauptorte: Arretium, Caere, Cortona, Perusia, Tarquinii, Veii, Vetulonia, Volsinii.

Etrusci: Volk an der Westküste Italiens zwischen Ligurien im Norden und Latium im Süden (s. Etruria), nach Osten durch den Apennin begrenzt. Herkunft äußerst umstritten: Einwanderung aus Lydien? Aus dem Norden Italiens? Stadtkulturen, politisch zu Städtebünden zusammengefaßt. Zahlreiche Nekropolen verschie-

denster Struktur erhalten. Erhaltene Texte sind lesbar, aber nicht völlig zu übersetzen. Starke Religiosität und ausgeprägte Stilelemente in der Kunst setzen die E. entschieden von den Römern ab, werden aber z. T. von diesen übernommen.

Euander: Sohn des Hermes und einer Flußnymphe, aus dem Umkreis der arkadischen Stadt Pallanteum; seit dem 3. Jh. v. Chr. als erster Siedler in später römischem Gebiet vor der Troianerwanderung angesehen; Kultstelle auf dem Aventin.

Euganei: altes Volk im Osten von Oberitalien zwischen Alpen und Adriatischem Meer, von den Venetern vertrieben. Die Städte Aquileia, Patavium und Verona sollen euganeische Gründungen gewesen sein.

Q. Fabius Pictor: Senator und Historiker, schrieb in griechischer Sprache eine Geschichte der Römer von Aeneas bis zum Zweiten Punischen Krieg. 216 v. Chr. wurde er nach der Schlacht bei Cannae zum Delphischen Orakel gesandt.

Faunus: s. Silvanus.

Faustulus: Hirt des Amulius (s. d.) am *Palatinus mons,* nimmt die ausgesetzten Zwillinge Romulus und Remus zu sich und zieht sie auf.

Ferentinae lucus (Ferentinae aquae): Hain mit Quelle, vermutlich beim heutigen Ariccia bzw. bei Marino; Versammlungsort des Latinischen Bundes.

Feronia: alte römische Göttin wohl etruskischen Herkommens, doch von undeutlicher Profilierung; Freigelassene hatten Beziehung zu ihr.

Ficana: latinische Stadt südwestlich von Rom an der Straße nach Ostia (s. d.).

Ficulea: hier Alt-Ficulea genannt, weil man die Gründung dieser latinischen Stadt auf die Aborigines (s. d.) zurückführte; nordöstlich von Rom auf etwa halbem Weg zwischen Rom und Nomentum an der (späteren) Via Nomentana (hieß früher Via Ficulensis).

Fidenae (Fidenates): latinische Stadt, von Alba Longa aus oder von Etruskern gegründet, nördlich von Rom an der Via Salaria.

Fides: Göttin der Vertragstreue; Personifikation eines Begriffs, schon sehr früh verehrt; ein Überlieferungszweig läßt ihren Tempel auf dem Palatin von Rhome, der Enkelin des Aeneas, gestiftet sein.

Mettius Fufetius: der Sage nach letzter Herrscher von Alba Longa; veranlaßt den Zweikampf zwischen Curiatiern und Horatiern. Von Tullus bestialisch umgebracht.

Sp. Fusius: F. ist eine ältere Form für Furius. Sp. F. als Person legendär, eine aus Tusculum stammende patrizische *gens* nachweisbar.

Gabii: latinische Stadt östlich von Rom an der Straße nach Praeneste, gegründet von Sikulern oder von Alba Longa. Stellte sich gegen Rom, von Tarquinius eingenommen.

Geganii: alte patrizische *gens* aus Alba Longa.

Geryon: sagenhafter Riese mit drei Leibern; Hercules ermordet ihn und raubt seine Rinder.

Hadriaticum mare (auch mare superum): ursprünglich Name für den nördlichen Teil des Adriatischen Meeres (namengebend ist die venetische Stadt Atria zwischen den Mündungen des Atesis und Padus).

Helena: nach Homer Tochter des Zeus und der Leda, galt als die schönste Frau ihrer Zeit. Von Theseus entführt, dann mit Menelaos, dem König von Sparta, vermählt, wird sie von dem Priamossohn Paris nach Troia entführt und Anlaß zum troianischen Krieg. Danach kehrt sie mit Menelaos nach Sparta zurück.

Heraclea: von Griechen gegründete Stadt am Golf von Tarent, zu Lukanien gehörend.

Hercules (griech. Herakles): Sohn des Zeus und der Alkmene, schon als Kind von Hera angefeindet. Als Sühne für Gewalttaten muß H. 12 Arbeiten verrichten. Auf welchen Wegen H. und sein Kult nach Italien kam, ist unbestimmt; jedenfalls hat er dort sehr früh zahlreiche Kulte und Heiligtümer gehabt – in Rom in der Gegend des Forum Boarium.

Turnus Herdonius: aus Aricia (s. d.). Wegen Widerspruchs gegen Tarquinius Superbus ermordet. Der Name ist sabinisch.

Hernici: Volk im nördlichen Mittellatium (samnitisch?).

Hersilia: eine der geraubten Sabinerinnen. Gattin des Hostilius, Großmutter des Tullus Hostilius. Gehört zu den Friedensstifterinnen.

Horatia: Schwester der Drillinge Horatii, Verlobte eines der Curiatii, von ihrem siegreichen Bruder P. (M.) Horatius ermordet.

Horatii: patrizische *gens* in Rom, im 5. Jh. v. Chr. schon ausgestorben; spätere H. nach der *tribus Horatia* so genannt. Die Livianische Erzählung wirkt zwar anekdotisch, aber urtümlich, und gehört zum überlieferten Bestand der römischen Frühgeschichte.

M. Horatius Pulvillus: Stellvertreter des Tarquinius bei Ardea. Nach Vertreibung des L. Tarquinius Collatinus war er *consul suffectus* (509); weihte den Tempel des Iuppiter auf dem Kapitol ein.

Host(i)us Hostilius: römischer Anführer im Krieg der Sabiner gegen Rom, fällt im Kampf auf dem Forum. Großvater des Königs Tullus Hostilius. Der Name ist ein alter lateinischer, nicht nur römischer Gentilname.

Tullus Hostilius: dritter König von Rom, Enkel des Hostius Hostilius (s. d.). Erobert Alba Longa und siedelt die Bewohner auf dem Caelius an. Im Eroberungsdrang an Romulus, in Neuordnungen staatlicher und sakralrechtlicher Art (Bau von Comitium und Curia Hostilia; Fetialrecht) an Numa anknüpfend. Tod durch Blitzschlag.

Ianiculum: rechts des Tiber in einer südostwärts ausgreifenden Flußschlinge gelegener, seiner militärischen Bedeutung wegen früh ins Stadtgebiet einbezogener und durch Brücken angeschlossener Hügel Roms; heute Gianicolo.

Ianus: römischer Gott des Anfangs (Januar) und der öffentlichen Tore. Dargestellt als doppelgesichtig. Wichtig der I. gewidmete Torweg *Ianus geminus* (zwei sich kreuzende, an den Ecken verbundene Torbögen), am Durchgang zu Argiletum und Quirinal. Im Frieden wurden seine Tore geschlossen.

Ilium: s. Troia.

Inuus: Herdengott, häufig mit Faunus oder Pan gleichgesetzt.

Iulia gens: aus Alba Longa stammendes, politisch hervorragendes patrizisches Geschlecht, nannte sich nach Iulus-Ascanius, dem Sohn des Aeneas. Zweige: Bursio, Caesar, Iullus. Die Betonung der Abstammung von den Göttern (über Aeneas) gehörte zu C. I. Caesars politischer Propaganda.

Iulii: s. Iulia gens.

Proculus Iulius: offenbar spät in die *Iulia gens* eingeführt, um die Iulier mit Romulus in Verbindung zu bringen.

L. Iunius Brutus: Das Nomen könnte auf Beziehungen zu Iunokulten hinweisen und ist wie das ätiologische Cognomen lateinisch.

Iuno: Himmels- und Mondgöttin, dann Gefährtin des Iuppiter, schließlich Frauen-, Ehe- und Geburtsgöttin. In Mittelitalien mit zahlreichen lokalen Kulten. Älteste Kultstätte in Rom benachbart mit solchen des Iuppiter (Kapitol, Esquilin usw.). Gleichgesetzt mit Hera (Dione). Name etymologisch nicht mit Iuppiter zusammenhängend, sondern mit *iuvenis*.

Iuppiter: ältester und oberster Gott der römischen Religion, gleichzusetzen dem griechischen Zeus. Der Name bedeutet »Vater des Himmelslichts«. An zahlreichen Orten verehrt. Heilige

Tage: die Iden, d. h. die ursprünglichen Vollmondtage. Als I. Optimus Maximus der Staatsgott Roms. Haupttempel auf dem *Capitolinus mons* (I. Feretrius, s. d.), wo I. zusammen mit Iuno und Minerva verehrt wurde und wo der Mittelpunkt des gesamten römischen Staatskults war.

Iuppiter Elicius: Der Beiname ist nicht befriedigend zu erklären; er kann mit dem Entsenden des Blitzes, dem Schicken von Regen oder mit anderen Tätigkeiten des Himmelsgottes zu tun haben.

Iuppiter Feretrius: Der Beiname F. wird erklärt entweder aus *ferire* (weil ein Feind oder feindlicher Feldherr erschlagen [geschlagen] wurde), aus *ferre* (Darbringung der *spolia opima*) oder aus *feretrum* (Gestell für die Darbringung der Waffen). Kultstätte und Tempel des I. F. auf dem Kapitol.

Iuppiter Stator: Iuppiter, der das weichende Heer zum Stehen bringt. I. S. hatte zwei Tempel in Rom: Beim Palatium und beim Circus Flaminius.

Larentia: s. Acca Larentia.

Latini: Sammelname für die Bewohner von Latium, der Landschaft an der Westküste Italiens zwischen Tiberumland, Sabiner-, Aequer- und Hernikerbergen. Die Bevölkerung von uneinheitlicher Herkunft. Die Sprache ist von vielerlei Einflüssen geprägt.

Latinus: letzter König des Urvolks von Latium (Aborigines), mit mythischer Genealogie. Sein Zusammenstoß mit den einwandernden Troianern verschieden überliefert.

Latinus Silvius: s. Silvii.

Laurens ager: Mark der Laurenter im Süden von Rom, küstennah.

Laurentes: Bewohner des *ager Laurens.*

Lavinia: Tochter des Latinerkönigs Latinus, nach Livius erst dem Rutulerkönig Turnus versprochen, dann Frau des Aeneas.

Lavinium: Stadt der Laurenter südlich von Rom, der Sage nach von Aeneas gegründet und nach Lavinia (s. d.) genannt; heute Pratica di Mare.

Longa Alba: s. Alba Longa.

Luceres: die dritte der patrizischen Ur-*tribus.* Der Name ist etruskisch, die Deutung ungewiß (Lucumo? Lucerus? *lucus*?).

Lucretia: Gattin des L. Tarquinius Collatinus, von dem Prinzen Sex. Tarquinius geschändet, gab sich den Tod; sagenhafte Motivation für den Sturz der Tarquinier bzw. letzter Anstoß dazu.

Sp. Lucretius (Tricipitinus): Vater der Lucretia. Das Cognomen suggeriert Zusammenhang mit einer dreiköpfigen Gottheit.

Lucumo: Name der etruskischen Könige, hier ursprünglicher Name

für Tarquinius Priscus, der sich in Rom Lucius nennt. Der lateinische Vorname ist mit dem etruskischen gleichzusetzen (Bedeutung: erleuchtend, erleuchtet, erlaucht).

Macedonia: vielfach gegliederte Landschaft im Norden von Thessalien – östlich an Thrakien, westlich an Illyrien grenzend. Die Bewohner sind wohl aus Thessalien gekommen, die führenden Geschlechter jedenfalls sind griechisch.

Maesia Silva: im Küstengebiet im Umkreis von Ostia; genaue Lage unbekannt.

Malitiosa Silva: Lage nicht bekannt.

Mamilia gens: frühes Fürstengeschlecht aus Tusculum, abgeleitet von der Enkelin des Ulixes (Odysseus) und der Circe.

Octavius Mamilius: erster bekannter Angehöriger der *Mamilia gens*, Fürst in Tusculum (s. d.), Parteigänger und Schwiegersohn des L. Tarquinius Superbus, nahm den vertriebenen Schwiegervater auf; fiel am See Regillus als Führer der Latiner in der Zeit zwischen 499 und 496 v. Chr.

Titus Manlius (Torquatus): befriedete Sardinien und schloß den Ianustempel seit Romulus zum ersten Mal und gleichzeitig vor Augustus zum letzten Mal (zweite Hälfte des 3. Jh.s v. Chr.).

Ancus Marcius: Vierter König von Rom, später für den Gründer der plebeischen *Marcia gens* gehalten. Enkel des Numa Pompilius. Das Praenomen ist sabinisch, das Gentilnomen latinisch.

Mars: der römische Kriegsgott, dem griechischen Ares gleichzusetzen. Zusammen mit Iuppiter und Quirinus staatsbeschützende Gottheit. Beinamen: M. Gradivus (der im Kampf Voranschreitende), Quirinus (Speergott?). Ursprünglich Erhalter und Schützer der Feldmark und des Gemeinwesens. Beziehung zum Pferd: Als einzigem Gott wird ihm neben den Suovetaurilien ein Pferd geopfert. Für den Kult sind zuständig die Salii und die Arvales. Zahlreiche Heiligtümer und Festtage. Galt als Stammvater und Gründer Roms.

Martius campus (auch Martius ager): östlich vom Tiber, dem *Vaticanus ager* gegenüber gelegenes Areal, hatte Kultstätten des Mars. Im Osten begrenzt durch die Via Flaminia, im Süden durch das Kapitol. Platz für sportliche und vor allem für militärische Übungen und Zusammenkünfte.

Medullia: Stadt im Norden von Rom, vermutlich in der Nähe von Nomentum.

Metapontum: Stadt am Golf von Tarent, in Lukanien, von Griechen gegründet; s. a. Pythagoras.

Mezentius: etruskischer König (Caere?). Seine Kämpfe gegen die gelandeten Troianer werden verschieden überliefert.

Murciae (zu erg. ara): angeblich ein Altar der Murcia im Tal des Circus Flaminius; auch andere Erklärungen des Namens (z. B. von *urcei*), da dort Töpferwerkstätten waren.

Attus Navius: einflußreicher Vogelschauer unter L. Tarquinius Priscus, weihte den Tempel auf dem Kapitol; seine Statue auf dem Comitium. Der Name ist etruskisch.

Nomentum: latinische (sabinische?) Stadt an der späteren Via Nomentana im Nordosten von Rom, heute (La) Mentana.

Numa Marcius M. f.: Sohn des sagenhaften ältesten Trägers des Namens, vermählt mit Pompilia, der Tochter des Numa Pompilius, von diesem zum Pontifex gemacht.

Numa Pompilius: zweiter König von Rom, angeblich Schüler des Pythagoras (wohl wegen Ähnlichkeit seiner Kultvorschriften mit denen der Pythagoräer), gliederte und ordnete Land und Staat und regelte die Kultangelegenheiten aufs genaueste (Priester, Spiele, Götterbilder, Kalender), vor allem in den unter Ancus Marcius veröffentlichten Kultvorschriften. Galt als der große Einiger des römischen Volkes und durch seine Friedensherrschaft als Vorbild.

Numicus fluvius: Küstenflüßchen in Latium, aus den Albanerbergen, Mündung zwischen Ardea und Lavinium; heute Rio Torto.

Numitor: Sohn des Proca(s), König von Alba Longa, Vater der Rea Silvia, von seinem jüngeren Bruder Amulius gestürzt, von seinen Enkeln Romulus und Remus wieder eingesetzt. Eine der Herkunft nach etruskische *Numitoria gens* ist bekannt; s. a. Silvii.

Ostia: sehr früh als Umschlagplatz für Rom an der Tibermündung gegründete römische Bürgerkolonie, von Rom aus verwaltet; ohne eigentlichen Hafen, wuchs zu beträchtlicher Größe an (Ausgrabungen).

Palatium (oder Palatinus mons): der mittlere der sieben Hügel Roms, Stelle der ältesten Besiedlung, bis zu 35 m über den umgebenden, einst von Bächen durchflossenen Tälern erhoben, gegenüber der ostwärts vorbiegenden Tiberschlinge. In der Kaiserzeit von Palästen eingenommen. Ort vieler Kulte und Sakralbauten. Namengebend soll der arkadische Ort Pallanteum (s. d.) gewesen sein.

Pallanteum: Stadt am Westrand von Arkadien. Verknüpft mit der Auswanderung Euanders nach Latium bzw. mit dem namensähnlichen Palatium (s. d.)

Pan: Fruchtbarkeits- und Herdengott, besonders in Arkadien. Sohn

des Hermes und einer Nymphe. Dargestellt in Bocks- oder Halbbocksgestalt. Beiname Lycaeus nach dem Berg Lykaios bei Megalopolis in Westarkadien.

Paphlagonia: Land an der Südküste des Pontos Euxeinos (Schwarzes Meer).

Peloponnesus: griechische Halbinsel. Hauptlandschaften: Arkadien (zentral), Korinth und Achaia im Norden, Elis und Messenien im Westen, Lakonis und Argolis im Osten. Name nach Pelops, dem Stammvater der Atriden; gleichzusetzen mit Argos.

Penates: Haus- und Herdgötter im griechischen wie im römischen Bereich.

Pinarii: patrizische *gens* in Rom, hatte den Hercules-Kult in zweiter Instanz zu versehen (vgl. Potitii). Während die Potitii bald ausstarben, waren die Pinarii in der Republik wie in der Kaiserzeit noch recht aktiv.

L. Calpurnius Piso Frugi: Konsul 133 v. Chr., verfaßte ein historisches Werk *Annales*, das die römische Geschichte bis zu Pisos Zeit umfaßte.

Politorium: Stadt in Latium, südlich von Rom, etwa auf der Höhe von Ostia.

Pometia: s. Suessa Pometia.

Pompilius: s. Numa Pompilius.

Potitii: patrizische *gens* in Rom, hatte den Hercules-Kult zu versehen (Forum Boarium), der später an Staatssklaven übertragen wurde.

Prisci Latini: angebliche Sitze zwischen Anio und Tiber; die Bezeichnung könnte zusammenfassend für den ethnischen Begriff Latini im Gegensatz zu dem völkerrechtlichen Begriff Latini eingeführt worden sein (nach Ogilvie, 1970).

Proca (Silvius): s. Silvii. Der Name ist etymologisch verwandt mit *proceres* und bedeutet »hervorragend, Führer«.

Punicum bellum: Der Erste Punische Krieg (264–241 v. Chr.) wurde vor allem als Seekrieg geführt, endete mit der Abtretung Siziliens an Rom und mit der Besetzung von Sardinien und Korsika durch Rom.

Pylaemenes: Anführer der Paphlagonier vor Troia.

Pythagoras: griechischer Philosoph, Mathematiker und Astronom von Ende des 6. Jh.s v. Chr., aus Samos; gründete in Kroton eine reformerische Lebensgemeinschaft mit sittlich-religiöser Grundeinstellung zum Zweck philosophischer Erkenntnis, die wiederum Erhöhung des Menschen bewirkt; Lehre von der Wiederge-

burt (Seelenwanderung) und der Wiederkehr des Gleichen. P. und seine Anhänger wurden aus Kroton vertrieben; er starb in Metapontion um 496 v. Chr.

Pythia: die Priesterin des Apollo Pythios in Delphi, die auf Befragung des Gottes die Orakel gab (s. Delphi).

Quinctii: alte patrizische *gens,* im 5. und 4. Jh. v. Chr. von Einfluß.

Quirinalis collis: morphologisch die nordöstliche Fortsetzung des Capitolium, östlich wenig vom *Viminalis collis* abgesetzt, im Norden bis zur Porta Collina gehend, in verschiedene Hügel unterteilt, reich mit Heiligtümern aus der Frühzeit besetzt. Name von Quirinus (s. d.).

Quirinus: alter italischer Kriegs- und Stammesgott der Erstbesiedler der römischen Hügellandschaft, mit frühem Heiligtum auf dem *Quirinalis collis* (Sonderpriester); Fest (Quirinalia) am 17. Februar. Mit Mars und bald auch mit Romulus gleichgestellt.

Quirites: zunächst wohl die Bewohner des *Quirinalis collis* (Sabiner), dann gleichgesetzt mit *cives Romani.* Sprachliche Ableitung aus *covirites* (Gesamtmänner) möglich (Kretschmer).

Ramnenses (Ramnes): eine der drei patrizischen Ur-*tribus.* Der Name ist etruskisch.

Rea Silvia: Tochter des Königs von Alba Longa, Numitor; wurde von Amulius gezwungen, Vestalin zu werden; durch Mars Mutter des Romulus und Remus; vor der Ertränkungsstrafe vom Flußgott gerettet. Zusammenhang mit Troia: Rea, die idäische Mutter, ist Schutzgöttin der Troer (Synonym für Rea: Ilia) bzw. der Aeneas-Nachkommen.

Remus: Zwillingsbruder des Romulus, Sohn der Rea Silvia von Mars; von Romulus wegen Mißachtung der Mauer erschlagen. Die Namen Roma, Romulus, Remus stehen in Zusammenhang.

Roma: Die Ursprünge der Stadt Rom sind bis ins 10. Jh. v. Chr. zurückzuverfolgen. Wohnsitz von Latinern war das Palatium, Sabiner saßen auf Kapitol, Esquilin und Quirinal; Vereinigung der beiden Siedlungskomplexe um 650 v. Chr. noch unter der Herrschaft von Etruskerkönigen.

Romulus: legendärer Gründer und erster König von Rom. Die ältere Tradition sieht ihn als Sohn des Aeneas oder des Latinus an; Livius folgt der jüngeren Tradition: Danach ist R. der Sohn des Mars und der Rea Silvia (Ilia) wie sein Zwilling Remus. Die ausgesetzten Kinder werden durch eine Wölfin gerettet und von Faustulus und Acca Larentia aufgezogen. R. gründet Rom, bringt

222 *Verzeichnis der Eigennamen*

den Remus um, richtet Kulte ein, ordnet das Staatswesen (Senat, drei *tribus*, 30 Kurien). Von den Senatoren während eines Unwetters getötet.

Romulus Silvius (s. a. Silvii): Der Name wirkt wie ein Vorgriff auf den Romgründer Silvius. Versionen: Aremulus, Remulus.

Ruminalis ficus: Der Name steht in Beziehung zu Rumon (Beiname des Tiber), Iuppiter Ruminus, Roma, Romulus usw. Der Feigenbaum stand am Palatin gegenüber dem Kapitol, noch zu des Livius Zeit.

Rutuli: latinisches Volk, das unter seinem König Turnus den eindringenden Troern Widerstand leistete. Sitze im Süden von Rom, um Ardea.

Sabini: als Ureinwohner angesehenes Volk in Mittelitalien, im Gebirgsland nördlich von Rom zwischen Tiber, Umbrien, Picenum, Vestinern und Aequern ansässig. Starkes Volk von strenger Lebensführung und bis zu seiner Unterwerfung durch Rom von Einfluß auf das latinische Gebiet. Wichtige Orte: Amiternum, Aquae Cutiliae, Nursia, Reate. Die Sprache hat Verwandtschaft mit dem Oskischen.

Sceleratus vicus: heute Via di San Pietro in Vincoli.

Servilii: alte, aus Alba Longa nach Rom verpflanzte *gens*, die dort politisch sehr hervortreten sollte.

Siculum fretum: Die Siculi, ein alter Volksstamm Siziliens, saßen im größeren Ostteil der Insel, unterschieden von den im Westen wohnenden Sikanern. Nach den Siculi als den zunächst Wohnenden ist hier die Meerenge von Messina benannt.

Sicilia: Sizilien, die größte der Mittelmeerinseln, südlich von Italien. Ihre zentrale Lage im Mittelmeer prädestinierte sie zu einem von allen Seiten angefahrenen Kolonialgebiet, um das sich Griechen und Phöniker stritten.

Signia: latinische Kolonie südöstlich von Rom, zwischen Hernikern und Volskern; heute Segni.

Silvii: mythische Könige von Alba Longa während der Zeit zwischen dem Fall Troias und der Gründung Roms. Die Vornamen sollen die latinische Herkunft mit der kleinasiatischen ideologisch verknüpfen. (Ausnahme: Agrippa, s. d.).

Aventinus (Silvius) (s. a. Silvii): Der Name suggeriert im Zusammenhang mit dem Namen des *Aventinus mons* eine Ausdehnung von Alba Longa bis in das römische Stadtgebiet hinein (nach Weissenborn, ^{12}1966).

Silvius (Postumus): nach Livius Sohn des Ascanius und der Lavinia;

nach der annalistischen Tradition Sohn des Aeneas und der Lavinia. Behauptet sich gegen seinen Stiefbruder Iulus, den Sohn des Ascanius. Stammvater der Könige von Alba Longa. Der Name rührt vielleicht her vom Landschaftscharakter des frühen Latium (nach Ogilvie, 1970).

Suessa Pometia: Pometia, Stadt zwischen Latiner- und Volskergebiet südöstlich von Rom, an ihrem Nordrand die nach ihr benannten *Pomptinae paludes* (Pontinische Sümpfe); von Tarquinius Superbus zerstört.

Tanaquil: stammte aus der Aristokratie von Tarquinii; Frau des Tarquinius Priscus, dem sie dort zur Herrschaft verhilft. Der Name ist etruskisch.

Tarpeius mons: das Kapitol; sein Steilabfall im Süden (*Tarpeium saxum*) wurde zu Hinrichtungen durch Hinabstürzen benutzt.

Tarpeia: Tochter des Sp. Tarpeius, des Burgkommandanten auf dem Kapitol. Ob T. sabinischer oder römischer Herkunft war, ist strittig; manches deutet auch auf erst keltische Zeit.

Spurius Tarpeius: Vater der Tarpeia, Kommandant der römischen Burg (Kapitol) im Krieg mit Tatius, dem Sabinerkönig.

Tarquinia: Schwester des Königs L. Tarquinius Superbus.

Tarquinii: küstennah gelegene etruskische Stadt, Vorort des etruskischen Städtebundes. Frühe Kämpfe mit Rom. Ausgrabungen, Nekropolen. Heute Tarquinia (früher Corneto).

Arruntius Tarquinius: (1) Jüngerer Bruder des L. Tarquinius Superbus; (2) Sohn des L. Tarquinius Superbus.

L. Tarquinius Collatinus: Sohn oder Enkel des Egerius (s. d.). Gemahl der Lucretia, Mitverschwörer gegen L. Tarquinius Superbus, dann mit L. Iunius Brutus zusammen Konsul.

L. Tarquinius Priscus (früherer Name: Lucumo, s. d.): fünfter König Roms, Sohn des Korinthers Demaratus (s. d.), beginnt den Bau des Tempels auf dem Kapitol (?). Ihm werden an Neuerungen zugeschrieben: Fasces, Insignien, Opferritual, Spiele, Triumph.

L. Tarquinius (Superbus): der letzte römische König, Sohn oder Enkel des Tarquinius Priscus; der Beiname Superbus möglicherweise spätere Erfindung, wie auch die Berichte von Freveln und die Lucretia-Anekdote, die die Abschaffung des Königtums motivieren sollten.

Sextus Tarquinius: jüngster Sohn des L. Tarquinius Superbus.

Titus Tarquinius: Sohn des L. Tarquinius Superbus.

T. Tatius: König der Sabiner zur Zeit des Mädchenraubs, bekriegt Rom, schließt aber ein Bündnis mit Romulus und regiert gemein-

sam mit ihm; in Lavinium ermordet. Gilt als Einführer sabinischer Kulte in Rom (Ianus, Volcanus).
Tellenae: Stadt der Tellii, in Latium, südlich von Rom, in der Nähe von Lavinium und Aricia.
Terminus: ursprünglich der Grenzstein, dann der die Marksteine schützende Grenzgott. Sein Fest Terminalia war am 23. Februar. Sein Heiligtum auf dem Kapitol war ein unbehauener Stein innerhalb des Iuppitertempels (kein Grenzstein!). Gleichsetzung des T. mit Iuppiter Capitolinus.
Thalassius: kommt als Name erst in der späteren Kaiserzeit vor. Hier ätiologische Anekdote im Zusammenhang mit dem Hochzeitsruf Talassio.
Tiberinus (Silvius): s. Silvii.
Tiberis: der zweitgrößte Fluß Italiens; Quelle bei Arretium im Apennin, Mündung ins Meer bei Ostia; scheidet das Etruskergebiet (westlich) vom umbrischen, sabinischen und latinischen (östlich). Ursprünglicher Name Albula (s. d.); dessen Ersatz durch Tiberis durch Ertrinken eines namengebenden Königs strittiger Herkunft erklärt. T. könnte auch oskischer Herkunft sein und dann wie Albula »Bergfluß« bedeuten (nach Weissenborn, [12]1966). Andere Namen: Rumon, *amnis Tuscus*; als *flavus* bezeichnet (vgl. Albula).
Titienses (Tities): eine der drei patrizischen Ur-*tribus*.
Tricipitinus: s. Lucretius (Tricipitinus).
Troia (oder Ilion): (1) eine Hauptstadt der Troas, 42 Stadien südlich der Küste des Hellesponts, in der Ebene westlich des Ida, in der Skamander- und Simoeis-Ebene (Hissarlik); von den Griechen im Troianischen Krieg zerstört; Sitz des Königs Priamus; Ausgrabung durch H. Schliemann 1870–94; (2) eine von Aeneas im Gebiet von Laurentum in Latium im Gebiet der Euganeer gegründete Stadt; (3) eine von Aeneas im Gebiet von Laurentum in Latium in der Nähe von Ostia gegründete Stadt.
Tullia: Tochter des Servius Tullius, ermordete zusammen mit L. Tarquinius Superbus ihren Mann und ihre Schwester, die Frau des L. Tarquinius Superbus; stürzte und ermordete ihren Vater. Tullius ist das von König Servius Tullius geführte Gentilnomen; Zusammenhang mit dem volskischen Geschlecht Tullii.
Servius Tullius: sechster König von Rom. Die Sage berichtet divergent. Livius schreibt ihm die Vergrößerung der Stadt um Quirinalis, Viminalis und Esquilinus zu. Teilt Stadt und Volk neu ein: Ablösung der Curien durch die Klassen- und Centurienordnung.

Gründung verschiedener Tempel, die mit den niederen Schichten in Beziehung standen (weist der Vorname S. auf eigene niedere Abstammung des S. T. hin?). Die Überlieferung macht ihn zum Gönner der Plebs gegenüber den Patriziern.
Turnus: König der latinischen Rutuler zur Zeit der Ankunft des Aeneas. Tradition divergent. Von Vergil als Gegenfigur zu Aeneas verformt.
Tusci: s. Etrusci.
Tusculum, Tusculanus: von Alba Longa aus gegründete latinische Stadt im Südosten von Rom im nördlichen Randbezirk der Albanerberge; oberhalb des heutigen Frascati.
Ulixes (griech. Odysseus): Held der griechischen Sage und des Epos (*Ilias, Odyssee*), Fürst auf Ithaka, Sohn des Laertes und der Antikleia, nimmt am troianischen Krieg teil, danach zehnjährige Irrfahrt, tötet bei seiner Rückkehr die seine Frau Penelope umwerbenden Freier. Listenreich, zahlreiche Abenteuer, darunter auch Aufenthalt bei Kirke (Circe, s. d.).
Urbius (auch Orbius oder Virbius [clivus]): vom *Cyprius vicus* abbiegende, in Richtung Esquilin führende Steige. Etymologie des Namens unsicher.
M. Valerius: offenbar Angehöriger der nach Rom eingewanderten, in der Republik bedeutenden patrizischen *gens*; tritt als erster Fetiale auf.
P. Valerius Volesi f.: führender Politiker der Übergangszeit vom Königtum zur Republik; verteidigte nach dem Sturz der Tarquinier die Republik, hielt die Totenfeier für Brutus, erließ Gesetze und erhielt ein Staatsbegräbnis am Grabplatz der *Valeria gens* an der Velia. Bezugsperson zwischen den legendären und den historisch belegten Personen der römischen Frühgeschichte.
Veii (Veientes): reiche etruskische Stadt nordwestlich von Rom, sehr gesichert auf einem Hochplateau gelegen. Im Krieg mit der Romulusgründung Rom verliert V. das meiste seines Gebietes und die verbündete Stadt Fidenae (s. d.).
Veneti: hier Volk im östlichen Oberitalien, angeblich aus eingewanderten griechischen Eneti und Troianern bestehend; ethnische Herkunft unsicher, Sprache gehörte zum Indogermanischen.
Venus: italisch-römische Göttin, aber auch identifizierbar mit der griechischen Aphrodite. Zahlreiche örtliche Venuskulte eigener Prägung; Göttin der Fruchtbarkeit, des Verlangens, der Liebe, der Naturblüte und der Gärten.
Vesta: latinisch-sabinische Göttin des staatlichen Herdfeuers, Hüte-

rin des Nahrungsvorrats. Fest (Vestalia) am 9. Juni. Hatte ihren Rundtempel auf dem Forum, wo dauerndes Feuer brannte, alljährlich am 1. März erneuert. Kult besorgt vom Pontifex maximus und den *virgines Vestae*, die jungfräulich zu leben hatten.

Viminalis collis: nach Nordosten ziehende Hügelformation im Stadtbereich von Rom, nordöstlich parallel zum Quirinal, nördlich vom Esquilin.

Volcanus: alter römischer Gott des Feuers und der Sonnenwärme, besaß schon früh eine Kultstätte auf dem Volcanal (beim Comitium). Fest (Volcanalia) am 23. August; hatte eigenen *flamen*.

Nachwort

Die Annahme, daß der römische Geschichtsschreiber Titus Livius im Jahre 59 v. Chr. geboren sei, geht auf Hieronymus zurück, der mit Daten nicht allzu sorgfältig verfährt; mit guten Gründen kann auch schon das Jahr 64 v. Chr. als Geburtsjahr eingesetzt werden. Als Todesjahr gibt Hieronymus das Jahr 17 n. Chr. an. Ist Livius, wie Hieronymus, Sueton folgend, berichtet, 75 Jahre alt geworden, so wäre er bei Annahme von 64 als Geburtsjahr im Jahre 12 n. Chr. gestorben. Die Frage ist offen; vom Gesamtwerk her wären beide Ansätze möglich. Indessen sind dergleichen Fragen für eine Einführung in das erste Buch des Livius irrelevant.
Keinerlei Zweifel bestehen über den Geburts-, Heimat- und Sterbeort des Livius: Es war Patavium (heute Padova, Padua) am Meduacus (heute Brenta-Bacchiglione) in Oberitalien, eine uralte Stadt wohl venetischen Ursprungs – die Sage nennt als Gründer den Troianer Antenor – und noch zu des Livius Lebzeiten der Prototyp einer sich selbst genügenden, nach alten Gewohnheiten in Rechtschaffenheit beharrenden, auf ihre Geschichte und Eigenständigkeit stolzen Landstadt. Römisches Municipium ist Patavium erst 49 v. Chr. geworden.
Über die Familie, der Livius entstammte, ist nichts bekannt. Mag sie auch zur patavischen Stadtaristokratie gezählt haben, keiner aus ihren Reihen hat sich in Rom der Ämterlaufbahn gestellt. Auch von Livius hören wir nichts dergleichen; er hat auch, von gelegentlichen Besuchsaufenthalten in Rom abgesehen, die meiste Zeit seines Lebens in der Heimatstadt verbracht. Von Patavium aus konnte er die Revolutionswirren und Bürgerkriege, in denen sich die Republik selbst zerstörte, wie auch die Konsolidierung des Staates durch Augustus in Ruhe und mit dem Auge des Geschichtskundigen, dem die früheren Epochen Roms ebenso gegen-

wärtig waren wie die selbst miterlebte Zeit, vergleichend und wertend beobachten.
Und beschreiben. Und dies, ohne vorher irgendwelche Erfahrungen in eigener politischer oder militärischer Tätigkeit gemacht zu haben; ein Novum in der römischen Geschichtsschreibung. Nur eine gründliche philosophische und vor allem rhetorische Bildung hat sich Livius erworben, wie aus Anlage, geistiger Form und Stilistik seines Hauptwerks, aber auch aus antiken Nachrichten hervorgeht: Seneca kannte noch philosophische Dialoge von ihm, die römisch-epikureischen Einschlag hatten, und es gab auch einen Brief »über stilistische Fragen« an seinen Sohn; beides ist vergessen. Nicht jedoch sein Hauptwerk, die Geschichte Roms von den Ursprüngen bis in seine Zeit hinein.
Es soll hier vom Gesamtwerk des Livius nur insoweit die Rede sein, als dies für das Verständnis der historiographischen und stilistischen Leistung sowie für die Bedeutung und das Nachleben seines Werkes von Belang ist; die Erwähnung von Details richtet sich nach dem Umfang des hier in deutscher Übersetzung vorgelegten Ersten Buches und geschieht vor allem in den Anmerkungen. Dieses Buch beschreibt die Geschichte Roms von den Ursprüngen bis zum Ende der Königszeit, d. h. jene halb mythische, halb durch Traditionen und Zeugnisse ausgewiesene Epoche der Stadt- und Staatwerdung Roms.
Livius schrieb – schon quantitativ eine erstaunliche Leistung – 142 Bücher über die römische Geschichte von ihren Anfängen bis zum Tod des Drusus (9 n. Chr.). Hiervon sind nur 35 erhalten, daneben freilich Auszüge und Fragmente – so über den Tod Ciceros bei Seneca, so in den Periochae, in Papyri und anderswo. Wie er das riesige Geschichtswerk angelegt hat, ob er ursprüngliche Pläne geändert hat oder nicht – eine beliebte Frage unter Experten –, steht hier nicht zur Debatte. Dem Ersten Buch galt wohl die Sympathie des Livius deswegen, weil er in ihm die noch zu seiner Zeit geltenden, ja gerade erst wieder herausgestellten Grund-

werte des römischen Staates und Volkes wie auch die Konstituanten des römischen Kultus und der römischen Rechtsnormen und -usancen ausbreiten konnte, wie er sie sah und deutete, jene Grundwerte, die er im Staats- und Gesellschaftsgefüge seiner Gegenwart – hier traf er sich mit der Propaganda der Augusteischen Erneuerung – wieder zur Geltung bringen wollte.
Alte Grundwerte? Überkommene Fakten? Woher wußte Livius von ihnen? Welche Vorgänger in der Geschichtsschreibung Roms hatte er für jene Frühzeit? Aus welchen Quellen konnte er schöpfen? Welche stilistischen Vorbilder sah er für sich als verpflichtend an?
Da ist zunächst die sogenannte senatorische Geschichtsschreibung zu nennen, die ältere Annalistik – so genannt nach ihrem Prinzip, die Geschehnisse Jahr für Jahr abzuhandeln. Ihr Hauptvertreter, der Senator Q. Fabius Pictor – bis zum Ende des 2. Jahrhunderts schrieben nur Senatoren Geschichte –, hatte in griechischer Sprache die Geschichte Roms von ihren Anfängen an geschrieben. Livius benutzt ihn für die Frühzeit häufig und gläubig (so sicher für 1,53,7; 2,40,10 nennt er ihn den *longe antiquissimus auctor*). Als zweiter Gewährsmann ist L. Calpurnius Piso Frugi (Konsul 133 v. Chr.) zu nennen, der ebenfalls eine römische Geschichte von ihren Anfängen an geschrieben hatte. In 1,55,8 suggeriert Livius dem Leser den Fabius – auch weil dieser *antiquior* sei – als die verläßlichere Quelle, erwähnt aber auch Piso als Gewährsmann für eine andere Version. Unverbindlich stellt er jedoch Meinung gegen Meinung, ohne sich kritisch für die eine zu entscheiden, eine für ihn typische Manier. Ob er die Nachrichten des Fabius oder des Piso diesen selbst entnahm oder späteren Benutzern der beiden, ist fraglich. Zeitlich vor Piso ist M. Porcius Cato Censorius zu nennen (234–149 v. Chr., Konsul 195), der berühmt gewordene Hasser Karthagos und Verfechter altrömischer Tradition. Dieser Cato schrieb – im Gegensatz zu seinen ebenfalls Geschichte schreibenden Zeitgenossen – in

lateinischer Sprache eine Frühgeschichte Roms mit dem Titel *Origines* (Ursprünge), die verloren ist; Cato hat aber auch als Praetor in Sardinien den calabrischen Dichter Ennius (239–169 v. Chr.) nach Rom mitgenommen, der in Anlehnung an Homer in Hexametern die römische Geschichte von Aeneas an bis zu den Punischen Kriegen dichterisch behandelte. Ennius nannte sein an Homer orientiertes Epos im Anklang an die senatorische Historiographie ebenfalls *Annales*; es ist unvollständig erhalten, jedoch ist die nationalrömische Tendenz unverkennbar. Livius muß sich für das Erste Buch auch an Ennius gehalten haben: der oft epenhafte Tenor seines Berichts spricht dafür.

Livius folgt im Aufbau seines Werkes scheinbar dem annalistischen Schema, die Ereignisse Jahr für Jahr abzuhandeln; das resultiert aus der Abfassungszeit wie aus dem Vorbild der Quellen. Es ist kaum anzunehmen, daß er sich von vornherein einen festen Arbeitsplan zurechtgelegt hat; offenbar begann er mit der Frühzeit, verarbeitete, was sich ihm dafür an Quellen bot, schritt zu den Punischen Kriegen weiter – schon hier hatte er wesentlich mehr Quellen zur Verfügung – und arbeitete dann die Revolutionszeit unverhältnismäßig weit aus; nicht nur, weil die Quellenlage hier unvergleichlich günstig war, sondern weil ihn die Vorgänge selbst in Bann geschlagen zu haben scheinen: Die Verkehrung der von ihm hochgehaltenen Demokratie – eine Schimäre, es war eine Oligarchie – in die Einzelherrschaft hat ihn stark beschäftigt. Daß mit der politisch engagierten Geschichtsschreibung etwa des Sallust etwas anderes als die annalistische Historiographie der Senatorenklasse auf die Bühne trat, etwas, das nicht nur Quelle oder sachlicher Bericht sein wollte, sondern auch politischer Anruf, das hat des Livius ursprüngliches Vorhaben und Programm gewiß beeinflußt.

Das Programm seiner Geschichtsschreibung hat Livius in der berühmten Vorrede zum Gesamtwerk dargelegt. Sie stellt keinen detaillierten Arbeitsplan dar, sondern ist eine

Grundsatzerklärung darüber, was Livius mit seinem Werk sagen will. Es ist ihm um das römische Volk als Ganzes zu tun, nicht um Parteiungen wie etwa Sallust, nicht auch um ressentimentgefüllte Klage wie etwa Tacitus. Livius will nur zeigen, wie und wodurch Rom groß wurde, wie es sich selbst erhielt und wie es bei aller erreichten Größe innerlich an Substanz verlor. Nur scheinbar ist für das hier zur Debatte stehende Erste Buch lediglich die Frühzeit interessant – Geschichte wirkt in die Zukunft, wie die Gegenwart auf die Auffassung der Vergangenheit in der Gegenwart Einfluß hat.

Im einzelnen, d. h. in den wichtigsten Punkten, sieht des Livius Geschichtsauffassung und Auffassung von der Historiographie nach seiner Vorrede etwa so aus:

Von vornherein als unbestrittene Maxime angenommen ist die Überzeugung, daß es sich bei den Römern um das erste Volk der Welt (*principis terrarum populi* ...), um das wichtigste, mächtigste, alleinzige handelt. Eine im heutigen Sinn kritische Distanz ist damit bereits ausgeschlossen und der nationale Tenor festgelegt; was kein Werturteil sein soll. Den Zweck seiner Geschichtsschreibung umschreibt Livius damit, er wolle den Tatenruhm seines Volkes darstellen. Der Impuls, vor allem die Frühzeit und die werdende Demokratie zu beschreiben, erscheint emotional begründet in den Äußerungen, »daß sich in der Gegenwart die Kräfte des vordem so mächtigen Volkes selber aufzehren« und daß der Staat, besser das Reich, mittlerweile selbst »an seiner Größe leidet«. Eine retrospektive Betrachtungsweise, die eine recht unbekannte Frühzeit als gesund und heilig postuliert – und dazu eine höchst tendenziöse Betrachtungsweise. Allerdings sind im Werk dann die restaurativen Tendenzen nur behutsam angedeutet und mehr im Historistischen propagiert, als etwa Sallust seine Ideen propagandistisch direkt aussagt. Livius zeigt sich in Vorrede wie Werk als politischer Moralist und Utopist. Daß seine Einschätzung der eigenen schriftstellerisch-historiographischen Arbeit stark rhetorisch

artikuliert ist, resultiert aus seiner rhetorischen Bildung; objektiv glaubhafter wird sie dadurch nicht.

Livius läßt in den weiteren Sätzen seiner Vorrede keine historische Kritik darüber verlauten, was an der Überlieferung – sei sie nun von dichterischer Erfindung oder von mythisch gewordener Erinnerung bestimmt – bejaht werden kann, bezweifelt werden könnte oder abgelehnt werden müßte. Er ist sich offenbar bewußt, daß über die Frühzeit keine unwiderleglichen Zeugnisse, noch weniger zeitgenössische Aufzeichnungen vorliegen, formuliert aber grundsätzlich: »Man sieht es dem Altertum gerne nach, daß es die Anfänge der Städte durch Vermischung von Menschlichem und Göttlichem knapp wiedergibt.« Warum man dies nachsieht, wird naiv eingestanden: Das Recht des Volkes, »seine Urgeschichte ins Heilige zu erheben und seine Begründer als Götter hinzustellen«, leitet das römische Volk aus seinen kriegerischen Leistungen her, die es auch als glaubhaft erscheinen lassen, daß der Kriegsgott Mars der Vater des Stadtgründers gewesen sei. Eine Logik *ex eventu*, allerdings nur für Gründung und Wachstum des römischen Staates gültig, nicht mehr für die Stagnation und Depravation der Livianischen Gegenwart. Von dieser sieht Livius zunächst ab, weil sie seine Konzeption eines heroischen Römervolkes stören würde. In seinem Blickfeld erscheint nur die Frage: Wie konnte eine ursprünglich so kleine und angefeindete Gemeinde so groß werden? Die Antwort: Nur durch eine bestimmte Art persönlicher und kollektiver Leistung im Krieg wie im Frieden. Durch eine Leistung, die nach des Livius' Ansicht nur auf Grund einer letztlich ihren Herkünften nach unerklärlichen, urtümlichen, auf persönliche Integrität wie auf sozialen Bezug ausgerichteten Lebensführung möglich war. Leistung aber, vor allem Führungsleistung, wird vom einzelnen erbracht. Und so kulminiert denn das historiographische Programm des Livius weniger darin, zu betrachten, »wie das Leben, wie die Sitten waren«, sondern vor allem in der Darlegung, »durch welche Männer und mit

welchen Künsten zu Hause und im Krieg die Herrschaft errungen und vermehrt wurde«. Nach einem pessimistisch klingenden Hinweis auf das Absinken und die Verwirrung des Staates pointiert Livius noch einmal den Sinn des Sichversenkens in die – römische! – Geschichte: Nicht an sich ist es löblich, sondern damit an den Vorbildern aus der Geschichte gelernt werde, was nachzuahmen und was zu meiden sei. Geschichte zu schreiben und zu lesen ist für Livius nicht ein Genuß, bei dem man sich und die Umwelt vergißt, sondern ein Anruf für und an die Gegenwart, zu handeln, wie die Vorfahren gehandelt haben. Die altrömischen Tugenden *paupertas* und *parsimonia* und die zugehörige Wendung gegen *avaritia* und *luxuria* gehören dabei zu dem seit Sallust sattsam bekannten Repertoire der römischen Selbsterneuerungsideologie, die Augustus offiziell aufnahm und propagierte.

Zum Ende der Praefatio hin ruft Livius die Götter um Erfolg seines Unterfangens an; zwar sagt er, daß ein solcher Anruf mehr die Gewohnheit der Dichter sei, doch verschafft er durch solche Evokation seinem Vorhaben größere Weihe und Würde, rückt es aber gleichzeitig – als halb dichterisches Unternehmen – entschieden aus dem gefährlichen Bereich historischer Kritik und siedelt es nahe den Bezirken des unverbindlich Dichterischen an.

Zusammenfassung des ideologischen Programms Livianischer Historiographie: Römische Geschichte schreiben heißt die *bona exempla* aufzuzeigen, die von echten Männern gegeben wurden, auf Grund altüberkommener Lebensführung gegeben werden konnten. Livius nähert sich so in seiner Geschichtsschreibung bewußt dem Umkreis des heldenverherrlichenden Epos – etwa des Vergil –, wie dies im stilistischen Bereich auch der episch gewohnte Götteranruf anzeigt. Für Livius – für den Livius des Ersten Buches! – steht nicht das Geschehen im Vordergrund, sondern die im Geschehen gelebten, als genuin römisch erkannten bzw. propagierten Grundwerte – und dies nicht in einem retro-

spektiv-antiquarischen, sondern in einem restaurativ-volks-erzieherischen Sinn, wie das der augusteischen Erneuerungsbewegung entsprach. Doch macht das Livius nicht zu einem Mitläufer des Augustus: Livius hat aus seiner persönlichen Grundkonzeption der römischen Geschichte und des ihr seinem Glauben nach Richtung und Dynamik gebenden, wenngleich objektiv-fiktiven Wertsystems so geurteilt und geschrieben.

Die Sprache des Livius ist nicht die, die man von einem so belesenen, so fruchtbaren Schriftsteller der beginnenden Kaiserzeit erwarten dürfte. Sie ist nicht klassisch im Sinne ciceronischen Lateins und nicht im Sinne der Sprache der mit Cicero gleichzeitigen Linguisten und Stilisten, die auf absolute Klarheit aus waren – oder besser auf ein Beibehalten der ihnen geläufigen Höhe sprachlicher Urbanität in Wortwahl und Grammatik – und die kleinstädtische Grobheit ebenso ablehnten wie Sorglosigkeit bei der Übernahme von Fremdworten. Die Sprache des Livius neigt in ihrer Unbekümmertheit bisweilen schon stark jener der späteren Kaiserzeit zu. Er mischt Archaistisches, Umgangssprache und hohe dichterische Sprache. Kasus und Satzbau, Präpositionengebrauch und Anwendung der Konjunktionen, Partizipienbenutzung und Verwendung der *oratio obliqua* sind anders als bei Cicero. Livius neigt auch zu Gräzismen. Was wunder, daß C. Asinius Pollio, der Kritiker des Zeitalters, seine Diktion mit dem Wort *patavinitas* klassifizierte, wobei das Wort allerdings mehr auf den Wortschatz als auf den Stil zu zielen scheint.

War es auf den Stil des Livius allein hin gesprochen? Auch der Stil des Livius ist nicht mehr klassisch – wenn wir unter klassisch die von Cicero gesetzten Normen verstehen. Indessen wirkt auch das schon bekannte Moment: das etwas saloppe Mischen von Altem und Neuem unter vorwiegender Beibehaltung der »klassischen« Richtlinien –, das auch im Vokabular sichtbar wird. Die Abweichung vom Klassischen ist letzten Endes indessen lebendig und anziehend. Denn

Livius setzt die stilistischen Elemente bewußt ein, wenn er ein Konglomerat aus annalistischem Bericht, dichterischepischer Emphase, dramatischer Anordnung und dem Wechsel zwischen dramatischem Aufstau und folgendem epischem Abfluß schafft. Auch das Verweilen beim Anekdotischen, beim ausgeschmückten Einzelbericht, der zudem noch rhetorisch aufgebauscht wird, ist nicht zufällig, sondern wird an Höhepunkten des Handlungsablaufs als Stilmittel eingesetzt und hat in Rede und Gegenrede, in Handlung und Gegenhandlung das Geschehen innerlich zu motivieren und die moralischen Notwendigkeiten des Ablaufs aufzuzeigen. Die Lucretia-Episode z. B. motiviert die Beseitigung des Königtums durch die breit vorgeführte Erzählung von der Verwerflichkeit der absoluten Herrscher. Selbstverständlich sind an den Höhepunkten und Schaltstellen der Handlung Reden eingefügt – das ist für die rhetorisch bestimmte Geschichtsschreibung der Antike obligatorisch –, um die gegebene Situation und die andringenden Motivationen sichtbar zu machen und um die Einzelmomente dem Leser in logischer Geordnetheit vorzulegen und so leichter zu erklären. Ob direkte oder indirekte Rede dabei als Stilmittel eingesetzt wird, hängt meist von der dramatischen oder epischen Konstellation ab, weniger von der Bedeutung der Situation. Die Beschäftigung mit den Reden im Werk des Livius macht den überwiegend oratorischen und persuasorischen Charakter seiner Geschichtsschreibung deutlich.

Das – modern gesprochen – erzählerische Moment bildet stilistisch mehr oder weniger nur das Substrat für die herausgehobenen dramatischen und in Reden sich ausfächernden Situationen. Doch ist der Erzählstil des Livius in einem höheren, antikischen Sinne episch – und dies besonders im Ersten Buch –, insofern er hier unverkennbar und eingestandenermaßen Sage vorführt bzw. rhetorisch verarbeitet, d. h. einen halb traditionellen, halb mythisch angereicherten, noch nicht in die Belegbarkeit reichenden, mehr im

Geglaubten angesiedelten Bericht gibt, der um so mehr Gegenstand puren Glaubens zu sein hatte, als er die Gegenwart durch die Vergangenheit zu belegen und zu bestätigen bestimmt war.

Des Livius Riesenwerk – es kann seinem Umfang wie seiner Intention nach wohl kaum anders bezeichnet werden – hat in der Antike sehr schnell die Leistungen der Vorläufer in Schatten gestellt, wahrscheinlich weniger wegen seines Umfangs als wegen seiner nationalrömischen Tendenz. Es wurde beachtet, gelobt, benutzt, als Stoffsammlung von Literaten wie von Moralisten verwendet, für historische wie für Unterrichtszwecke exzerpiert. Noch im 4. Jahrhundert muß es vollständig vorgelegen haben: Symmachus und seine Gleichgesinnten scheinen sich um eine Redaktion des Textes bemüht zu haben. Dann ging in den Stürmen der Völkerwanderung ein großer Teil des Werkes verloren. In Teilen zwar wurde es noch tradiert, doch eher pflichtgemäß. Erst dem Humanismus wurde es wieder Gegenstand stärkeren, ja bisweilen emphatischen Interesses: Für Dante etwa galt sein Verfasser als »Livio, che non erra«. Sachlicher bezeichnet ihn Petrarca als »supremo conservatore delle passate memorie«. Machiavelli erläuterte in seinen *Discorsi sopra la prima Deca di T. Livio* seine republikanischen Theorien. Freilich war all das getragen von humanistischer und vor allem von nationalitalienischer Begeisterung.

Bei der Abwertung des Livianischen Werkes im 19. Jahrhundert durch die sich penibel gebende, von der Aufklärung bestimmte deutsche Geschichtsschreibung spielten dagegen eher nationaler Neid und preußische Überheblichkeit mit: Niebuhr etwa hat hier vom Positivismus her geurteilt. Den nach historisch unrichtigen Details und Irrtümern im Werk des Livius suchenden deutschen Kritikern setzte der als Franzose romanisch denkende H. Taine in seinem berühmten *Essai sur Tite–Live* (1855) den Satz entgegen: »En histoire les vérités de détail ne servent qu'à établir les vérités générales.« Das 20. Jahrhundert hat einiges berichtigt und

die Wichtigkeit des Livius für die Erkenntnis der römischen Wertwelt herausgestellt. Doch hat M. Fuhrmann neuerdings mit Recht davor gewarnt, die aus Livius herauszulesenden ethischen Begriffe anders denn als fiktiv, als retrospektives Wunschbild des Livianischen Staatsmoralismus zu nehmen. Livius zeigt uns demnach nicht, wie es wirklich gewesen – natürlich nicht, kein Historiker kann und will das –, sondern wie er wollte, daß es als Gewesenes für seine Umwelt glaubhaft erscheinen sollte. Daß seine Zeit und nachkommende Jahrhunderte dieses sein Bild der römischen Geschichte akzeptiert haben, resultiert nicht nur aus seiner umgreifenden Zusammenschau aller römischen Epochen, rührt nicht nur von der rhetorisch virtuosen Machart her, sondern vor allem aus der ideologischen Geschlossenheit seiner geschichtsphilosophischen Konstruktion, letzten Endes aber aus der Tatsache, daß sich Rom und Nachrom selbst noch Jahrhunderte später mit diesem Geschichtsbild identifizieren konnten. Es muß also jenseits einzelner zu berichtigender Fakten eine höhere, grundsätzliche Wahrheit und Glaubwürdigkeit in diesem Werk aufscheinen. Anders ist die Wirkung des Phänomens Livius – und ein solches ist der Historiker aus Padua – nicht zu erklären.

Robert Feger

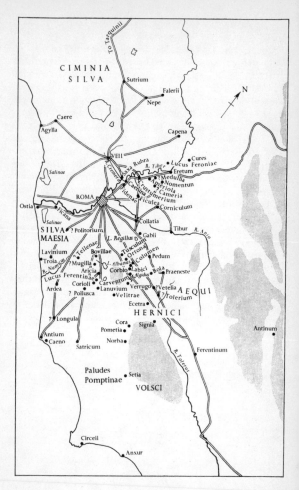

Die Campagna

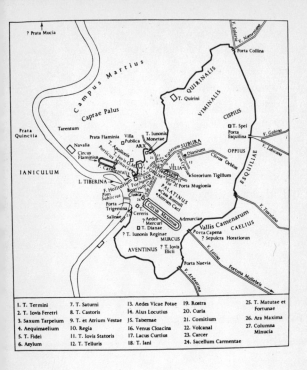

Rom zur Zeit der Könige

Inhalt

Praefatio / Vorrede	4
Liber I / 1. Buch	10
Anmerkungen	182
Literaturhinweise	205
Verzeichnis der Eigennamen	208
Nachwort	227